Aufrichtige Erzählungen eines russischen Pilgers

Aufrichtige Erzählungen eines russischen Pilgers

Erste vollständige deutsche Ausgabe
Herausgegeben und eingeleitet
von Emmanuel Jungclaussen

Herder Freiburg · Basel · Wien

Der Text beruht auf der Übersetzung von Reinhold von Walter, die für diese Ausgabe ergänzt und durchgesehen wurde durch das Ökumenische Institut der Abtei Niederaltaich.

ELFTE AUFLAGE

Herstellung: Freiburger Graphische Betriebe 1981
ISBN 3-451-17088-4

INHALT

EINFÜHRUNG

Von Emmanuel Jungclaussen

Habent sua fata libelli – Bücher haben ihre Schicksale.

Vor 90 Jahren erschien der erste Teil der „Aufrichtigen Erzählungen eines Pilgers, seinem geistlichen Vater mitgeteilt" in Kazan im Druck, nachdem er zuvor schon handschriftlich verbreitet war. Der 1883 verstorbene Abt Paisij des dortigen St.-Michael-Klosters hatte ihn bei einem Starez auf dem Berge Athos abgeschrieben. Sein Autor ist bis heute unbekannt. – Der Ursprung des zweiten Teiles ist nicht weniger geheimnisvoll. Das Manuskript fand sich im Nachlaß des berühmten Starez Amvrosij von Optina (1812–1891), der u. a. für Dostojewskij Vorbild war für die Gestalt des Starez Sossima in „Die Brüder Karamasoff". Einem der bedeutendsten geistlichen Schriftsteller Rußlands, dem Bischof Theophan dem Klausner (1815–1894), übersandt, erklärte dieser nur kurz, die im Manuskript enthaltene Lehre vom Gebet sei korrekt. So konnte die Meinung aufkommen, Theophan der Klausner sei vielleicht der Verfasser dieses zweiten Teiles bzw. bestimmter Traktate daraus. – So umgibt also beide Teile ein Geheimnis in bezug auf ihren Verfasser. Rein zeitlich gesehen lassen sich die erzählten Ereignisse etwa in die Jahre zwischen 1853 und 1861 datieren.

Das alles aber ist unwesentlich. Wesentlich ist allein die geistliche Botschaft dieses Buches, die vor allem durch den ersten Teil in den 90 Jahren seit seinem Erscheinen – in vielfacher Übersetzung – einen hervorragenden Platz, wenn nicht einen der ersten Plätze, im spirituellen Schrifttum des Christentums eingenommen hat. Das Buch erfreut sich sogar der Hochschätzung durch Hindus, also auch von nichtchristlicher Seite. – Warum?

Stärker noch als früher bewegt heute zahlreiche Menschen die Frage nach einer Spiritualität, die es ihnen ermöglicht, innerlich wie äußerlich zu überleben: eine Spiritualität also, die dem Leben einen Sinn gibt und auch zu einer praktischen Lebensgestaltung führt. Für viele ist ein Fragment des Novalis aus dem Jahre 1798 außerordentlich aktuell geworden: „Wir träumen von Reisen durch das Weltall: ist denn das Weltall nicht in uns? Die Tiefen unseres Geistes kennen wir nicht. – Nach innen geht der geheimnisvolle Weg. In uns, oder nirgends ist die Ewigkeit mit ihren Welten, die Vergangenheit und Zukunft." („Blütenstaub")

Der Pilger in seiner Bedürfnislosigkeit symbolisiert den Weg solchen Überlebens, und zwar als einen Weg innerer Erfahrung, einer Glaubenserfahrung, die mehr ist als die Annahme eines dogmatischen Systems und das Befolgen moralischer Vorschriften. Wie ein Schlüsseltext zum Verständnis des ganzen Buches erscheint das Gespräch des Pilgers mit dem polnischen Amtmann auf Seite 76f. In diesem Gespräch wird der Pole, der römischer Katholik ist, zum Typus eines westlichen, rational eingestellten Menschen, der vor allem den Pflicht- und Werkcharakter des Christentums betont. Der Pilger hingegen wird zum Vertreter des ostchristlichen Erfahrungsweges (um nicht sogleich das anspruchsvolle Wort vom mystischen Typus zu gebrauchen). Durch den Vergleich mit den Meditationspraktiken indischer Yogis und der Gebetstechnik des dhikr der Derwische von Buchara, einem Teil der heutigen Usbekischen Sowjetrepublik mit fast rein moslemischer Bevölkerung, rückt der Weg des Pilgers, der Weg des Herzensgebetes, wie er hier schon vorwegnehmend genannt werden soll, in eine gewisse Nähe zu außerchristlichen östlichen Meditations- und Gebetsformen (hier: Yoga und Sufismus). Bekanntlich üben diese, vor allem auch Zen, eine große Faszination besonders auf junge Menschen hier im Westen aus, begründet in deren tiefer Sehnsucht nach lebendiger Erfahrung von Erlösung und Befreiung, die westliches Christentum in seiner rationalistischen und aktivistischen Ausprägung heute weithin nicht mehr befriedigen kann.

So verlockend ein ins einzelne gehender Vergleich damit auch wäre, so muß hier doch darauf verzichtet werden [1], um zunächst die Eigenart des Pilgerweges, das heißt den Weg des Herzensgebetes in seinem geistesgeschichtlichen Zusammenhang darzustellen. Das wird schon notwendig durch die Erwähnung der sogenannten „Philokalie" im oben genannten Gespräch. Auf sie bezieht der Pilger sich in seinen Erzählungen immer wieder. Die Philokalie ist ein mehrbändiges Sammelwerk, in dem Texte von insgesamt mehr als 30 Schriftstellern des christlichen Ostens, und zwar aus dem 3. bis 15. Jahrhundert, zusammengefaßt sind. Diese Texte beziehen sich alle in irgendeiner Weise auf die Übung des Herzensgebetes, auf seine Technik und die damit notwendigerweise verbundene Lebensführung, ferner auf die aus dem vertieften Herzensgebet sich ergebende mystische Erfahrung, auf deren Erscheinungsformen wie auf deren theologische Deutung. Die Philokalie erschien 1792 in Venedig, und zwar auf griechisch, herausgegeben vom Mönch Nikodemos vom Berge Athos (1749–1809). 1793 erschien eine kirchenslavische Philokalie aus der Feder eines der großen Erneuerer des Mönchswesens und Starzentums in Rußland, Paissij Weličkowskij (1722–1794), die im wesentlichen eine Übersetzung der griechischen darstellt.

Der schon genannte Bischof Theophan der Klausner besorgte eine russische Neubearbeitung. Später wurde die Philokalie in Auszügen auch in westliche Sprachen übersetzt [2]. So erlangte das Werk eine ungemeine Verbreitung auch unter Laien und ist bis heute die Signatur orthodoxer Frömmigkeit geblieben.

Wenn wir nun fragen, was unter der Übung des Herzensgebetes in dem hier angesprochenen geistesgeschichtlichen Zusammenhang gemeint ist, so müßte die Frage eigentlich lauten: Was ist der Hesychasmus? Denn das Herzensgebet in dem hier gemeinten Sinne hat als spezifische Übung in der Bewegung des sogenannten Hesychasmus seine Ausprägung gefunden, einer Bewegung, die schon mit den Anfängen des christlichen Mönchtums im 3. bis 4. Jahrhundert nach Christus, den Wüstenvätern also, verbunden ist. Der berühmteste unter ihnen ist der hl. Antonios der Große (251–356). Die Bewegung des Hesychasmus findet ihre umfassende theologische Rechtfertigung durch den späteren Erzbischof von Thessalonich, den hl. Gregor Palamas (1296–1359). Sie reicht aber im Bereich der orthodoxen Christenheit und darüber hinaus bis in die Gegenwart hinein. Der Hesychasmus kann in etwa als die spezifisch christliche Entsprechung zum Zen-Weg oder zum achtgliedrigen Yoga-Pfad verstanden werden.

Das Wort Hesychasmus kommt vom griechischen Wort „Hesychia", das sich wahrscheinlich vom entsprechenden Verbum mit der Urbedeutung „sitzen" ableitet. Es kann aber auch heißen: im Frieden, in Ruhe sein. Hesychia meint also nicht nur Ruhe, sondern zugleich Friede, Schweigen, Einsamkeit; der die „Ruhe", das heißt Einsamkeit sucht, um durch sie mit Gott eins zu werden, ist der Hesychast. Dieses Wort wird im Deutschen am besten mit „der Gott-Versenkte" wiedergegeben.

Der Weg des Hesychasten vollzieht sich in folgenden Schritten: Der erste ist das Bemühen um die Erfüllung der Weisungen Christi, so wie sie uns in der Bergpredigt gegeben sind. Dabei erhält – als zweiter Schritt – die Mahnung zur Sorglosigkeit (Mt 6,24–33) ein ganz besonderes Gewicht. Sie zielt darauf ab, nicht nur ganz allgemein durch Ablegen der Sorgen Ruhe zu finden, sondern jeden unguten Gedanken und schließlich überhaupt jeden Gedanken zu unterdrücken, um dafür nur eine Sorge zu haben, nämlich das

Gott-Gedenken unablässig im Herzen zu bewahren, um dadurch mit Gott völlig eins zu werden. Diese eine Sorge wird als Nüchternheit oder Wachsamkeit des Geistes beschrieben. Sie gewinnt eine so überragende Bedeutung, daß das Sammelwerk des Nikodemos vom Berge Athos als vollen Titel hat: „Philokalie derer, die die Nüchternheit üben." Philokalie heißt wörtlich Liebe zur geistlichen, das heißt inneren Schönheit, ist daher auch mit „Tugendliebe" zu übersetzen. Im erweiterten Sinn heißt es soviel wie „Blütenlese".

Über die Hesychia sagt Gregor Palamas in einer Predigt folgendes: „Hesychia ist Stillesein des Geistes und der Welt, Vergessen des Niedrigen, geheimnisvolles Erkennen des Höheren, das Hingeben der Gedanken an etwas Besseres, als sie selber sind. So schauen die, die ihr Herz durch solch heiliges Schweigen (Hesychia) gereinigt und sich auf unaussprechliche Weise mit dem alles Denken und Erkennen übersteigenden Lichte vereinigt haben, Gott in sich selbst wie in einem Spiegel."

Die ganze Geschichte des Herzensgebetes von den Wüstenvätern bis zu Gregor Palamas besteht nun darin, eine entsprechende Technik auszubilden, um das von Gregor Palamas beschriebene Ziel des Hesychasmus zu erreichen. Dabei kommt dem Leib des Menschen eine besondere Rolle zu; so kann Gregor Palamas in seiner „Verteidigung der Hesychasten" im Anschluß an Johannes Klimakos (580–650) lapidar erklären: „Hesychast ist, wer Unkörperliches im Körperlichen zu fassen sucht." Er sagt in der gleichen „Verteidigung der Hesychasten": „Siehst Du also, daß es notwendig ist, den Geist ins Innere des Körpers und in sich selbst zurückzuführen, wenn man sich gegen die Sünde erheben, die Tugend und den Lohn des tugendhaften Kampfes, besser gesagt, das Verkosten dieses Lohnes erlangen will? Den Geist austreiben wollen – ich sage nicht aus dem fleischlichen Denken, sondern aus dem Körper selbst, um so der geistigen Wonne teilhaftig zu werden – wäre aber der Gipfel des griechischen (heidnischen) Irrtums ... Wir schicken vielmehr den Geist nicht nur in den Leib und ins Herz, sondern in sich selbst zurück."

Dionysios Areopagita, der Vater der mystischen Theologie des Christentums aus dem 5. Jahrhundert, auf den sich Gregor Palamas in seiner „Verteidigung" ausdrücklich beruft, nennt diese Rückkehr eine Kreisbewegung ohne jedes Abweichen. So wie die Peripherie des Kreises zu sich selbst zurückkehrt und sich wieder schließt, so kehrt in dieser Umkehr der Geist zu sich selbst zurück und wird eins mit sich selbst. Wörtlich: „Für die Seele bedeutet die kreisförmige Bewegung ihr Eindringen gleichsam von außen tiefer in sich selbst, nämlich eine eingestaltige Zusammenfassung ihrer eigenen geistigen Kräfte, die, vor Abschweifungen bewahrt, sie von der Vielheit aller äußeren Dinge hinweg – und zu sich selbst zurückwendet, so daß sie sich im eigenen Seelenbereich zu sammeln vermag, also zuerst im eigenen Seelengrund." Für diesen „Seelengrund" verwendet die hesychastische Überlieferung das Wort „Herz". Andererseits sagt Basilius der Große († 379), den Gregor Palamas hier ebenfalls zitiert: „Der Geist, der sich weder unter den äußeren Dingen zerstreut noch durch die Sinne auf der Welt umherschweift, kehrt zu sich selbst zurück und steigt durch sich selbst zu Gott empor."

Dieser inneren „Technik" dient nun die äußere Technik des Herzensgebetes, der vor allem der erste Teil der Erzählungen gewidmet ist. Wie kam es, historisch gesehen, zur Ausbildung dieser Technik? Worum es den Wüstenvätern und den Mönchen, den Hesychasten, ging, war, wie schon gesagt, das unablässige Gott-Gedenken, das ununterbrochene Gottesbewußtsein. Die dazu notwendige innere Wachsamkeit bediente sich des Mittels der Stoßgebete, z. B. kurzer Psalmverse, die beständig wiederholt wurden. Diese Stoßgebete hatten ihr Vorbild im Neuen Testament, wo z. B.

der Zöllner betet: „Gott, sei mir Sünder gnädig“ (Lk 18,9–14) oder der Blinde am Wege: „Jesus, Sohn Davids, erbarme dich meiner“ (Lk 18,35). Sie wurden auch oft „Ein-Wort-Gebete“, monologisches Gebet genannt. Im Dornbusch-Kloster am Sinai, jenem Ort also, wo Gott einst seinen Namen kundgetan hatte, der zum großen gläubigen Geheimnis der Israeliten wurde, so daß er nicht ausgesprochen werden durfte – in diesem Kloster wird der heilbringende Name JESUS, als Fülle der Offenbarung und Selbstmitteilung Gottes an die Menschen, zum zentralen Moment dieser Stoßgebete; so in den Schriften des Abtes Hesychios im 7./8. Jahrhundert. In diesen Schriften wird auch erstmals die Rolle des Atems angesprochen.

Hier im geschichtlichen Zusammenhang wäre nun eine Reihe von Namen anzuführen, die in den Erzählungen des Pilgers als Autoren der Philokalie genannt werden. So z.B. der Mönch Nikephoros, der Lehrer des hl. Gregor Palamas auf dem Berge Athos, bei dem die Atemtechnik in voll ausgebildeter Form in Erscheinung tritt. Ein weiterer Lehrer des hl. Gregor Palamas und ebenfalls Schüler des Nikephoros ist Theolept, der Metropolit von Philadelphia (1250–1326). Wichtigster Zeitgenosse der eben Genannten ist der Hesychast Gregor der Sinaite (1255–1346), der vom Sinai über Kreta und den Athos bis nach Bulgarien kam. Aus früheren Jahrhunderten sind zu erwähnen: gegen Mitte des 5. Jahrhunderts Diadochos, Bischof von Photike (Nordwestgriechenland), und Markos der Eremit, der einige Zeit früher in Galatien (Kleinasien) lebte. Von den großen Theologen bringt die Philokalie vor allem den bekanntesten Kirchenvater der Ostkirche, Johannes Chrysostomos (354–407), Erzbischof von Konstantinopel, und Maximos den Bekenner († 622), einen der tiefsinnigsten byzantinischen Mystiker. Noch weiter im Osten lebten der große Hymnen-Dichter und Theologe, der hl. Ephrem der Syrer, † 373 zu Edessa, und Isaak der Syrer, Bischof von Ninive, ein nestorianischer Mönch arabischer Herkunft aus dem 7. Jahrhundert. Seine Schriften wurden erst durch den eingangs bereits erwähnten Bischof Theophan den Klausner in die Philokalie aufgenommen.

Zwei öfter zitierte Schriftsteller, Makarios der Große von Ägypten († um 390) und Symeon der Neue Theologe (949–1022), der klösterliche Mystiker-Dichter in Konstantinopel, sind nur zum Teil Verfasser jener Schriften, die unter ihrem Namen laufen. Einige davon stammen aus einer späteren Zeit von unbekannten Verfassern (wie umgekehrt zu einigen namentlichen Verfassern der Philokalie sich kaum nähere Angaben machen lassen). Im übrigen erzählt der Biograph Symeons, der Mönch Niketas Stethatos († nach 1050), von mystischen Erlebnissen Symeons, die denen des Pilgers in manchem recht ähnlich sind.

Die theologische Begründung, die Gregor Palamas selbst für die Übung des Herzensgebetes gibt, ist das Ergebnis eines Streites zwischen ihm und dem westlich-rationalistisch eingestellten Mönch Barlaam von Kalabrien, der – ähnlich dem polnischen Amtmann in den Erzählungen – die körperliche Technik des Jesus-Gebetes lächerlich zu machen suchte. Dadurch wurde Gregor zu seiner „Verteidigung der Hesychasten" gezwungen. Durch diesen Streit wurde schließlich auch die orthodoxe kirchliche Obrigkeit aufmerksam, die nach manchem Hin und Her die Anschauungen des Gregor Palamas bestätigte, so daß dieser zum Symbol der orthodoxen Theologie gegenüber dem Westen wurde. Gegen das Jahr 1400 entstand noch ein in 100 kleine Abschnitte gegliedertes Handbuch: die Centurie des Kallistos und des Ignatios, eine mit vielen Väter-Zitaten belegte sehr genaue Beschreibung des hesychastischen Weges, eine Art Zusammenfassung der gesamten Philokalie, die ebenfalls mehrfach in den Erzählungen erwähnt wird.

Von geistlichen Schriftstellern außerhalb der Philokalie erwähnen die Erzählungen nur den hl. Dimitrij

(1651–1709), der unter Peter dem Großen Metropolit von Rostow bei Moskau war und das große russische Heiligenleben redigiert hat.

Über Nil Sorskij (1433–1508), der selbst eine Zeitlang auf dem Athos gelebt hatte, war die Übung des Herzensgebetes schon früh in Rußland bekannt geworden, erlebte aber ihre eigentliche Blütezeit erst durch das Auftreten des weitgereisten Paissij Weličkowskij. So ist der Ausgang des 18. Jahrhunderts und das ganze 19. Jahrhundert in Rußland das Zeitalter der großen Meister des geistlichen Lebens, der Starzen! Ein Starez (wörtlich ‚Alter') ist ein durch lange und intensive Übung im geistlichen Leben erfahrener Mönch, der junge Mönche wie auch Laien in geistliche Schulung nimmt. Da er seine Aufgabe vornehmlich in der Seelenführung, das heißt in der Ausübung geistlicher Vaterschaft sieht, übernimmt er im Kloster meist kein weiteres Amt. Alle bisher genannten russischen Lehrer des Herzensgebetes von Nil Sorskij bis Theophan dem Klausner waren hervorragende Vertreter des Starzentums. Letzteres erlebte jedoch im vorigen Jahrhundert in Rußland eine solche Blütezeit, daß dies auch in der russischen Literatur, zum Beispiel bei Fedor Dostojewskij und Nikolaj Lesskow, seinen Niederschlag fand. Außer Dostojewskij, der zusammen mit Wladimir Solowjew 1878 den eingangs erwähnten Starez Amvrosij besuchte, kam auch Leo Tolstoj dreimal nach Optina, um dabei seine eigene kritische Einstellung zur christlichen Frömmigkeit erschüttert zu sehen. Er bekennt: „Ja, der Vater Amvrosij ist ein ganz und gar heiliger Mensch. Ich habe mit ihm gesprochen, und so leicht und froh wurde mir in der Seele. Wenn du dich mit einem solchen Menschen unterhältst, dann fühlst du die Nähe Gottes." Als Tolstoj sich im Jahre 1910 zum vierten Mal nach Optina zum Starez Josif, dem Schüler von Amvrosij, begeben wollte, starb er unterwegs, nicht weit von der Optina-Einsiedelei. Seine eindrucksvollste Verkörperung hat das Starzentum wohl in dem viel verehrten hl. Seraphim von Sarow (1759–1833) gefunden.

Beim Starzentum drängt sich wiederum der Vergleich mit den Meistern der außerchristlichen Meditationswege, dem indischen Guru und dem japanischen Roshi auf. Jedenfalls ist die Frage nach lebensgestaltender und lebensverändernder Spiritualität immer zugleich auch der Ruf nach dem Meister! In unserem Fall: der Ruf nach dem Starez.

Dieser Ruf ist heute lauter vernehmbar denn je, wie die – zuweilen etwas zweifelhaften – „Erfolge" vor allem indischer Gurus hier im Westen beweisen. Jedenfalls hat Karlfried Graf Dürckheim recht, wenn er in seinem Buch „Vom doppelten Ursprung des Menschen" folgendes schreibt:

„Im Ruf nach dem ‚Meister' meldet sich eine ‚Neue Zeit', die die altgewordene ‚Neuzeit' hinter sich läßt. Der Ruf nach dem Meister ist ein Symptom der Ablösung des Zeitalters der ‚Aufklärung' durch eine neue Aufklärung. In ihr erkennt der Mensch des Westens, daß er in der Geistigkeit, die bisher für ihn maßgebend war, der ihm eigentlich zugedachten Wirklichkeit verstellt war. Ein neues Tor geht auf.

Der Ruf nach dem Meister bedeutet eine Absage an die Rolle des bisherigen Erziehers und Lehrers, sofern diese den Anspruch erheben, dem Menschen nicht nur Wissen und Können zu vermitteln, sondern ihn auch zu einem rechten Menschen und für ein rechtes Leben heranzubilden; denn in ihrem Bilde des ‚Rechten' fehlt das Entscheidende: der verpflichtende Bezug zur ‚Transzendenz' und der in ihm gegründeten Möglichkeit zu der menschliches Sein vollendenden Reife.

Wo der Mensch nur auf Durchsetzungskraft, nützliche Leistung und Wohlverhalten ausgerichtet wird, bleibt sein eigentliches Menschsein im Schatten. Heute drängt nun der Mensch, der eigentlich gemeint ist, ans Licht und verlangt nach Anerkennung und Führung. Wer aber kann die Führung übernehmen? Nur wer in eigener Erfahrung um den himmlischen Ursprung des Menschen weiß und dieses Wissen im anderen zu bestätigen oder zu wecken und zur Antriebskraft zu einem neuen Leben zu machen vermag!“[3]

Die Rolle des Starez – des Meisters – durchzieht in eindrucksvoller Weise die gesamten Erzählungen des Pilgers. Sie wird thematisch in der dritten Begegnung des zweiten Teiles (S. 221f.). Die Ausnahme, die der Mönch Nikephoros hier ausdrücklich erwähnt, nämlich Belehrung und Anweisung in der Lehre der Heiligen Väter finden zu dürfen, wird zu einem indirekten Hinweis auf die Erzählungen selbst. Sie sind ja nichts anderes als Zusammenfassung und Niederschlag der Lehre der Heiligen Väter aus der gesamten hesychastischen Überlieferung und zugleich Zeugnis der Blütezeit russischen Starzentums. So können sie bis zu einem *gewissen Grade* selbst Führungs- und Kontrollfunktion eines Meisters übernehmen, wenn man sie ‚in rechtem Glauben und rechter Absicht befragt‘.

Diese rechte Absicht schließt von vornherein das Mißverständnis aus, es in diesen Erzählungen in erster Linie mit einer Idylle aus dem alten Rußland zu tun zu haben, um diese dann mehr unter literarischen Gesichtspunkten zu betrachten. Die Einfalt, die Inhalt und Stil dieser Idylle zu bestimmen scheint, ist die auf einem langen Übungsweg erworbene *Einfachheit*, die jeden wahrhaft geistlichen Menschen auszeichnet, gleichviel welchen spirituellen Weg er gegangen ist. Diese Einfachheit zeigt sich hier vor allem in dem Bewußtsein der wunderbaren inneren Führung, die jedem Menschen zuteil wird, der vertrauensvoll darum bittet; ja, darum bitten zu können ist selbst schon Werk dieser gnadenhaften Führung ...

Im Grunde geht es in allen Erlebnisberichten dieses Buches um nichts anderes als um dieses Wunder der gnadenhaften inneren Führung, der sich zu öffnen und der sich hinzugeben die wichtigste Voraussetzung zum rechten Gebrauch des Buches ist, wie das Wort des Nikephoros bezeugt. Untrennbar mit dieser Vorbedingung verbunden aber ist eine andere, nämlich neben den Erzählungen – als Verkörperung der Väter-Tradition – die Heilige Schrift, vor allem die des Neuen Testamentes und hier wieder die Evangelien beständig zur Hand zu haben, und zwar als Verkörperung der Stimme des einen Meisters Jesus Christus, des Sohnes Gottes, in dessen Dienst letztlich die gesamte Väter-Überlieferung und jeder einzelne Starez stehen. Dabei sei auch auf das spirituelle, ja, wenn man so will, esoterische Schriftverständnis hingewiesen, das sich dem Leser nach längerer Übung des Jesusgebetes auftut. Dies wiederum steht in Parallele zum „Verstehen der Sprache der Kreatur", von dem in den Erzählungen mehrfach die Rede ist. Es gehört dem mystischen Erfahrungsbereich an, der durch das immerwährende Herzensgebet sich langsam erschließt. Das „Verstehen der Sprache der Kreatur" ist der Ausdruck für das Erleben jener „All-Einheit", die in der Gedankenwelt verschiedener russischer Religions-Philosophen, vor allem bei Wladimir Solowjew (1853–1900), eine entscheidende Rolle spielt.

Führung ist für den Pilger ferner die selbstverständliche Teilnahme am Gottesdienst seiner, das heißt der orthodoxen Kirche. Gemeint ist vor allem die „Liturgie", das heißt die Eucharistiefeier – etwa dem römischen Hochamt entsprechend, sowie der lange Morgengottesdienst, die Matutin (griechisch: Orthros; slavisch: Utrenja); ein Wortgottesdienst, der im wesentlichen aus Psalmenlesung, ausgedehntem Hymnengesang und wiederholten Fürbitten besteht. (Erwähnt werden in den Erzählungen noch der berühmte Akathistos-Hymnus zur Gottesmutter und „Kanones", das heißt für bestimmte Anliegen zusammengestellte Bittgesänge zu Ehren Christi und der Heiligen, die auch zur Privatandacht benutzt werden.)

Die Bedeutung dieser Führung kann allerdings nur der ermessen, der den Gottesdienst der orthodoxen Kirche in seinem ganzen Reichtum und seiner ganzen Fülle erlebt hat. Mit Recht erhebt sich die Frage, inwieweit der Gottesdienst der abendländischen Kirchen in seiner gegenwärtigen Form noch geistliche Führung darstellen kann...

Zum Gottesdienst im weiteren Sinne gehört auch die Einzelbeichte als sakramentales Geschehen und als wichtige Station auf dem Wege der inneren Umwandlung. Auch hier gibt es für den Abendländer heute Schwierigkeiten.

Für den, der sich dennoch in die Schule dieses Buches begeben möchte, können folgende Hinweise von Nutzen sein: Das Buch will zunächst ganz gelesen und bis in alle Einzelheiten immer wieder gelesen werden, ehe man einen solchen Entschluß faßt. Menschen, die bereits in der Schule dieses Buches stehen, können Ratgeber sein. Es sind ihrer mehr, als man gewöhnlich annimmt. Sie bezeugen, durch das Jesus-Gebet die entscheidende Verwandlung ihres Lebens erfahren zu haben. Der Austausch mit Gleichgesinnten und Gleichstrebenden bedeutet ja auch für den Pilger eine stets neue Bereicherung. Hier sei insbesondere auf die Begegnungen des zweiten Teiles mit ihren Traktaten und den sich daran anschließenden Lehr-Gesprächen verwiesen. Sie sind eine Art Zusammenfassung der Starzen-Lehre und bedürfen eines besonders sorgfältigen Studiums, da sie sich in ihrer Bedeutung nicht gleich beim ersten Lesen erschließen.

Bei alldem aber darf man nicht übersehen, daß der Pilger erst im reiferen Alter, nach einer bestimmten Lebenserfahrung – auch der einer Ehe –, den inneren Weg in dieser Entschiedenheit antrat. Jedem Anfänger, besonders jungen Menschen, sei zu kleinen behutsamen, aber regelmäßigen Schritten geraten, wobei z.B. der Atemtechnik keine zu große Rolle beigemessen werden sollte, wie schon Theophan der Klausner in seinen zahlreichen Schriften betont hat. Abzuraten ist bei Beginn von einer Konzentration auf das Herz und den Herzschlag. Allenfalls ist ein gelöstes Sich-Sammeln auf ein allgemeiner gefaßtes „Innen“ des Menschen möglich. Jedenfalls darf nichts gewaltsam geschehen! Die anspruchslose Ernährungs- und Lebensweise des Pilgers, die der mönchischen zumindest nicht nachsteht, kann einfach nicht übersehen werden. Vor allem aber ist eines nicht zu vergessen: nämlich daß der Pilger pilgert, und zwar manchmal bis zu 70 Werst am Tag! (1 Werst entspricht etwa einem Kilometer). Die Funktion, die das Wandern wie auch sonst eine regelmäßige körperliche Arbeit – selbstverständlich in Schweigen und Einsamkeit – innerhalb eines so intensiven psychischen Integrationsprozesses, wie ihn das Herzensgebet darstellt, positiv ausübt, kann nicht hoch genug veranschlagt werden. Dabei ist das Pilgern zugleich der Ausdruck eines beständigen Sich-Lösens und der inneren Wandlung, die mit einem solchen Integrationsprozeß untrennbar verbunden sind.

All diese Dinge müssen mit ins Auge gefaßt werden, soll der Weg nicht zum Irrweg werden. Schließlich wird der ernsthaft Suchende unter der Führung des Heiligen Geistes seinen eigenen persönlichen Weg finden, auch in der äußeren Form der Technik des Jesus-Gebetes, wo zum Beispiel die längere Formel „Herr Jesus Christus, Sohn Gottes, erbarme dich meiner“ durch eine kürzere, z.B. „Jesus Christus“ oder einfach „Jesus“, ersetzt werden kann, mit oder ohne Beobachtung des Atems. Ein demütiges Versuchen, nicht etwa verwegenes Experimentieren, wird auch hier Wege auftun.

Entscheidend ist die Sammlung des Geistes in und durch das Wort des Gebetes, genauer: in und durch den Namen, das heißt durch die ihm innewohnende Kraft dessen, den dieser Name meint. Ein Wort des hl. Seraphim von Sarow möge als Zusammenfassung der Starzen-Lehre über das Herzensgebet hier stehen. Dabei muß mitbedacht werden, daß, wo immer in der hesychastischen Überlieferung vom

„Licht“ die Rede ist, jenes Licht gemeint ist, das in der Verklärung Christi auf dem Berge Tabor erstrahlte und das zu schauen seine Jünger gewürdigt wurden.

„Um das Licht Christi im Herzen zu empfangen und zu fühlen, muß man sich soweit wie möglich von allen sichtbaren Dingen entfernen. Wenn man die Seele, im innigen Glauben an den Gekreuzigten, durch Buße und gute Werke gereinigt hat, muß man die leiblichen Augen schließen, den Verstand ins Herz versenken und unablässig den Namen unseres Herrn Jesus Christus anrufen: ‚Herr Jesus Christus, Sohn Gottes, erbarme dich meiner.‘ Dann findet nach dem Maß seines Eifers und des Erglühens des Geistes zum Geliebten der Mensch im Anrufen des Namens ein Entzücken, das in ihm den Willen erweckt, die höchste Erleuchtung zu suchen. Wenn der Verstand in solchen Übungen lange genug verbleibt und das Herz stille wird, dann strahlt das Licht Christi auf und erleuchtet den Tempel der Seele mit dem Göttlichen Licht, wie der heilige Prophet Malachias im Namen Gottes sagt: „Euch, die ihr meinen Namen fürchtet, soll aufgehen die Sonne der Gerechtigkeit.‘ Dieses Licht ist das Leben: ‚In ihm war das Leben, und das Leben war das Licht der Menschen.‘

Sobald der Mensch das ewige Licht in sich schaut, wird sein Verstand rein und ledig aller irdischen Vorstellungen; vollkommen im Schauen der unerschaffenen Güte versunken, vergißt er die ganze Sinnenwelt, möchte auch sich selbst nicht sehen, sondern sich tief im Herzen der Erde verbergen, um nur das wahre Heil, Gott, nicht zu verlieren.“

Mit dieser ersten vollständigen deutschen Ausgabe der „Aufrichtigen Erzählungen“ soll also suchenden Menschen unserer Tage eine Hilfe angeboten werden, wie es die Erzählungen im Anschluß an den hl. Gregor Palamas und den sonst nicht weiter bekannten Kallistos Telikudes aus der ‚Philokalie‘ selbst sein wollen (S. 73).

Reinhold von Walter, der Altmeister russischer Übersetzungskunst, der 1965 83jährig in Ravensburg starb, hat beide Teile übersetzt, jedoch bei einer früheren Ausgabe innerhalb eines größeren Sammelbandes[4] den zweiten Teil um wesentliche Partien gekürzt, die nun durch eine neue Übersetzung ergänzt wurden. Nur wer den russischen Originaltext[5] mit seinen vielen Anklängen an das Kirchenslavische kennt, wird die Schwierigkeiten einer sachgerechten Übersetzung ermessen können.

In Hochachtung vor der meisterlichen Übersetzungskunst von Reinhold von Walter wurde an seinem eigenen Text nur an ganz wenigen Stellen versucht, das Dunkel des Originals noch etwas stärker aufzuhellen.

Allen an dieser Ausgabe Beteiligten sei hier herzlich gedankt.

ERSTER TEIL

Der Könige Heimlichkeit soll man verschweigen, aber die Werke Gottes soll man herrlich offenbaren.

Tobias 12,7

Erste Erzählung

Ich, nach der Gnade Gottes ein Christenmensch, meinen Werken nach ein großer Sünder, meiner Berufung nach ein heimatloser Pilger, niedersten Standes, pilgere von Ort zu Ort. Folgendes ist meine Habe: auf dem Rücken trage ich einen Beutel mit trockenem Brot und auf der Brust die Heilige Bibel; das ist alles. In der vierundzwanzigsten Woche nach Pfingsten kam ich in eine Kirche zur Liturgie, um dort zu beten; gelesen wurde aus der Epistel an die Thessalonicher im fünften Kapitel der siebzehnte Vers; der lautet: *Betet ohne Unterlaß*. Dieses Wort prägte sich mir besonders ein, und ich begann darüber nachzudenken, wie man wohl ohne Unterlaß beten könne, wenn doch ein jeder Mensch auch andere Dinge verrichten muß, um sein Leben zu erhalten. Ich schlug in der Bibel nach und sah dort mit eignen Augen dasselbe, was ich gehört hatte, und zwar, daß man ohne Unterlaß beten, bei allem Gebet und Flehen allezeit im Geiste beten und darin wachen muß in Ausdauer und allerorts mit zum Gebet erhobenen Händen. Ich dachte viel darüber nach, wußte aber nicht, wie das zu deuten sei.

‚Was tu ich nun?' dachte ich bei mir. ‚Wo finde ich einen, der es mir deutet? Ich will in Kirchen gehen, die im Rufe stehen, gute Prediger zu haben; gewiß werde ich dort eine Unterweisung finden.' Und so tat ich. Ich hörte da sehr viele gute Predigten über das Gebet. Doch waren es Belehrungen über das Gebet im allgemeinen: was das Gebet ist, wie man beten soll, welche Frucht das Gebet bringt; darüber aber, wie man im Gebet fortschreiten könne, redete niemand. Wohl war da einmal eine Predigt über das Gebet im Geist und über das unablässige Gebet; doch wurde nicht gesagt, wie man zu diesem Gebet gelangen könne. So brachte mich denn das Hören der Predigten nicht zu dem Gewünschten. Als ich mich daher an ihnen satt gehört und keine Vorstellung bekommen hatte, wie man ohne Unterlaß beten soll, hörte ich auf, die öffentlichen Predigten zu besuchen, beschloß aber, mit Gottes Hilfe nach einem erfahrenen und wissenden Mann zu suchen, der mir das Beten ohne Unterlaß erklären könnte, da ich mich ja eben zu diesem Wissen so unverwandt hingezogen fühlte.

So pilgerte ich lange von Ort zu Ort; las immer die Bibel und forschte, ob es nicht irgendwo einen geistigen Lehrer oder einen frommen, erfahrenen Führer gäbe. Nach einiger Zeit sagte man mir, daß in einem Dorf seit langer Zeit schon ein Herr lebe und dort ein frommes Leben führe, um seine Seele zu retten: er habe in seinem Hause eine Kirche, ginge niemals aus und bete immer zu Gott und lese ohne Unterlaß in Büchern, die das Seelenheil fördern. Da ich dies hörte, ging ich nicht, nein, ich lief in das mir genannte Dorf; ich kam hin und fand dort auch den Gutsbesitzer.

„Was ist es, was dich zu mir führt?" fragte er mich.

„Ich habe gehört, daß Sie ein frommer und kluger Mann sind; darum bitte ich Sie auch, um Gottes willen, mir zu erklären, was es heißt, wenn der Apostel sagt: *Betet ohne Unterlaß,* und auf welche Weise man auch ohne Unterlaß beten kann. Ich wünsche sehr, dies zu erfahren, kann ich es doch ganz und gar nicht verstehen."

Der Herr schwieg, blickte mich aufmerksam prüfend an und sagte: „Das unablässige, innere Gebet ist das ununterbrochene Streben des menschlichen Geistes zu Gott. Um in dieser süßen Übung fortzuschreiten, ist es erforderlich, möglichst oft Gott zu bitten, er möge einen lehren, ohne Unterlaß zu beten. Bete mehr und mit größerer Inbrunst; das Gebet selber wird dir offenbaren, auf welche Weise es ohne Unterlaß gebetet werden kann; alles kommt zu seiner Zeit."

Nachdem er dies gesagt, ließ er mir Essen bringen, gab mir eine Wegzehrung und entließ mich. So hatte er es mir denn nicht gedeutet.

Da ging ich denn wieder meines Weges; ich dachte und dachte, las und las, grübelte und überlegte, was mir der Herr gesagt hatte, und konnte es doch nicht verstehen; ich wollte es aber sehr verstehen, so sehr, daß ich in den Nächten keinen Schlaf fand. An zweihundert Werst mochte ich so gepilgert sein und kam dann in eine große Gouvernementsstadt. Ich sah dort ein Kloster. Ich machte in einer Herberge halt und erfuhr, daß der Abt dieses Klosters sehr gütig, fromm, gastfreundlich sei und Pilger bei sich aufnähme. Ich ging zu ihm; er nahm mich freundlich auf, hieß mich Platz nehmen und wollte mich speisen.

„Heiliger Vater", sagte ich, „Eure Bewirtung ist mir nicht vonnöten. Ich wünschte aber, daß Ihr mir eine geistliche Unterweisung erteilt, wie ich meine Seele retten soll."

„Wie du deine Seele retten sollst? Handle nach den Geboten und bete zu Gott, dann wirst du auch gerettet werden."

„Ich höre, daß man ohne Unterlaß beten soll, weiß aber nicht, wie man ohne Unterlaß betet, und kann es gar nicht mal fassen, was es bedeutet, ohne Unterlaß zu beten. Ich bitte Euch, mein Vater, erklärt mir das."

„Ich weiß nicht, lieber Freund, wie ich es dir noch erklären sollte. Doch halt, ich habe hier ein Buch, da ist es erklärt." Und er brachte mir des heiligen Dimitrij „Geistliche Unterweisung des inneren Menschen". „Lies mal hier auf dieser Seite."

Ich las folgendes: „Die Apostelworte ‚Betet ohne Unterlaß' sind zu verstehen als ein Gebet, das im Geist verrichtet wird; denn der Geist kann immer in Gott eindringen und kann ohne Unterlaß zu ihm beten."

„Erklärt mir das, auf welche Weise der Geist immer in Gott eindringen kann, nicht abgelenkt wird und unablässig betet."

„Dies ist überaus schwierig, es sei denn, daß es einem Gott selber gibt", sagte der Abt. Und so erklärte er es mir nicht.

Nachdem ich bei ihm übernachtet und ihm am Morgen für die freundliche Aufnahme gedankt, machte ich mich wiederum auf den Weg und wußte selber nicht, wohin. Mein Nichtverstehen bekümmerte mich. Und um das Herz zu erfreuen, las ich die Heilige Bibel. So ging ich fünf Tage lang auf einer Landstraße; endlich holte mich gegen Abend ein altes Männchen ein, allem Anschein nach geistlichen Standes.

Auf meine Frage sagte mir der Alte, er sei Eremit und lebte in einer Einsiedelei, die zehn Werst entfernt läge, abseits von der Landstraße, und er forderte mich auf, mit ihm in seine Einsiedelei zu kommen. „Bei uns", sagte er, „werden Pilger aufgenommen, werden beruhigt und zusamt anderen Frommen in einem Gasthof gespeist."

Ich wollte aus irgendeinem Grunde nicht dorthin und antwortete also auf seine Einladung: „Meine Ruhe hängt nicht von der Herberge ab, sondern von einer geistlichen Belehrung; auch auf Nahrung bin ich nicht bedacht, denn ich habe in meinem Beutel noch viel Hartbrot."

„Und was ist es denn für eine Belehrung, die du suchst? Was ist es, was du nicht verstehen kannst? Komm nur, komm, lieber Bruder, zu uns; wir haben erfahrene Starzen, die können dich wohl geistig speisen und dir den rechten Weg zeigen im Lichte des Wortes Gottes und der Unterweisungen der heiligen Väter."

„Ja, seht, Vater, es mag ein Jahr her sein, daß ich in der Messe bei der Epistelverlesung das Gebot hörte: *Betet ohne Unterlaß*. Da ich dies nicht verstehen konnte, begann ich in der Bibel zu lesen. Und auch dort fand ich an vielen Stellen das Gebot Gottes, man soll ohne Unterlaß beten, immer, zu jeder Zeit, an jedem Ort, nicht nur bei jeglicher Beschäftigung, nicht nur im Wachen, sondern sogar im Schlaf. ‚Ich schlafe, aber mein Herze wacht' (Hld 5,2). Dies setzte mich sehr in Erstaunen, und ich konnte nicht verstehen, wie man dieses erfüllen kann und welche Wege dahin führen; ein lebhaftes Wünschen und Neugierde wurden in mir wach; Tag und Nacht kam mir dies nicht aus dem Sinn. Darum bin ich hier in verschiedene Kirchen gegangen und habe Predigten über das Gebet gehört; aber so viele Predigten ich auch gehört habe, fand ich doch in keiner eine Belehrung, wie man ohne Unterlaß beten müsse; immer war nur die Rede von der Vorbereitung zum Gebet oder von den Früchten des Gebets und dergleichen, es war da aber keine Unterweisung, wie man ohne Unterlaß beten soll und was ein solches Gebet zu bedeuten habe. Ich habe oft in der Bibel gelesen und an ihr das Gehörte nachgeprüft; ich habe aber dabei nicht die gewünschte Erkenntnis gefunden. So bin ich denn bis hiero in Unwissenheit und Unruhe verblieben."

Der Starez bekreuzigte sich und begann also: „Danke Gott, geliebter Bruder, daß er dir dieses unüberwindliche Verlangen nach der Erkenntnis des unablässigen inneren Gebetes offenbarte. Erkenne hierin die Berufung Gottes und sei stille, nachdem du dich davon überzeugt hast, daß bis zu dieser Stunde eine Prüfung dir auferlegt ward, ob dein Wille auch der Stimme Gottes gehorcht, und da dir gegeben ward, zu verstehen, daß man nicht durch die Weisheit dieser Welt und nicht durch äußeren Wissensdurst das himmlische Licht, das unablässige innere Gebet erlangen kann, sondern im Gegenteil: durch die Armut des Geistes und durch tätige Erfahrung wird es einfältigen Herzens erworben. Darum ist es auch gar nicht erstaunlich, daß du von dieser wichtigen Sache des Gebets nichts vernehmen und die Wissenschaft nicht erfahren konntest, wie man dazu gelange, ohne Unterlaß in dem Tun desselbigen zu beharren. Und dann, um die Wahrheit zu sagen, obwohl nicht wenig über das Gebet gepredigt wird und es auch viele Lehrmeinungen verschiedener Schriftsteller darüber gibt, so unterweisen diese doch, sofern ihre Erörterungen zumeist auf Verstandeserkenntnis, auf Erwägungen der natürlichen Anschauung, nicht aber der tätigen Erfahrung beruhen, eher über alles, was zum Gebete gehört, als über das Wesen des Gegenstandes selber. So mancher weiß wundervoll über die Notwendigkeit des Gebets zu sprechen; ein anderer wieder über seine Kraft und seine Segnungen; ein dritter über die Mittel, die zu vollkommenem Gebet führen, das heißt darüber, daß es fürs Gebet des Eifers, der Aufmerksamkeit, der Herzenswärme, keuschen Denkens, der Versöhnung mit den Feinden, der Demut, der Zerknirschung und dergleichen bedarf. Aber was ist das Gebet? Und wie lernt man beten? Für diese, obwohl allerwichtigsten Fragen wird man bei den Predigern unserer Zeit sehr selten ausführliche Erklärungen finden können, und zwar deshalb, weil solche Erklärungen schwieriger zu erfassen sind als alle oben hergezählten Erörterungen, auch bedürfen sie eines geheimen geheiligten Wissens, nicht nur einer schulmäßigen Gelehrtheit. Am beklagenswertesten ist aber, daß die eitle, natürliche Klugheit einen nötigt, Gott mit menschlichem Maß zu messen. Viele urteilen über das Gebet ganz verkehrt, wenn sie glauben, daß die vorbereitenden Mittel und die frommen Werke das Gebet erzeugen, nicht aber das Gebet diese frommen Werke und alle Tugenden gebiert. In diesem Falle verstehen sie die Früchte oder die Folgen des Gebets nicht richtig als Mittel und Wege zu ihm hin und erniedrigen eben hierdurch des Gebetes Kraft. Und dieses läuft der Heiligen Schrift ganz zuwider: denn der Apostel Paulus unterweist im Gebet mit folgenden Worten:

‚Darum ermahne ich vor allem, daß Gebete geschehen‘ (1 Tim 2,1). Hier, nach diesem Wort des Apostels, besteht die erste Unterweisung im Gebet darin, daß er das Gebet an allererste Stelle rückt: Darum ermahne ich vor allem, daß Gebete geschehen. Es gibt viele fromme Werke, die vom Christen verlangt werden, aber das Werk des Gebets muß vor allen andern Werken stehen, denn ohne das Gebet kann kein anderes gutes Werk verrichtet werden. Unmöglich ist es, ohne Gebet den Weg zu Gott zu finden, die Wahrheit zu erkennen, das Fleisch mit seinen Leidenschaften und Lüsten zu kreuzigen, sein Herz mit dem Lichte Christi zu durchleuchten und die selige Verbindung mit Gott zu finden. Dies alles kann nicht geschehen ohne voraufgehendes häufiges Gebet. Ich sage häufiges Gebet, denn die Vollkommenheit und Richtigkeit des Gebets geht über unsere Möglichkeiten hinaus, wie der Apostel Paulus sagt: ‚Denn wir wissen nicht, um was wir beten sollen, wie es sich ziemt‘ (Röm 8,26). Folglich ist nur die Häufigkeit, die Unablässigkeit als Mittel unserem Vermögen zugefallen, um zur Reinheit des Gebetes zu gelangen, welche die Mutter eines jeden geistigen Gutes ist. Wirb um die Mutter, und sie wird dir Kinder gebären, sagt der heilige Isaak der Syrer; lerne das erste Gebet dir zu eigen zu machen, und leicht wirst du dann alle Tugenden erlangen. Hierüber aber bestehen nur unklare Vorstellungen, und wer mit der Übung und mit den tiefen inneren Lehren der Väter nicht vertraut ist, wird wenig darüber sagen können.“

So redend, waren wir unvermerkt fast bis zur Einsiedelei gekommen. Um diesen weisen Starez nicht aus den Augen zu verlieren, sondern möglichst schnell eine Erfüllung meines Wunsches zu finden, beeilte ich mich, ihm zu sagen: „Erweist mir die Güte, ehrwürdiger Vater, erklärt mir, was bedeutet das – unablässiges innerliches Gebet, und wie kann man es erlernen; ich sehe, daß Ihr es genau und aus Erfahrung kennt.“

Der Starez nahm diese meine Bitte voller Liebe entgegen und forderte mich auf, zu ihm zu kommen: „Komm jetzt zu mir, ich will dir ein Buch der heiligen Väter geben, und auf Grund dieses Buches wirst du mit Gottes Hilfe klar und genau verstehen und beten lernen."

Wir betraten die Klause, und der Starez sagte folgendes: „Das unablässige innerliche Jesusgebet ist das ununterbrochene, unaufhörliche Anrufen des göttlichen Namens Jesu Christi mit den Lippen, mit dem Geist und mit dem Herzen, wobei man sich seine ständige Anwesenheit vorstellt und ihn um sein Erbarmen bittet bei jeglichem Tun, allerorts, zu jeder Zeit, sogar im Schlaf. Es findet seinen Ausdruck in folgenden Worten: Herr Jesus Christus, erbarme dich meiner! Wenn sich nun einer an diese Anrufung gewöhnt, so wird er einen großen Trost erfahren und das Bedürfnis haben, immer dieses Gebet zu verrichten, derart, daß er ohne dieses Gebet gar nicht mehr leben kann, und es wird sich ganz von selber aus ihm lösen. Verstehst du nun, was das unablässige Gebet ist?"

„Sehr wohl habe ich es verstanden, mein Vater! Um Gottes willen unterweist mich, wie ich es erlange", rief ich voller Freude.

„Wie man dieses Gebet lernt, wollen wir hier in diesem Buche lesen. Dieses Buch heißt ‚Tugendliebe'. Es enthält die vollständige und genaue Wissenschaft über das unablässige innere Gebet, dargelegt von fünfundzwanzig heiligen Vätern; und so hoch steht dieses Buch und so nützlich ist es, daß es als der vornehmste und erste Lehrmeister im beschaulichen geistlichen Leben gilt und, wie der heilige Nikephoros sagt, ‚ohne Schweiß und Mühe zur Rettung führt'."

„Wäre es wirklich höher und heiliger als die Bibel noch?" fragte ich.

„Nein, es ist nicht höher und heiliger als die Bibel, vielmehr enthält es alle lichten Erklärungen dessen, was es an Geheimnisvollem in der Bibel gibt, was aber wegen seiner

Erhabenheit unserem kurzsichtigen Verstande schwer zugänglich ist. Hierfür will ich dir ein Beispiel geben: die Sonne ist die größte, glänzendste und vornehmste Leuchte; doch vermagst du sie nicht mit einfachem, unbewaffnetem Auge zu schauen und zu betrachten. Es bedarf dazu eines gewissen künstlichen Glases, welches wohl millionenmal kleiner und dunkler ist; durch dieses aber könntest du dir diesen herrlichen Fürsten unter den Gestirnen betrachten, dich daran ergötzen und seine flammenden Strahlen in dich aufnehmen. Also ist auch die Heilige Schrift eine glänzende Sonne, die ‚Tugendliebe' aber ist jenes erforderliche Glas, das einem den Zugang zu jener erhabensten Leuchte ermöglicht. Höre nun, ich will dir jetzt vorlesen, auf welche Weise man das unablässige innere Gebet erlernen kann."

Der Starez schlug die „Tugendliebe" auf, suchte darin die Unterweisung des heiligen Symeon, des Neuen Theologen, und begann so: „Setz dich still und einsam hin, neige den Kopf, schließe die Augen; atme recht leicht, blicke mit deiner Einbildung in dein Herz, führe den Geist, das heißt das Denken, aus dem Kopf ins Herz. Beim Atmen sprich, leise die Lippen bewegend oder nur im Geiste: ‚Herr Jesus Christus, erbarme dich meiner.' Gib dir Mühe, alle fremden Gedanken zu vertreiben. Sei nur still und habe Geduld und wiederhole diese Beschäftigung recht häufig."

Hierauf erklärte mir der Starez alles dies, zeigte mir ein Beispiel dafür, und wir lasen noch in der „Tugendliebe" das, was der heilige Gregor, der Sinaite, und die heiligen Kallistos und Ignatios sagen. Alles, was wir in der „Tugendliebe" lasen, erklärte mir der Starez noch mit seinen eigenen Worten. Voll Begeisterung hörte ich mir alles aufmerksam an, verschlang es in mein Gedächtnis und bemühte mich, alles möglichst im einzelnen zu behalten. So verbrachten wir die ganze Nacht und gingen dann, ohne geschlafen zu haben, zur Matutin.

Als mich der Starez entließ, segnete er mich und sagte,

ich möge, solange ich dieses Gebet lernte, mit einfältiger Beichte zu ihm kommen, denn ohne Nachprüfung des Lehrmeisters wäre es weder gut noch erfolgversprechend, sich selbständig diesem inneren Tun hinzugeben.

Da ich in der Kirche stand, fühlte ich flammenden Eifer in mir erwachen, mit möglichstem Fleiß das unablässige innere Gebet zu erlernen, und ich flehte zu Gott, er möge mir darin beistehn. Alsdann dachte ich, wie ich es anstellen sollte, den Starez aufzusuchen, um mir Rats zu erholen oder ihm zu beichten; denn länger als drei Tage würde man mich im Gasthof nicht wohnen lassen, und in der Nähe der Einsiedelei gab es keine Wohnungen ... Endlich hörte ich, daß vier Werst weiter ein Dorf war. Ich ging hin, um mir dort eine Arbeit zu schaffen; und zu meinem Glück wies mir Gott eine bequeme Anstellung: ich verdingte mich dort für den ganzen Sommer einem Bauern; ich sollte seinen Gemüseakker bewachen und in einer Schutzhütte auf diesem Gemüseacker wohnen. Gott sei Dank! So hatte ich denn einen ruhigen Fleck gefunden. Und so lebte ich denn hin und lernte das innere Gebet nach der mir angezeigten Weise und suchte auch den Starez auf.

Etwa eine Woche beschäftigte ich mich voll Eifer in meiner Einsamkeit auf dem Acker mit dem Erlernen des unablässigen Gebetes, genau in der Weise, wie es mir der Starez erklärt hatte. Anfangs schien die Sache auch zu gehen. Alsdann fühlte ich große Schwere, Trägheit, Langeweile, Schläfrigkeit befiel mich, und allerhand Gedanken rückten wie eine Wolke gegen mich an. Betrübt ging ich zum Starez und erzählte ihm von meiner Lage. Er kam mir liebevoll entgegen und sagte:

„Dies, geliebter Bruder, ist der Kampf der Welt der Finsternis gegen dich; denn nichts ist ihr in uns so furchtbar als das Gebet des Herzens, und darum ist sie auf jede Weise bemüht, einen zu stören und vom Erlernen des Gebets abzuwenden. Übrigens handelt auch der Feind nicht anders als nach Gottes Ratschluß und Willen, sofern dies für uns erforderlich ist. Du mußt wohl noch eine Prüfung durchmachen, um zur Demut zu gelangen; darum ist es auch noch zu früh, mit unmäßigem Eifer an den höchsten Zugang zum Herzen zu rühren, um nicht in geistigen Hochmut zu verfallen. Ich will dir für diesen Fall eine Belehrung aus der ‚Tugendliebe' vorlesen."

Der Starez schlug die Unterweisung des heiligen Mönches Nikephoros auf und begann zu lesen: „Wenn du nach einigem Bemühen nicht in das Herzensland Eingang findest, so wie man es dir erklärt hatte, so tue, was ich dir sagen will, und mit Gottes Hilfe wirst du das Gesuchte finden. Du weißt, daß die Fähigkeit, Worte auszusprechen, bei einem jeden Menschen in der Kehle sitzt. Bediene dich dieser Fähigkeit, vertreibe alle fremden Gedanken (du kannst es, wenn du nur willst) und laß dich selber unaufhörlich dieses sprechen: ‚Herr Jesus Christus, erbarme dich meiner' – und zwinge dich dazu, dieses immer auszusprechen. Wenn du eine Weile hierin beharrtest, so wird sich dir hierdurch ohne jeden Zweifel der Zugang zum Herzen erschließen. So hat es die Erfahrung gelehrt."

„Du hörst, wie uns die heiligen Väter für diesen Fall unterweisen", sagte der Starez, „und darum mußt du nun auch voller Vertrauen das Gebot auf dich nehmen und soviel du nur kannst, *mündlich* das Jesusgebet verrichten. Da hast du einen Rosenkranz; verrichte danach zunächst dreitausend Gebete an jedem Tage. Ob du stehst oder sitzt, ob du gehst oder liegst, wiederhole unablässig ‚Herr Jesus Christus, erbarme dich meiner', nicht laut, ohne Übereilung; und tue dieses eben dreitausendmal am Tage, füge nichts hinzu, streiche aber auch nichts aus eigenem Ermessen. Gott wird dir hierdurch helfen, das unablässige Wirken des Herzens zu erlangen."

Voller Freude nahm ich sein Gebot auf und ging wieder zurück an meinen Ort. Ich verrichtete das Gebet getreulich und genau, so wie es mich der Starez gelehrt hatte. Etwa zwei Tage fiel es mir schwer, kam mir dann aber so leicht und erwünscht von den Lippen, daß mich, wenn ich das Gebet nicht sprach, ein Verlangen ankam, das Jesusgebet wieder zu verrichten; und es sprach sich auch bequemer und leichter, nicht mehr so wie früher mit einer Nötigung dazu.

Dies teilte ich dem Starez mit, und er gebot mir nunmehr, je sechstausend Gebete am Tage zu verrichten, und sagte:

„Sei ruhig und bemühe dich nur, so getreulich als möglich die angesagte Zahl von Gebeten zu verrichten; Gott wird dir Gnade erweisen."

Die ganze Woche durch verrichtete ich in meiner einsamen Schutzhütte alltäglich sechstausend Jesusgebete, bekümmerte mich um nichts sonst, achtete auch nicht der fremden Gedanken, wie sehr sie auch auf mich einstürmten; nur darauf war ich bedacht, das Gebot des Starez genau einzuhalten. Und was geschah? Ich gewöhnte mich so sehr an das Gebet, daß ich, wofern ich auch nur für kurze Zeit unterließ, es zu verrichten, alsbald fühlte, daß mir irgend etwas fehlte, als habe ich irgendwas verloren; dann begann ich wieder zu beten, und sogleich, im selben Augenblick, wurde mir leicht und freudig ums Herz. Wenn ich jemanden traf, so hatte ich schon keine Lust mehr, mit ihm zu sprechen, und hatte nur das Verlangen, immer in der Einsamkeit zu sein und das Gebet zu sprechen; so sehr hatte ich mich daran in der einen Woche gewöhnt.

Da der Starez mich wohl zehn Tage lang nicht bei sich gesehen hatte, kam er selber, mich aufzusuchen; ich offenbarte ihm meinen Zustand. Nachdem er mich angehört hatte, sagte er:

„Nun hast du dich an das Gebet gewöhnt; sieh zu, daß du diese Gewohnheit wach erhältst und mehrest; verlier deine Zeit nicht müßig, und entschließe dich mit Gottes Hilfe, von nun ab zwölftausend Gebete am Tage zu verrichten: erhalte dich in der Einsamkeit; stehe möglichst früh auf und geh möglichst spät schlafen; und komm zu mir, um dir Rat zu holen immer nach zwei Wochen."

Ich tat so, wie mir der Starez befohlen hatte, und am ersten Tage wurde ich in später Abendstunde kaum damit fertig, meine Zwölftausendregel auszuführen. Tags darauf ging es aber schon ganz leicht, und ich hatte Freude daran. Erst fühlte ich bei dem unentwegten Sprechen des Gebets Müdigkeit oder gleichsam ein Steifwerden der Zunge und eine Gebundenheit der Kinnbacken, was übrigens nicht unangenehm war, alsdann einen leichten, feinen Schmerz am Gaumen; außerdem empfand ich einen kleinen Schmerz im Daumen der linken Hand, mit der ich die Rosenkranzperlen zählte, und eine Entflammung des Handgelenks, die bis an den Ellenbogen hinaufreichte, was ein höchst angenehmes Empfinden war. Zudem reizte mich dies und zwang mich zu eifrigerer Verrichtung des Gebets. – Also verrichtete ich fünf Tage hintereinander getreulich je zwölftausend Gebete, und zugleich mit der Gewohnheit stellte sich auch ein angenehmes Empfinden und die Lust daran ein.

Einst früh am Morgen war es so, als habe mich das Gebet geweckt. Ich begann meine Morgengebete zu verrichten, aber die Zunge sprach sie nur ungeschickt aus, und mein ganzes Wünschen strebte ganz von selbst dahin, das Jesusgebet zu verrichten. Und als ich es dann zu sprechen begann, wie leicht wurde mir da, wie froh ums Herz, und es war so, als sprächen Zunge und Lippen die Worte ganz von selbst, ohne Nötigung! Den ganzen Tag über war ich voller Freude, und es war mir, als wäre mir alles andere in der Welt fremd; ich war gleichsam wie auf einer andern Erde, und mit Leichtigkeit gelang es mir, die zwölftausend Gebete bis zum frühen Abend zu verrichten. Mich kam eine große Lust an, das Gebet noch fortzusetzen; ich wagte es aber nicht, mehr zu tun, als mir der Starez befohlen hatte. So fuhr ich denn auch in den nächsten Tagen fort, den Namen Jesu Christi anzurufen, und dies geschah mit Leichtigkeit, und ich fühlte mich hingezogen zu selbigem Tun.

Dann ging ich zum Starez, um mich ihm zu offenbaren, und erzählte ihm alles ausführlich. Nachdem er mich angehört hatte, sagte er:

„Gott sei Dank, daß sich in dir diese Lust aufgetan hat und die Leichtigkeit des Gebets. Es ist dies eine natürliche Sache, die von der häufigen Übung herrührt, so wie eine Maschine, deren Hauptrad man in Schwung bringt oder antreibt, noch lange hierauf selbsttätig weiterläuft; um das Weiterlaufen aber noch zu verlängern, muß man das Rad schmieren und es immer antreiben. Siehst du nun, mit wie vortrefflichen Eigenschaften der menschenliebende Gott sogar die sinnliche Natur des Menschen begabt hat, welche Empfindungen sich einstellen können, selbst außerhalb der Gnade, in nicht gereinigter Sinnlichkeit und in der sündigen Seele, wie du das ja selber erfahren hast. Wie vortrefflich, wie beseligend und voller Süße ist es aber, wenn der Herr Gnade gibt, die Gabe des selbsttätigen inneren Gebets zu entdecken und die Seele von Leidenschaften zu reinigen! Dieser Zustand ist unbeschreiblich, und die Offenbarung dieses Gebetsgeheimnisses ist ein Vorgeschmack der himmlischen Süßigkeit auf Erden. Dessen werden gewürdigt, die in der Einfalt ihres liebevollen Herzens den Herrn suchen! Nun gestatte ich dir: verrichte das Gebet, sooft du willst, soviel als möglich, bemühe dich, alle wachen Stunden dem Gebet zu weihen, und rufe den Namen Jesu Christi an, ohne Zahl, dich demütig dem Willen Gottes hingebend und von ihm Hilfe erwartend; ich glaube, daß er dich nicht verlassen und deine Wege leiten wird."

Nachdem ich diese Unterweisung entgegengenommen hatte, verbrachte ich den ganzen Sommer unablässig im mündlichen Jesusgebet und war sehr ruhig. Des öfteren träumte ich davon, daß ich das Gebet verrichtete; geschah es aber am Tage, daß ich irgend jemanden traf, so erschienen mir alle ohne Ausnahme so lieb und nah, als wären sie meine Verwandten, wenn ich mich auch gar nicht mit ihnen abgab. Alle fremden Gedanken hörten ganz von selbst auf, und ich dachte an nichts anderes als an das Gebet, welchem auch mein Verstand sich zuzuwenden begann, während ich im Herzen ganz von selbst zeitweise eine Wärme und ein angenehmes Gefühl verspürte. Geschah es, daß ich zur Kirche ging, so schien mir der lange Klostergottesdienst kurz zu sein, und war nicht mehr ermüdend wie früher. Meine einsame Schutzhütte erschien mir als ein herrlicher Raum, und ich wußte nicht, wie ich Gott danken sollte, daß er mir, dem verruchten Sünder, einen Retter und Lehrmeister wie den Starez gesandt hatte.

Aber nicht lange konnte ich aus den Unterweisungen meines geliebten und gottweisen Starez Nutzen ziehen; gegen Ende des Sommers starb er. Unter Tränen nahm ich Abschied von ihm, und nachdem ich ihm für seine väterlichen Lehren gedankt, bat ich mir zum gesegneten Gedenken an ihn seinen Rosenkranz aus, den er für seine Gebete gebraucht hatte. So war ich denn allein geblieben. Endlich war auch der Sommer zu Ende, und nach der Ernte stand der Gemüseacker leer. Ich hatte keine Wohnung mehr. Der Bauer entließ mich, gab mir für meine Wächterdienste zwei Rubel und schüttete mir für den Weg meinen Beutel voll Brot. Und wieder begann ich von Ort zu Ort zu pilgern; indessen wanderte ich nicht mehr wie früher von meiner Not geplagt; das Anrufen des Namens Jesu Christi erfreute mich unterwegs, und alle Menschen waren gütiger zu mir; es war so, als hätten mich alle liebgewonnen.

Einmal begann ich zu überlegen, was ich wohl mit dem Gelde machen sollte, das ich für meine Wächterdienste bekommen hatte. Wohin damit? ‚Halt‘, dachte ich, ‚der Starez ist nicht mehr am Leben; unterweisen kann mich niemand mehr; ich will mir die Tugendliebe kaufen und will das innere Gebet danach erlernen.‘ Ich bekreuzigte mich und ging betend meines Weges weiter. Ich kam in eine Gouvernementsstadt und fragte in verschiedenen Handlungen nach der „Tugendliebe"; in einem Geschäft fand ich sie auch, doch verlangte man dafür drei Rubel, ich besaß aber nur deren zwei; ich versuchte zu handeln, doch wollte mir der Kaufmann das Buch nicht billiger geben. Schließlich sagte er: „Geh mal in jene Kirche drüben und frage nach dem Kirchenältesten; er besitzt ein ganz altes Exemplar dieses Buches; möglichenfalls wird er es dir für zwei Rubel abtreten."

Ich ging hin und kaufte die „Tugendliebe" – ein ganz altes, zerlesenes Buch – tatsächlich für zwei Rubel; da freute ich mich. Ich flickte es notdürftig zusammen, nähte es in einen Lappen ein und legte es in meinen Beutel neben die Bibel.

So ziehe ich nun meiner Wege und verrichte unablässig das Jesusgebet, das mir wertvoller und süßer ist als alles andere in der Welt. Mitunter gehe ich meine siebzig Werst am Tage, manchmal auch mehr, und fühle gar nicht, daß ich gehe; ich fühle aber nur, daß ich das Gebet verrichte. Fährt mir eisige Kälte durch die Glieder, so beginne ich das Gebet angespannter herzusagen und bin bald vollkommen erwärmt. Martert mich der Hunger, so rufe ich den Namen Jesu Christi häufiger an und vergesse, daß ich essen wollte. Bin ich krank oder fühle ich ein Reißen im Rücken und in den Beinen, so beginne ich auf das Gebet hinzuhorchen und spüre den Schmerz nicht mehr. Wenn mich jemand beleidigt, so denke ich nur daran, wie süß das Jesusgebet ist; sogleich ist die Kränkung und aller Zorn geschwunden, und ich habe alles vergessen. Ich bin gleichsam närrisch geworden; um nichts sorge ich mich mehr; nichts gibt es, das mich fesselt; nichts Eitles schaue ich an; wenn ich nur immer allein bin in der Einsamkeit! Der Gewohnheit getreu, drängt es mich nur zu dem einen: unablässig das Gebet zu verrichten, und immer, wenn ich mich damit abgebe, werde ich sehr froh. Gott weiß, was mit mir vorgeht. Gewiß ist dies alles sinnlich oder, wie der verstorbene Starez sagte, natürlich und künstlich, von der Gewohnheit erzeugt; doch wage ich es nicht, mich bald ans Erlernen und die Aneignung des inneren Gebets im Herzen zu machen, da ich unwürdig und töricht bin. Ich warte der Stundes des göttlichen Willens und hoffe auf die Gebete meines verstorbenen Starez.

Obwohl ich also das unablässige, selbsttätige innere Gebet im Herzen noch nicht erlangt habe, danke ich doch Gott, denn ich verstehe jetzt klar, was das Wort bedeutet, das ich in der Epistel hörte: *Betet ohne Unterlaß.*

Zweite Erzählung

Lange pilgerte ich so von Ort zu Ort, und das Jesusgebet begleitete mich; es ermutigte mich, es tröstete mich auf allen Wegen, bei allen Begegnungen und bei allen Begebenheiten. Endlich fühlte ich, daß es wohl besser sei, irgendwo an einem bestimmten Ort haltzumachen, um mich möglichst bequem der Einsamkeit hinzugeben wie auch um die „Tugendliebe" zu studieren, in der ich allerdings schon ein weniges gelesen hatte, so, wenn ich mich zur Nacht niederlegte oder wenn ich am Tage Rast hielt; dennoch empfand ich das lebhafte Verlangen, mich ständig in das Buch zu vertiefen und gläubig die wahre Unterweisung zur Rettung der Seele durch das Herzensgebet aus ihm zu schöpfen. Weil ich mich aber diesem meinem Wunsche entsprechend nirgends zu schwerer körperlicher Arbeit verdingen konnte, da ich mich von Kind auf meines linken Armes nicht bedienen konnte, daher also auch der Möglichkeit beraubt war, ständige Arbeit und Unterkunft zu finden, begab ich mich in die sibirischen Länder, zum heiligen Innozenz von Irkutsk [6], weil ich der Meinung war, daß ich stiller durch die sibirischen

Wälder und Steppen würde pilgern können, es mir folglich auch bequemer fallen müßte, mich mit dem Gebet und mit dem Lesen des Buches zu beschäftigen. So zog ich denn meines Weges und verrichtete unablässig das mündliche Gebet. Endlich fühlte ich nach nicht gar zu langer Zeit, daß das Gebet ganz von selbst ins Herz überzugehen begann, das heißt, das Herz fing an beim gewöhnlichen Schlagen, gleichsam innerlich, die Gebetsworte mit jedem Schlage auszusprechen, zum Beispiel: 1. Herr, 2. Jesus, 3. Christus usw. Ich hörte auf, das Gebet mit den Lippen zu sprechen, und horchte mit Eifer darauf hin, wie das Herz es sprach; zudem war es so, als wenn ich auch mit den Augen nach innen schaute, wobei ich mich daran erinnerte, was mir der verstorbene Starez erklärt hatte, wie angenehm dies sei. Dann fühlte ich einen feinen Schmerz im Herzen, im Geiste aber eine solche Liebe zu Jesus Christus, daß es schien, ich wäre ihm, wenn ich ihn irgendwo getroffen hätte, gleich zu Füßen gefallen und hätte sie nicht aus meinen Händen gelassen, hätte sie geküßt und ihm unter Tränen gedankt, daß er mir mit seinem Namen in seiner Gnade und Liebe, mir, seinem unwürdigen und sündigen Geschöpf, einen solchen Trost gewährte.

Alsdann begann ich eine wohltuende Erwärmung im Herzen zu spüren, und diese Wärme erstreckte sich auch über die ganze Brust. Dies veranlaßte mich insonderheit zu eifrigem Lesen der „Tugendliebe“, um sowohl meine Empfindungen nachzuprüfen, als auch um durch weitere Beschäftigung mit dem inneren Herzensgebet dieses zu erlernen; denn ich fürchtete, ohne diese Nachprüfung in Versuchung zu fallen oder natürliche Wirkungen für Gnadenwirkungen zu halten oder in Hochmut zu verfallen, weil ich das Gebet schnell erfaßt hatte, wie ich vom verstorbenen Starez gehört hatte. Darum wanderte ich zumeist in der Nacht, verbrachte aber die Tage hauptsächlich damit, im Walde unter Bäumen sitzend die „Tugendliebe“ zu lesen. Ach, wieviel Neues, wieviel Weises und bisher Unbekanntes offenbarte mir dies Lesen! Da ich mich darin übte, empfand ich eine solche Süßigkeit, wie ich sie mir bis zu dieser Zeit überhaupt nicht hatte vorstellen können. Zwar gab es da einige Stellen, die meinem törichten Geist beim Lesen nicht verständlich waren, doch erkannte ich an den Folgen des Herzensgebets das Nichtverstandene; zudem erschien mir mitunter mein verstorbener Starez im Traum, der mir vieles deutete und zu allermeist meine unverständige Seele der Demut geneigt machte. Mehr als zwei Sommermonate verbrachte ich in solcher Seligkeit. Ich pilgerte zumeist durch Wälder, und kam ich auf Feldwegen in irgendein Dorf, so bat ich mir Hartbrot aus in meinen Beutel, eine Handvoll Salz, füllte meine Feldflasche mit Wasser und wanderte dann die nächsten hundert Werst weiter.

Ob nun wegen der Sünden meiner verruchten Seele oder weil es das geistige Leben so erforderte oder zwecks besserer Unterweisung und Erfahrung – jedenfalls stellten sich gegen Ende des Sommers Versuchungen ein. Und zwar: als ich auf der Landstraße meines Weges zog, holten mich in der Dämmerung zwei Menschen ein, die vielleicht Soldaten sein mochten; sie forderten Geld von mir. Als ich ihnen sagte, daß ich keinen Groschen hätte, glaubten sie mir nicht und schrien frech: „Du lügst! Pilger betteln sich haufenweise Geld zusammen!" Der eine sagte: „Was sollen wir lange mit ihm reden!" Und schlug mich mit einem Knüppel so auf den Kopf, daß ich bewußtlos hinstürzte. Ich weiß nicht, wie lange ich so dagelegen habe; als ich dann wieder zur Besinnung kam, gewahrte ich, daß ich ganz zerschunden in der Nähe der Landstraße im Walde lag, und mein Beutel fehlte; nur die durchschnittenen Schnüre, an denen ich ihn trug, waren noch da. Meinen Paß hatten sie Gott sei Dank dagelassen; ich hatte ihn in meiner alten Mütze liegen, um ihn möglichst schnell vorweisen zu können, falls man mich danach fragte. Als ich mich erhob, weinte ich bitterlich, nicht so sehr, weil mir der Kopf schmerzte, sondern weil mir meine Bücher, die Bibel und die „Tugendliebe“, die in dem geraubten Beutel lagen, abhanden gekommen waren. Tag und Nacht trauerte ich und weinte. Wo war nun meine Bibel geblieben, die ich von klein auf gelesen hatte und die ich immer bei mir trug? wo meine „Tugendliebe“, aus der ich Belehrung und Trost schöpfte? Ich Unglückseliger hatte den einzigen Schatz meines Lebens, ohne daß ich mich an ihm hätte sättigen können, verloren. Hätten sie mich doch lieber ganz totgeschlagen, als nun so ohne diese geistige Nahrung leben zu müssen. Nun würde ich sie mir nie wieder erwerben können!

Ein paar Tage konnte ich die Beine kaum vorwärtsbewegen, so sehr hatte mich mein Schmerz niedergeworfen; am dritten Tage aber ließen mich meine Kräfte ganz im Stich, ich brach unter einem Busch zusammen und schlief ein. Da träumte mir nun, ich wäre in der Einsiedelei, in der Klause meines Starez, und klagte ihm mein Leid. Der Starez tröstete mich und begann folgendermaßen: „Es soll dir das eine Lehre sein, dich zu irdischen Dingen gleichgültig zu verhalten, um desto bequemer deinen Weg zum Himmel fortsetzen zu können. Diese Versuchung ist über dich gekommen, damit du nicht in geistige Wollust verfällst. Gott will, daß der Christ seinen eigenen Willen, sein Wünschen und eine jegliche Leidenschaft ablegt und sich ganz und gar seinem göttlichen Willen hingibt. Er führte alle Dinge im Leben so, daß sie dem Menschen nützen und seine Rettung fördern; ‚welcher will, daß allen Menschen geholfen werde‘ (1 Tim 2,4). Fasse darum Mut und glaube, daß ‚Gott macht, daß die Versuchung so ein Ende nimmt, daß ihr es ertragen könnt‘ (1 Kor 10,13). Auch du wirst bald viel größeren Trost finden, als du jetzt Leid trägst.“ Bei diesen Worten erwachte ich, fühlte meine Kräfte befestigt und gleichsam Licht und Beruhigung über meine Seele kommen. „Gottes Wille geschehe“, sagte ich, bekreuzigte mich, stand auf und ging weiter. Wieder begann das Gebet in meinem Herzen wie früher zu wirken, und so wanderte ich wohl drei Tage lang ruhig dahin.

Danach holte ich unterwegs eine Sträflingskolonne ein, die von einer Eskorte begleitet wurde. Als ich den Zug entlangschritt, sah ich die beiden Männer, die mich beraubt hatten, und da sie im äußersten Gliede gingen, fiel ich vor ihnen nieder und bat sie flehentlich, mir zu sagen, wo meine Bücher seien. Anfangs beachteten sie mich nicht, dann sagte einer der beiden: „Wenn du uns irgendwas gibst, so wollen wir dir sagen, wo deine Bücher sind. Gib uns einen Rubel." Ich schwor, ich würde ihnen das Geld geben, ganz bestimmt geben, selbst wenn ich es mir um Christi willen erbetteln müßte. „Wenn ihr wollt, nehmt meinen Paß hier als Pfand." Da sagten sie mir, daß meine Bücher zusamt den anderen gestohlenen Sachen, die man ihnen abgenommen hatte, im Train mitgeführt würden. „Aber wie bekomme ich sie?" – „Bitte den Hauptmann darum, der uns begleitet." Ich stürzte zum Hauptmann und erklärte ihm alles ausführlich. Unter anderem fragte er mich: „Verstehst du denn wirklich die Bibel zu lesen?" – „Ich kann nicht nur alles lesen", antwortete ich, „sondern auch schreiben; Sie werden in der Bibel eine Einschrift finden, daß sie mir gehört; und in meinem Paß hier ist ja auch mein Name und Stand genannt." Der Hauptmann sagte dann: „Diese Gauner sind Deserteure; sie haben in einer Erdhütte gehaust und viele Leute beraubt. Ein gewandter Kutscher hat sie gestern gefangen; dem wollten sie sein Dreigespann fortnehmen. Meinethalben, ich werde dir deine Bücher geben, wenn sie sich hier finden sollten. Komm aber mit, bis wir für die Nacht Rast machen. Wir marschieren nicht mehr weit, vier Werst noch. Ich kann nicht um deinetwillen die Kolonne und den Train aufhalten." Voller Freude schritt ich neben dem Reitpferd des Hauptmanns einher. Allgemach kam ich in ein Gespräch mit ihm. Ich merkte, daß er ein guter und ehrlicher Mann war, nicht mehr jung an Jahren. Er fragte mich aus, wer ich sei, woher ich käme, wohin ich wanderte. Ich beantwortete alle seine Fragen wahrheitsgemäß; so langten wir denn bei der Etappenhütte an, wo für die Nacht Rast gemacht werden sollte. Er suchte meine Bücher heraus, gab sie mir und sagte: „Wohin willst du jetzt in der Nacht wandern? Du kannst bei mir im Flur übernachten.“ So blieb ich denn.

Da ich die Bücher erhalten hatte, war ich so froh, daß ich nicht wußte, wie ich Gott danken sollte; ich drückte die Bücher an meine Brust und hielt sie so lange fest, bis mir die Finger klamm wurden. Tränen strömten mir aus den Augen vor lauter Freude, und mein Herz schlug in süßem Entzücken! Da der Hauptmann mich so sah, fragte er: „Du liest die Bibel wohl gern?“ Vor Freude vermochte ich ihm nicht hierauf zu antworten; ich weinte nur. Er fuhr fort: „Ich selber, Freund, lese regelmäßig an jedem Tage das Evangelium.“ Bei diesen Worten knüpfte er seinen Waffenrock auf und zog ein kleines, in Kijew gedrucktes Evangelienbuch in schmiedesilbernem Einband hervor.

„Setz dich mal her, ich will dir erzählen, wie ich dazu gekommen bin... Richtet mal das Abendessen!“

Wir setzten uns an den Tisch, und der Hauptmann erzählte: „Als junger Mensch begann ich meinen Dienst in der Armee, lag also nicht in Garnison; meinen Dienst versah ich gut, und meine Vorgesetzten liebten mich, weil ich ein tüchtiger Fähnrich war. Ich war aber jung an Jahren und meine Freunde desgleichen; zum Unglück gewöhnte ich mir das Trinken an: zum Schluß war es aber so, daß ich mich ganz dem Trunke ergab; das war wie eine Krankheit; trank ich nicht, so war ich ein tüchtiger Offizier; kaum ging es aber mit dem Trinken los, so mußte ich für sechs Wochen in Arrest. Lange duldete man das. Endlich aber wurde ich wegen grober Worte, die ich trunkenen Muts meinem Chef gesagt hatte, degradiert und für drei Jahre in Garnison und unter die Soldaten gesteckt; man drohte mir mit noch strengeren Strafen, wenn ich mich nicht bessern und das Trinken aufgeben würde. In diesem unseligen Zustand geschah es nun, daß ich, sosehr ich mich auch bemühte, enthaltsam zu sein und mich von meinem Laster zu heilen, es dennoch auf keine Weise aufgeben konnte; darum sollte ich in das Strafbataillon versetzt werden. Als ich dieses hörte, wußte ich nicht, was ich mit mir selber anfangen sollte.

Einmal saß ich in Nachdenken versunken in der Kaserne. Plötzlich kam ein Mönch herein. Er hatte ein Sammelbuch bei sich und bat um Gaben für den Bau einer Kirche. Jeder gab, soviel er gerade konnte. Er trat auf mich zu und fragte: ‚Warum bist du so traurig?' Ich kam mit ihm ins Gespräch und klagte ihm mein Leid; der Mönch empfand Teilnahme für meine Lage und sagte: ‚Ganz genauso ist es meinem Bruder ergangen. Geholfen hat ihm aber folgendes: sein Beichtvater gab ihm ein Evangelium und befahl ihm mit Bestimmtheit, er solle jedesmal, wenn ihn das Verlangen ankäme, zu trinken, unverzüglich ein Kapitel im Evangelium lesen; sollte er dann immer noch trinken wollen, so müsse er das nächste Kapitel lesen. Mein Bruder verfuhr so, und in kürzester Zeit war die Trunksucht verschwunden. Seit fünfzehn Jahren kommt kein Tropfen berauschender Getränke über seine Lippen. Tue auch du also. Du wirst sehen, daß es nützt. Ich besitze ein Evangelium; wenn du willst, bringe ich es dir.'

Nachdem ich dies angehört, sagte ich ihm: ‚Was soll mir dein Evangelium helfen, wenn mich doch meine eigenen Bemühungen und keine Arzneimittel vom Trinken abbringen konnten!' Ich sagte so, weil ich nie das Evangelium gelesen hatte. ‚Sag nicht', entgegnete mir der Mönch, ‚sei versichert, es wird dir nützen.' Tags darauf brachte mir der Mönch wirklich das versprochene Evangelium – dieses hier. Ich schlug es auf, warf einen Blick hinein, überflog einige Zeilen und sagte: ‚Ich will es nicht haben; man versteht überhaupt nicht, was drinsteht; außerdem bin ich nicht gewöhnt, Kirchenslawisch zu lesen.'

Der Mönch fuhr fort, in mich zu dringen; er sagte, in den Worten des Evangeliums wäre eine heiligmachende Kraft verborgen, denn es stünde darin geschrieben, was Gott selber gesagt habe. ‚Es macht nichts, daß du es nicht verstehst. Lies nur eifrig. Ein Heiliger hat gesagt: Wenn du das Wort Gottes nicht verstehst, so verstehen doch die Teufel das, was du liesest, und zittern; die Trunksucht rührt ja aber doch bestimmt von den Teufeln her; und dann will ich dir noch sagen, Johannes Chrysostomos schreibt, daß selbst der Schrein, in dem das Evangelium bewahrt wird, die Geister der Finsternis zittern macht, so daß sie es nicht wagen, darüber herzufallen.‘

Ich weiß nicht mehr – doch gab ich diesem Mönch einige Groschen und nahm dafür dieses Evangelium hier in Empfang; ich legte es in den Kasten zu meinen übrigen Sachen und vergaß es ganz. Nach einiger Zeit war es so weit, daß mich wieder die Lust zum Trinken überkam; mich verlangte so unbändig nach Schnaps, daß ich rasch den Kasten aufschloß, um mir Geld herauszunehmen und dann in die Schenke zu laufen. Als erstes fiel mein Blick auf das Evangelium, und ich mußte lebhaft daran denken, was mir der Mönch gesagt hatte; ich schlug es auf und begann das erste Kapitel im Matthäus zu lesen. Nachdem ich es zu Ende gelesen hatte, war es genauso – ich hatte nichts verstanden; auch erinnerte ich mich daran, was der Mönch gesagt hatte: ‚Das macht nichts, wenn du es auch nicht verstehst, lies nur eifrig.‘ Halt, dachte ich, ich will das zweite Kapitel lesen. Ich las es, und schon war es mir begreiflicher. Dann also auch das dritte; kaum hatte ich es begonnen, als das Glockenzeichen in der Kaserne ertönte: alle mußten sich für die Nacht zu ihren Pritschen begeben; somit war es nicht mehr möglich, die Kaserne zu verlassen und auf die Straße hinauszugehen; so blieb ich denn da.

Als ich am Morgen aufstand und mich anschickte, hinauszugehen, um mir Schnaps zu kaufen, dachte ich bei mir: ich will mal ein Kapitel im Evangelium lesen; was kann da sein? Ich las es und ging nicht. Wieder überkam mich die Lust zu trinken; ich las dann noch ein Kapitel, und schon war mir leichter geworden; dieses ermutigte mich, und bei jeder Versuchung zum Trunk las ich nun immer je ein Kapitel im Evangelium. Je länger ich so verfuhr, desto leichter wurde mir, und als ich schließlich alle vier Evangelisten zu Ende hatte, war meine Trunksucht vollkommen geschwunden, und ich empfand nur einen Widerwillen gegen das Trinken. Und nun sind es gerade zwanzig Jahre her, daß überhaupt keine berauschenden Getränke über meine Lippen kommen.

Alle staunten über den Wandel in mir. Nach Ablauf von drei Jahren wurde ich wieder zum Offizier ernannt, rückte dann auf und bin schließlich Kommandeur geworden. Ich habe eine brave Frau geheiratet; wir haben uns ein kleines Vermögen verdient; und so leben wir jetzt gottlob zusammen und bemühen uns nach Kräften, Armen zu helfen, Pilger bei uns aufzunehmen. Ich habe einen Sohn, der ist auch schon Offizier, ein braver Junge!

Nun höre: ich habe, seit ich von der Trunksucht geheilt bin, den Schwur getan, jeden Tag, mein ganzes Leben lang, das Evangelium zu lesen, und zwar täglich einen ganzen Evangelisten, gleichviel, was auch dazwischen käme. So verfahre ich auch jetzt. Wenn ich im Dienst sehr viel zu tun habe und sehr müde bin, so lege ich mich abends hin und lasse meine Frau oder meinen Sohn mir einen ganzen Evangelisten vorlesen. Und an dieser meiner Regel halte ich unverbrüchlich fest. Zum Dank und zum Lobpreise Gottes habe ich dieses Evangelium in reines Silber fassen lassen und trage es immer bei mir auf der Brust."

Voller Wonne hatte ich diese Erzählung des Hauptmanns angehört und sagte: „Ein ähnliches Beispiel habe ich auch gesehen; in unserem Dorf war in der Fabrik ein in seinem Handwerk sehr kunstfertiger Meister; ein guter, tüchtiger

Meister; unglücklicherweise hatte er es auch mit dem Trinken, und es überkam ihn oft. Ein gottesfürchtiger Mensch gab ihm den Rat, er möge, wenn ihn nach Schnaps verlangte, dreiunddreißig Jesusgebete sprechen der Heiligen Dreifaltigkeit zu Ehren und weil das Erdenleben Jesu Christi dreiunddreißig Jahre gedauert hat. Der Meister hörte auf ihn, tat so, wie jener sagte, und ließ dann bald das Trinken ganz sein. Und was noch? Nach drei Jahren ging er ins Kloster."

„Und was steht höher", fragte der Hauptmann, „das Jesusgebet oder das Evangelium?"

„Es ist ein und dasselbe", antwortete ich, „ob nun das Evangelium oder das Jesusgebet, denn der göttliche Name Jesu Christi enthält in sich alle evangelischen Wahrheiten. Die heiligen Väter sagen, das Jesusgebet sei eine Zusammenfassung des ganzen Evangeliums."

Dann beteten wir zusammen; der Hauptmann las das Markusevangelium vom ersten Kapitel an, ich hörte zu und verrichtete im Herzen das Gebet. Es war bald zwei nach Mitternacht, als der Hauptmann das Evangelium zu Ende gelesen hatte, und wir gingen dann zur Ruhe.

Wie es meine Gewohnheit war, stand ich früh am Morgen auf; alle schliefen noch, und gleich als es zu dämmern begann, stürzte ich mich auf meine geliebte „Tugendliebe". Mit welcher Freude schlug ich das Buch auf! Als hätte ich meinen leiblichen Vater, der aus weiter Ferne heimkehrte, wiedergefunden oder einen von den Toten auferstandenen Freund. Ich küßte es und dankte Gott, der es mir wiedergegeben hatte. Alsbald begann ich in Theolept von Philadelphia zu lesen, im zweiten Teil der „Tugendliebe". Seine Unterweisung erstaunte mich; er schlägt vor, gleichzeitig drei verschiedene Dinge zu verrichten: sitzt du bei Tisch, sagt er, so gib dem Leibe Nahrung, dem Gehör – Lesung, dem Geist aber – Gebet. Doch dieser Gedanke wurde mir in Erinnerung an den vergangenen, so sehr freudigen Abend aus der Erfahrung heraus und in der Tat klar. Und hier enthüllte sich mir das Geheimnis, daß Herz und Verstand nicht ein und dasselbe sind.

Als der Hauptmann aufgestanden war, ging ich zu ihm, um ihm für seine Güte zu danken und von ihm Abschied zu nehmen. Er bewirtete mich mit Tee, gab mir einen Rubel, und so verabschiedeten wir uns. So zog ich denn voller Freude weiter.

Als ich etwa eine Werst gegangen war, fiel es mir ein, daß ich den Soldaten einen Rubel versprochen hatte, den ich jetzt unvermutet besaß. Sollte ich ihnen das Geld geben oder nicht? Einerseits dachte ich: sie haben dich geschlagen und beraubt, und außerdem können sie das Geld doch nicht so verwenden, wie sie wollen, weil sie doch bewacht werden. Anderseits stellte sich mir die Sache so dar: denke daran, was in der Bibel steht: „Wenn deinen Feind hungert, so speise ihn“ (Röm 12,30). Und auch Jesus Christus sagt: „Liebet eure Feinde“ (Mt 5,44), und dann: „Will jemand deinen Rock nehmen, dem lasse auch den Mantel“ (Mt 5,40). Dieses überzeugte mich, und ich kehrte wieder zurück. Kaum war ich in der Nähe der Etappenhütte, als die Sträflinge herausgeführt wurden; sie sollten zur nächsten Raststelle weitergetrieben werden; ich kam schnell herzugelaufen, steckte ihnen den Rubel zu und sagte: „Bereut und betet. Jesus Christus liebt die Menschen; er wird euch nicht verlassen!“ Und mit diesen Worten entfernte ich mich und ging dann meiner Wege in entgegengesetzter Richtung.

Nachdem ich etwa fünfzig Werst auf der Landstraße gewandert war, kam es mir in den Sinn, vom Wege abzubiegen, um einsamer zu sein und bequemer lesen zu können. Lange pilgerte ich so durch die Wälder; hie und da nur kam ich an kleinen Dörfern vorbei. Manchmal saß ich den ganzen Tag über im Walde und las eifrig in der „Tugendliebe“. Viel wunderbares Wissen schöpfte ich daraus. Mein Herz war entflammt zur Vereinigung mit Gott durch das innere Gebet; ich bemühte mich, es zu erlernen, indem ich mich von der „Tugendliebe“ anleiten ließ und mich danach prüfte; gleichzeitig empfand ich aber Trauer darüber, daß ich noch keinen Ruheort gefunden hatte, wo ich mich ganz dem Lesen hätte hingeben können.

Um diese Zeit las ich ebenfalls in meiner Bibel und fühlte, daß ich sie noch klarer verstand, nicht so wie früher, da mir noch vieles unverständlich erschien und ich des öfteren mich nicht zurechtfand. Sehr mit Recht sagen die heiligen Väter, die „Tugendliebe“ sei der Schlüssel zu den Geheimnissen der Heiligen Schrift. Unter selbiger Anleitung begann ich nun teilweise den inneren Sinn des Wortes Gottes zu erfassen: es begann mir klarzuwerden, was es mit dem inneren Menschen, der im Herzen verborgen ist, für eine Bewandtnis habe, was das wahre Gebet sei, das Beten im Geist, das Himmelreich in uns, die unaussprechliche Fürbitte des mit uns seufzenden Heiligen Geistes, das Wort: „Ihr werdet in mir sein“, das andere: „Gib mir dein Herz“, was bedeutet, „Christus anziehen“, was das Verlöbnis des Geistes in unseren Herzen bedeutet, was der Herzensseufzer: Abba! Vater! usw. Wenn ich hierbei mit dem Herzen zu beten begann, so stellte sich mir die ganze Umgebung in entzückender Gestalt dar: die Bäume, die Gräser, die Vögel, die Erde, die Luft, das Licht, alles schien gleichsam zu mir zu sprechen, daß es für den Menschen da wäre, die Liebe Gottes zum Menschen bezeuge, und alles betete, alles war voller Lobpreisungen Gottes. Und da verstand ich, was in der „Tugendliebe“ mit dem Worte gemeint ist: „Die Sprache der Kreatur verstehen“. Und ich sah den Weg, den man zu beschreiten hat, um mit Gottes Geschöpfen Zwiesprache zu führen.

So pilgerte ich lange Zeit. Endlich kam ich in eine so einsame Gegend, daß ich wohl drei Tage lang unterwegs durch kein einziges Dorf kam. All mein Hartbrot hatte ich verzehrt, und ich war bekümmert, daß ich nun Hungers sterben müßte. Kaum begann ich aber mit dem Herzen zu beten, als die Kümmernis schwand; ich vertraute mich ganz dem Willen Gottes an und wurde fröhlich und ruhig. Nachdem ich so eine Weile den Weg gepilgert war, der an einem riesigen Walde hinführte, erblickte ich vor mir einen Hofhund, der aus selbigem Walde gelaufen kam; ich lockte ihn heran; er kam auch gleich gelaufen und schmiegte sich an mich; da freute ich mich und dachte: ‚Das ist Gottes Gnade! Sicherlich weidet in diesem Walde eine Herde, und natürlich gehört dieser zahme Hund einem Hirten oder vielleicht einem Jäger, der auf Jagd gegangen ist; aber ob so oder anders, jedenfalls werde ich mir doch etwas Brot erbitten können, denn ich habe schon den zweiten Tag nichts gegessen, oder ich werde mich erkundigen können, wo das nächste Dorf ist.‘ Nachdem mich der Hund umsprungen hatte und wohl sehen mochte, daß ich ihm nichts zu fressen geben konnte, lief er auf demselben schmalen Pfade, der auf die Landstraße mündete, in den Wald zurück. Ich folgte ihm. Ich mochte vielleicht fünfhundert Schritt gegangen sein, als ich zwischen den Bäumen sah, wie der Hund in einem Erdloch verschwand, aus dem er hervorlugte und bellte.

Hinter einem dicken Baumstamm trat ein Bauer in mittleren Jahren hervor; er sah sehr elend aus und war blaß. Er fragte mich, wie ich hierherkäme. Ich fragte dagegen, warum er sich hier aufhalte. Wir kamen in ein freundliches Gespräch. Der Bauer lud mich in seine Erdhütte ein; er teilte mir mit, er wäre Waldhüter und müsse diesen Wald bewachen, da er bald abgeholzt werden solle. Er bot mir Brot und Salz an, und es entspann sich zwischen uns eine Unterhaltung.

„Ich beneide dich“, sagte ich, „daß du so bequem in der Einsamkeit, fern von den Menschen leben kannst, nicht so wie ich, denn ich pilgre von einem Ort zum andern und muß mit allerhand Volks zusammenkommen.“

„Wenn du Lust hast“, sagte er, „bleib hier meinethalben wohnen; drüben, nicht weit von hier, ist eine alte Erdhütte, die der frühere Waldhüter bewohnte; obwohl sie nun ziemlich baufällig ist, läßt sich doch noch im Sommer darin wohnen. Einen Paß hast du, Brot hab' ich zur Genüge, man bringt es mir wöchentlich aus unserem Dorfe; dort fließt ein Bächlein, das nie versiegt. Ich selber nähre mich wohl schon seit zehn Jahren nur von Brot und Wasser; sonst nehme ich nichts zu mir. Und nur eines ist schlimm: wenn die Bauern im Herbst die Ernte eingebracht haben, werden etwa zweihundert Holzfäller herkommen und diesen Wald abholzen; alsdann werde ich selber hier nicht wohnen können, und auch dich wird man hier nicht leben lassen."

Nachdem ich dieses alles gehört, erfüllte mich eine so große Freude, daß ich ihm am liebsten zu Füßen gefallen wäre. Ich wußte nicht, wie ich Gott für diese Gnade, die er mir erwiesen hatte, danken sollte. Wonach ich mich gesehnt, was ich gewünscht hatte, war mir nun unverhofft zugefallen. Bis zum Spätherbst waren noch reichlich vier Monate, und so könnte ich mich denn in dieser Zeit dem Schweigen und der ersehnten Ruhe hingeben, um die „Tugendliebe" aufmerksam zu lesen und das unablässige Herzensgebet zu erlernen und mir anzueignen. So blieb ich denn voll Freude einstweilen in der Erdhütte, die man mir gewiesen hatte. Ich kam noch mehr ins Gespräch mit ihm, der mich schlicht wie einen Bruder aufgenommen hatte; er erzählte mir sein Leben und seine Gedanken.

„Im Dorf", sagte er, „war ich nicht gerade der Letzte. Ich hatte ein Handwerk; ich färbte Baumwollstoffe und Leinwand; ich hatte mein Auskommen, wenn es auch nicht ohne Sünde abging: beim Handeln habe ich viel betrogen, habe unnützlich Gottes Namen angerufen; ich habe auch unflätig geschimpft, habe mich betrunken, war ein Raufbold. Wir hatten in unserem Kirchdorf einen alten Psalmsänger; der besaß ein altes, uraltes Buch über das Jüngste Gericht. Er pflegte die Rechtgläubigen zu besuchen und aus dem Buch vorzulesen; dafür gab man ihm Geld; er kam auch des öfteren zu mir. Gab man ihm zehn Kopeken und setzte ihm noch einen Schnaps vor, so las er einem vom Abend bis zum ersten Hahnenschrei vor. So kam es denn, daß ich ihm bei meiner Arbeit zuhörte, und er las, was für Qualen uns in der Hölle bevorstehen, wie sich die Lebenden wandeln werden, und die Toten werden auferstehen, Gott selber wird herabsteigen zum Gericht, die Engel werden in die Posaunen stoßen, und dann das Feuer, die Flammenglut, siedendes Pech, und der Wurm wird die Sünder fressen. Als ich dies eine Zeitlang gehört hatte, kam mich Furcht an. Ich dachte: ‚Den Qualen werde ich nicht entgehen! Halt, ich will mich daranmachen, meine Seele zu retten; vielleicht werde ich meine Sünden abbüßen.' Lange überlegte ich hin und her, gab dann mein Handwerk auf, verkaufte die Hütte und ging, da ich Junggeselle war, als Waldhüter in den Wald unter der Bedingung, daß mir die Bauern Brot, Kleidung und Wachskerzen für meine Andachten liefern. So lebe ich denn hier schon über zehn Jahre; ich sättige mich nur einmal am Tage und nehme auch dann nur Brot und Wasser zu mir; in jeder Nacht erhebe ich mich mit dem ersten Hahnenschrei und bete dann unter tiefen Verbeugungen bis zur Dämmerung; wenn ich bete, stecke ich vor den Heiligenbildern sieben Kerzen an. Wenn ich aber am Tage den Wald abschreite, trage ich zwei Pud[7] schwere Büßerketten am nackten Leibe. Ich schimpfe nicht mehr unflatig; Schnaps und Bier trinke ich nicht, und mit keinem habe ich Raufereien; Weiber und Mädchen habe ich mein Lebtag gemieden. Anfangs hat mir dieses Leben mehr behagt, aber jetzt – gegen Ende – verfolgen mich unentwegt böse Gedanken. Weiß Gott, ob es einem gelingt, seine Sünden abzubüßen, und das Leben, das ich führe, ist doch so hart. Und stimmt es auch, was im Buch zu lesen steht? Wie könnte ein Mensch auferstehen, sollte man meinen! So mancher ist schon vor hundert Jahren gestorben oder länger noch, und es ist nicht mal Staub von ihm übriggeblieben. Und wer weiß denn, ob es eine Hölle geben wird oder nicht? Aus jener Welt ist doch niemand zu uns gekommen; es scheint, wenn der Mensch stirbt und verwest, so ist er auch spurlos verschwunden. Das Buch werden wohl die Popen geschrieben haben und die Vorgesetzten, um uns Narren Angst zu machen, damit wir gehorsam und bescheiden leben. So plackt man sich denn auf Erden und findet keinen Trost, und auch in jener Welt wird es nichts geben. Was folgt denn daraus? Vielleicht wäre es doch besser, recht vergnügt und bequem auf Erden zu leben? – Dies sind die Gedanken", fuhr er fort, „die gegen mich anrennen, und ich fürchte, daß ich schließlich doch noch zu meinem alten Handwerk zurückkehre."

Als ich ihn so reden hörte, tat er mir leid, und ich dachte bei mir selber: ‚Man sagt, daß es Gelehrte und Weise gibt, die Freidenker sind und an nichts glauben. Aber da nehme man unsereinen, den einfachen Bauern, was der sich für Unglauben ersinnt! Wohl mag dem Reich der Finsternis Zutritt zu allen gewährt sein, und es mag ihm ja auch leichter fallen, gegen einfache Menschen aufzukommen. Gegen den Feind der Seele muß man sich, sosehr man kann, mit dem Worte Gottes waffnen und fest darin werden.' Und um diesem Bruder, sosehr ich konnte, zu helfen und seinen Glauben zu stützen, holte ich aus meinem Beutel die „Tugendliebe" hervor, schlug das hundertneunte Kapitel des heiligen Hesychios auf, las es ihm vor und begann ihm auseinanderzusetzen, daß das Meiden der Sünde aus Furcht vor den Qualen weder gut noch fruchtbar sei, und die Seele könne sich durch nichts anderes vor Gedankensünden retten als dadurch, daß man über seinem Geist wacht und sich ein reines Herz bewahrt. Dies alles nun ist durch das innere Gebet zu erlangen. „Und zwar", fügte ich hinzu, „nicht etwa nur heiligmäßiges Leben aus Angst vor den Höllenqualen, sondern auch gute Werke, die man tut, um seine Seele zu retten, um das Himmelreich zu erwerben, nennen die heiligen Väter ein Mietlingswerk. Sie sagen, Angst vor Qualen sei der Weg der

Knechte, und der Wunsch, das Himmelreich als Lohn zu empfangen – der Weg der Mietlinge. Gott will aber, daß wir als seine Söhne zu ihm kommen, das heißt, daß wir aus Liebe und Eifer um ihn ein ehrliches Leben führen und uns der erlösenden Vereinigung mit ihm in der Seele und im Herzen erfreuen. Du magst dich noch so sehr kasteien, du magst die schwersten körperlichen Mühen und Werke auf dich nehmen, wofern du aber nicht immer Gott sinnst und das unablässige Jesusgebet im Herzen hast, wirst du nie Ruhe finden vor feindlichen Gedanken und wirst immer zur Sünde geneigt sein, selbst beim geringsten Anlaß. Mach dich mal dran, Bruder, das Jesusgebet unablässig zu sprechen; du kannst es ja doch; und es geht auch an hier in dieser Einsamkeit; sehr bald wirst du dich von seinem Nutzen überzeugen. Alsdann werden dir die gottlosen Gedanken nicht mehr zusetzen, der Glaube wird sich dir erschließen und die Liebe zu Jesus Christus; alsdann wirst du es erfahren, wie die Toten auferstehen, und das Jüngste Gericht wird sich dir so darstellen, wie es in Wahrheit sein wird. Im Herzen aber wirst du durch das Gebet eine solche Leichtigkeit und Freude verspüren, daß du staunen wirst, und du wirst dich nicht mehr grämen, auch nicht mehr zweifeln wegen deines frommen Lebens."

Dann erklärte ich ihm, so gut ich konnte, wie er mit dem unablässigen Jesusgebet beginnen und darin fortfahren müsse und was das Wort Gottes darüber sagt, auch was die heiligen Väter lehren. Scheinbar war er hiermit einverstanden und wurde ruhiger. Nachdem ich mich alsdann von ihm getrennt hatte, begab ich mich in die verfallene Erdhütte, die er mir gewiesen hatte.

Mein Gott, welch eine Freude empfand ich, welche Ruhe und welche Wonne, kaum daß ich über die Schwelle dieser Höhle oder, besser gesagt, dieses Grabes getreten war; es schien mir ein herrliches, königliches Gemach zu sein, ganz erfüllt von allerhand Trost und Freude. Ich weinte Freudentränen, dankte Gott und dachte: ‚Eben hier, in dieser Ruhe und Stille, muß ich mit Eifer an mein Werk gehen und Gott um Erleuchtung bitten.' Und so begann ich denn vor allen Dingen die „Tugendliebe" zu lesen, der Reihe nach, von Anfang bis zu Ende, mit größter Aufmerksamkeit. In kurzer Zeit hatte ich alles gelesen und gewahrte, welche Weisheit, Heiligkeit und Tiefe darin enthalten ist. Da aber in dem Buche von vielen und mannigfachen Dingen geredet wird, auch verschiedene Unterweisungen der heiligen Väter darin enthalten sind, vermochte ich nicht alles zu verstehen und es in dem einen Punkt zusammenzufassen, auf den es mir besonders ankam, nämlich alles über das innere Gebet zu erfahren, um hieraus den Weg zur Erlernung des unablässigen, selbsttätigen Herzensgebetes zu erfahren. Dies wollte ich aber gar sehr, wie ja auch Gott durch den Apostel gebietet: „Beeifert euch aber um die besseren Gaben" (1 Kor 12, 13), und ferner: „den Geist löschet nicht" (1 Thess 5, 19). Ich dachte und überlegte, wie ich's anstellen sollte. Mein Verstand und mein Begriffsvermögen reichten nicht hin, und es war auch keiner da, der es mir hätte erklären können. Ich will mal Gott mit meinem Gebet zusetzen; vielleicht wird mich der Herr irgendwie erleuchten. Hierauf tat ich einen Tag nichts anderes, als nur im unablässigen Gebet zu beharren, welches ich ohne die geringste Unterbrechung verrichtete; meine Gedanken beruhigten sich, und ich schlief ein; da träumte mir nun, ich sei in der Klause meines verstorbenen Starez, und er deutet mir die „Tugendliebe" und spricht also: „Dieses heilige Buch ist voll tiefer Weisheit. Es ist eine geheime Schatzkammer des Eindringens in die verborgenen Führungen Gottes. Nicht in allen Stücken und nicht jedermann ist es zugänglich; doch enthält es nach Maßgabe des Verständnisses für einen jeden Unterweisungen: für den einfachen Mann – einfache, für den Weisen – weise. Darum sollt ihr, die Einfältigen, es nicht in der Reihenfolge lesen, wie die Schriften der heiligen Väter angeordnet sind. Die

Anordnung ist dort eine theologische; der nichtgelehrte Mensch aber, der das innere Gebet aus der ‚Tugendliebe' erlernen will, muß sie in dieser Reihenfolge lesen: 1. er lese zuvor das im zweiten Teil enthaltene Buch des Mönches Nikephoros, dann 2. das ganze Buch Gregors des Sinaiten mit Ausnahme der kurzen Kapitel, 3. Symeon, den Neuen Theologen, über die drei Arten des Gebets und seine Schrift über den Glauben, und hierauf 4. das Buch des Kallistos und Ignatios. In diesen Vätern ist eine vollständige, für jedermann verständliche Unterweisung und Lehre über das innere Herzensgebet enthalten. Wenn du aber eine noch leichter verständliche Belehrung über das Gebet haben willst, so schlage im vierten Teil auf, was der heiligste Patriarch Kallistos von Konstantinopel in Kürze über die Art des Betens sagt."

Als hielte ich gleichsam meine „Tugendliebe" in den Händen, begann ich die genannte Unterweisung zu suchen, konnte sie aber nicht so schnell finden, wie ich wollte. Da blätterte der Starez selbst in dem Buch und sagte: „Da ist die Stelle; ich will sie dir anstreichen." Er hob ein Stückchen Holzkohle auf, machte damit einen Strich am Rande der Seite bei dem aufgeschlagenen Kapitel. Alles, was der Starez gesagt, hatte ich aufmerksam angehört und bemühte mich, es mir möglichst fest und in allen Einzelheiten einzuprägen.

Ich erwachte, und da der Tag noch nicht angebrochen war, blieb ich liegen und wiederholte im Gedächtnis alles, was ich geträumt und was mir der Starez gesagt hatte. Dann überlegte ich: Gott weiß, ob mir die Seele des verstorbenen Starez erscheint, oder sollten es meine eigenen Gedanken sein, die so gestimmt sind, da ich ja viel und oft an die „Tugendliebe" und an den Starez denke? Hierüber war ich mir nicht im klaren und stand auf; es begann schon zu dämmern. Und was denn? Da sehe ich auf dem Stein, den ich anstelle eines Tisches in meiner Erdhütte hatte, die aufgeschlagene „Tugendliebe" liegen, und zwar gerade an der Stelle, die mir der Starez gewiesen hatte, und der Kohlestrich war auch da, genauso, wie mir dies geträumt hatte, ja sogar ein Stückchen Kohle lag noch neben dem Buch. Dies setzte mich in Erstaunen, denn ich erinnerte mich mit Bestimmtheit, daß das Buch am Abend nicht dagelegen hatte; vielmehr lag es geschlossen mir zu Häupten; und ebenso bestimmt weiß ich, daß dort früher an der angestrichenen Stelle kein Merkzeichen war. Dieser Vorfall überzeugte mich von der Wahrheit des Traumgesichts und von der Gottwohlgefälligkeit meines Starez seligen Angedenkens. So machte ich mich denn daran, die „Tugendliebe“ eben in der Reihenfolge, wie sie mir der Starez angegeben hatte, zu lesen. Ich las das Buch einmal, las es dann noch einmal, und da entbrannte in meiner Seele die Lust und der Eifer, alles Gelesene auch wirklich zu erproben. Durchaus verständlich und klar war es mir geworden, was das innere Gebet sei, welcher Mittel man sich bedienen müsse, um es zu erlangen, welche Folgen es zeitigt und wie es Herz und Seele erquickt und wie man erkennen soll, ob diese Beseligung von Gott kommt oder von der Natur oder ob es eine Versuchung ist.

So machte ich mich denn vorerst daran, die Stelle des Herzens aufzufinden, wie Symeon, der Neue Theologe, dies lehrt. Ich schloß die Augen, blickte mit dem Geist, das heißt mit der Einbildung, ins Herz und wünschte mir, es mir vorzustellen, wie es da in der linken Brust eingebettet liegt, und horchte aufmerksam auf sein Schlagen. Hiermit befaßte ich mich erst je eine halbe Stunde etliche Male im Verlauf des Tages; anfangs merkte ich nichts als Dunkelheit; alsdann stellte sich mir das Herz sehr bald dar und desgleichen die Bewegungen, die darin vorgingen; des weiteren begann ich, das Jesusgebet zusammen mit dem Atem ins Herz ein- und wieder herauszuführen, so wie es der heilige Gregor der Sinaite, auch Kallistos und Ignatios lehren, das heißt, geistig ins Herz blickend und die Luft einziehend, stellte ich mir vor und sprach: Herr Jesus Christus – und dann die Luft wieder herausstoßend: erbarme dich meiner. Anfangs beschäftigte ich mich damit eine Stunde, vielleicht auch zwei, dann, je weiter ich fortschritt, setzte ich die Übung häufiger fort, und endlich war es so, daß ich fast den ganzen Tag mit dieser Beschäftigung verbrachte. Überkam mich Schwere oder Trägheit oder Zweifel, so las ich alsbald in der „Tugendliebe" die Stellen, die im herzlichen Tun unterweisen, und damit erwachte wieder Lust und Eifer zum Gebet. Etwa nach drei Wochen begann ich einen Schmerz im Herzen zu spüren, alsdann eine überaus angenehme Wärme, Freude und Ruhe in selbigem. Dies machte mir Lust und regte mich dazu an, mich mit vermehrtem Eifer im Gebet zu üben, derart, daß alle meine Gedanken damit beschäftigt waren und ich große Freude empfand. Von dieser Zeit an spürte ich bisweilen mannigfaltige Empfindungen in Herz und Geist. Mitunter war es so, daß ich ein beseligendes Beben im Herzen fühlte, es war so voller Leichtigkeit, Freiheit und Trost, daß ich ganz wie verwandelt war und vor Wonne zu vergehen glaubte. Mitunter fühlte ich flammende Liebe zu Jesus Christus und zu der ganzen Schöpfung Gottes. Mitunter entströmten meinen Augen ganz von selbst süße Tränen des Dankes an Gott, der mir verruchtem Sünder solche Gnade widerfahren ließ. Mitunter lichtete sich mein sonst so törichtes Verstehen, so daß ich mit Leichtigkeit Dinge erfaßte und überlegte, an die ich früher nie hätte denken können. Mitunter überströmte die süße Herzenswärme mich ganz und gar, und voller Rührung verspürte ich in mir die Allgegenwart Gottes. Mitunter empfand ich die allergrößte Freude beim Anrufen des Namen Jesu Christi und erkannte, was das Wort bedeutet, welches er gesagt hat: „Das Reich Gottes ist in euch" (Lk 17,21).

Da ich diese und dem ähnliche beseligende Tröstungen erfuhr, merkte ich, daß sich die Folgen des Herzensgebets auf dreifache Weise kundtun: im Geist, im Fühlen und in Offenbarungen; im Geist spürt man beispielsweise die Süßigkeit der Liebe Gottes, innere Ruhe, ein Verzücktsein des Geistes, Reinheit der Gedanken, ein beseligendes Denken Gottes; im Gefühl – eine angenehme Erwärmung des Herzens; alle Gliedmaßen sind erfüllt mit Süßigkeit, freudiges Beben des Herzens, Leichtigkeit und Frische, man empfindet das Leben als angenehm; für Krankheiten und Kummer wird man unempfindlich; in den Offenbarungen – eine Durchleuchtung der Vernunft, Eindringen in die Heilige Schrift, man versteht die Sprache der Schöpfung, ist losgelöst vom irdischen Getriebe und erkennt die Süßigkeit des inneren Lebens, ist der Nähe Gottes gewiß, desgleichen seiner Liebe zu uns.

Etwa fünf Monate verbrachte ich in der Einsamkeit mit dieser Gebetsbeschäftigung und in der Beseligung der vorerwähnten Empfindungen; ich hatte mich so sehr an das Herzensgebet gewöhnt, daß ich mich ununterbrochen darin übte; und endlich fühlte ich, daß das Gebet sich ganz von selbst ohne irgendeine Nötigung meinerseits in mir verrichtete und von Geist und Herz nicht nur im wachen Zustande verrichtet wurde, sondern daß es sogar im Schlaf genau ebenso wirkte und durch nichts unterbrochen wurde, nicht für den geringsten Augenblick, gleichviel, was ich tun mochte. Meine Seele dankte Gott, und mein Herz zerschmolz in unablässiger Wonne.

Da kam die Zeit, daß der Wald abgeholzt werden sollte; Arbeiter kamen, und ich mußte meine stille Behausung verlassen. Nachdem ich dem Waldhüter gedankt, betete ich, küßte den Fleck Erde, auf dem Gott mich, den Unwürdigen, seiner Gnade gewürdigt hatte, band mir den Sack mit den Büchern um und ging meines Weges. Sehr lange pilgerte ich durch das Land, bis ich schließlich nach Irkutsk kam. Das selbsttätige Herzensgebet war auf dem ganzen Wege mein Trost und meine Freude, auch bei allen Begegnungen, die ich hatte, nie hörte es auf, mich mit Wonne zu erfüllen, wiewohl auch in verschiedenen Graden; gleichviel, wo ich mich befinden mochte, was ich auch tat, womit ich mich beschäftigte, nichts wurde durch dieses Gebet gestört, und durch nichts wurde es vermindert. Wenn ich irgendeine Arbeit vorhabe und das selbsttätige Gebet im Herzen wirkt, geht die Arbeit schneller von der Hand; wenn ich aufmerksam hinhorche oder lese, hört das Gebet doch nicht auf, und ich fühle gleichzeitig sowohl das eine wie das andere, als wäre ich gleichsam gespalten oder als hätte ich zwei Seelen in meiner Brust. Mein Gott! wie geheimnisvoll ist doch der Mensch!... „Herr, wie sind deine Werke so groß! Du hast sie alle weislich geordnet" (Ps 103,24). Auch hatte ich unterwegs viele wunderbare Vorkommnisse und Begegnungen. Wollte ich die alle erzählen, würde ich es an einem Tage nicht fertigbringen. Da war so ein Fall zum Beispiel: einmal ging ich im Winter gegen Abend durch ein Wäldchen, um in einem Dorfe zu übernachten, das ich in einer Entfernung von vielleicht zwei Werst vor mir liegen sah. Plötzlich stürzte sich ein großer Wolf auf mich. Ich hatte den aus einer Wollschnur geflochtenen Rosenkranz des Starez, den ich immer bei mir trug, in der Hand. Da schlug ich mit diesem Rosenkranz nach dem Wolf. Und was geschah? Der Rosenkranz wurde mir aus der Hand gerissen und kam gerade um den Hals des Wolfes zu liegen; der Wolf entfloh, sprang über ein Dornengestrüpp, verstrickte sich mit den Hinterbeinen im Gestrüpp, während der Rosenkranz sich am Ast eines dürren Baumes festhakte; da wollte sich der Wolf losreißen, doch konnte er sich nicht befreien, weil ihm der Rosenkranz den Hals würgte. Gläubig bekreuzigte ich mich und ging in der Absicht auf den Wolf zu, ihn zu befreien; noch eher dachte ich wohl, daß er den Rosenkranz zerreißen und mit ihm fortlaufen könne, und dann hätte ich meinen kostbaren Rosenkranz nie wiedergesehen. Kaum war ich an ihn herangetreten und hatte den Rosenkranz ergriffen, als der Wolf ihn wirklich zerriß und davonlief. Da dankte ich Gott, gedachte meines seligen Starez und kam wohlbehalten im

Dorfe an; ich ging in eine Herberge und bat um ein Nachtlager. Ich kam in die Hütte. Vorne am Tisch saßen zwei Männer, der eine ein Greis, der andere ein dicker Mann in mittleren Jahren; beide schienen nicht zum einfachen Volk zu gehören. Sie tranken Tee. Ich fragte den Bauern, der ihre Pferde versorgte, wer sie seien. Der sagte mir, der alte Mann wäre Volksschullehrer, der andere aber Schreiber am Landgericht, also beide wohlgeborene Leute; sie seien unterwegs und wollten zu einem Jahrmarkt, der zwanzig Werst weiter stattfände. Nachdem ich eine Weile dagesessen hatte, bat ich die Wirtin um Nadel und Faden, rückte näher ans Licht heran und machte mich daran, meinen zerrissenen Rosenkranz zu flicken. Der Schreiber blickte auf und sagte: „Du mußt wohl gehörig gebetet haben, wenn du deinen Rosenkranz zerrissen hast."

„Nicht ich habe ihn zerrissen, sondern ein Wolf."

„Wie? Beten denn die Wölfe?" sagte der Schreiber lachend.

Ich erzählte ihnen ausführlich, wie sich die Sache verhalten hatte und wie sehr ich an diesem Rosenkranz hänge. Wieder lachte der Schreiber und sagte: „Ihr heiligen Hohlköpfe seht überall Wunder! Was wäre daran Wunderbares? Du hast einfach nach ihm geschlagen, der Wolf hat sich erschreckt und ist davongerannt; Hunde und Wölfe fürchten sich ja vor Schlägen; auch kann es sehr leicht vorkommen, daß man im Walde hängenbleibt. In der Welt kann sich ja so mancherlei ereignen – sollte man deswegen alles für Wunder halten?"

Nachdem der Lehrer dies gehört hatte, begann er ein Gespräch mit ihm.

„Glaubt das nicht, Herr! Der gelehrte Teil ist Euch nicht geläufig ... Ich vielmehr sehe in dem Bericht dieses Bauern das geheimnisvolle Walten der sinnlichen und der geistigen Natur ..."

„Wieso denn?" fragte der Schreiber.

„Seht einmal: obwohl Ihr keine höhere Bildung habt, habt Ihr doch natürlich die heilige Geschichte des Alten und Neuen Testaments, wie sie in Fragen und Antworten für Schulen gedruckt ist, in Kürze gelernt. Ihr erinnert Euch vielleicht, daß dem erstgeschaffenen Menschen Adam, als er noch in sündlosem und heiligem Stande war, alle Tiere und wilden Tiere gehorchten; voller Angst nahten sie ihm, und er gab ihnen Namen. Der Starez, dem dieser Rosenkranz gehörte, war heilig: was bedeutet nun Heiligkeit? Nichts anderes als Rückkehr in den unschuldigen Stand des ersten Menschen durch fromme Übungen. Wird die Seele geheiligt, so wird auch der Leib geheiligt. Der Rosenkranz hat sich stets in der Hand dieses Geheiligten befunden; folglich ist ihm durch der Hände Berührung und durch deren Ausdünstung heilige Kraft eingeimpft, die Kraft des schuldlosen Standes des ersten Menschen. Dies aber ist ein Mysterium der geistigen Natur! ... Diese Kraft verspüren ererbtermaßen alle Tiere bis auf den heutigen Tag; sie spüren sie aber durch ihren Geruchssinn; denn die Witterung ist bei allen wilden und sonstigen Tieren das vornehmste Werkzeug des Fühlens. Dies ist das Mysterium der sinnlichen Natur! ..."

„Ihr Gelehrten wittert überall Kräfte und allerhand Weisheiten; bei unsereinem geht das viel einfacher zu: man gießt sich einen Schnaps hinter die Binde, und da hat man eben Kraft", sagte der Schreiber und ging an den Schrank.

„Ja, das ist Eure Sache", sagte der Lehrer, „hingegen bitte ich, uns das gelehrte Wissen zu überlassen."

Es gefiel mir wohl, wie der Lehrer gesprochen hatte; ich trat auf ihn zu und sagte: „Darf ich es wagen, Väterchen, Euch noch einiges von meinem Starez zu erzählen?" Und ich setzte ihm auseinander, wie er mir im Traum erschienen war, wie er mich unterwiesen und in der „Tugendliebe" die Seite angestrichen hatte.

Dies alles hörte sich der Lehrer aufmerksam an. Der Schreiber aber lag inzwischen auf der Pritsche und knurrte: „Man sagt schon recht, daß die Menschen so lange in der Bibel lesen, bis sie sich um ihren Verstand gelesen haben. So ist es genau! Welchem Teufel wird es einfallen, dir in der Nacht eine Seite in deinem Buch anzustreichen. Du hast das Buch einfach im Schlaf fallen lassen und es mit Asche beschmutzt ... das ist dein ganzes Wunder. Ach, dieses Halunkenpack! Wir kennen ja euresgleichen ..."

Nachdem der Schreiber also gebrummt hatte, kehrte er sich zur Wand und schlief ein. Da ich dieses hörte, wandte ich mich zum Lehrer und sagte: „Wenn Ihr wünscht, will ich Euch das selbige Buch zeigen, in dem die Seite richtig angestrichen, nicht aber mit Asche beschmutzt ist." Ich holte aus meinem Beutel die „Tugendliebe" hervor, zeigte sie ihm und sagte: „Ich staune über diese Weisheit, wie die körperlose Seele ein Stück Kohle hatte nehmen und schreiben können? ..."

Der Lehrer sah sich die bezeichnete Stelle an und sagte: „Auch dieses ist ein Mysterium der Geister. Ich will es dir erklären; sieh mal, wenn die Geister einem lebendigen Menschen in körperlicher Gestalt erscheinen, so sammeln sie und bilden sich einen greifbaren Körper aus Luft und Lichtmaterie, und wenn sie ihr Erscheinen beendet haben, geben sie das Geborgte eben den Elementen wieder zurück, aus denen der Bestand ihrer Leiber geschöpft war. Und da nun die Luft eine elastische, zusammenpreßbare und dehnbare Kraft hat, so kann die also bekleidete Seele alles nehmen, kann handeln und kann auch schreiben. Was hast du denn da für ein Buch? Zeig es mal her."

Er schlug es auf und fand die Worte Symeons, des Neuen Theologen: „Aha, das ist wohl ein theologisches Buch. Ich habe es noch nie gesehen ..."

„Dieses Buch, Väterchen, enthält fast nur Unterweisungen über das innere Herzensgebet im Namen Jesu Christi;

es wird hier mit aller Genauigkeit von fünfundzwanzig heiligen Vätern erläutert."

„Ah, das innere Gebet, ich weiß", sagte der Lehrer.

Ich verneigte mich bis an die Erde vor ihm und bat ihn, mir einiges über das innere Gebet zu sagen.

„Das ist es, was im Neuen Testament gesagt ist, daß der Mensch und die ganze Kreatur nicht aus eigenem Willen der Unruhe gehorcht; alles seufzt aber naturgemäß und strebt und wünscht sich die Freiheit der erwählten Kinder Gottes; dieses geheimnisvolle Seufzen der Kreatur und das den Seelen eingeborene Streben ist das innere Gebet. Man braucht es nicht zu erlernen. Es ist in allem und in allen enthalten! ..."

„Wie erwirbt man es aber? Wie entdeckt man es? Wie fühlt man es in seinem Herzen? Wie erkennt man es, und wie nimmt man es mit seinem Willen auf? Wie erlangt man es, daß es sichtbarlich wirkt, beseligt, durchleuchtet und rettet?" fragte ich.

„Ich besinne mich nicht, daß hierüber in den theologischen Traktaten etwas geschrieben steht", erwiderte der Lehrer.

„Hier, hier steht dies alles geschrieben", bedeutete ich ihm.

Der Lehrer nahm seinen Bleistift zur Hand, schrieb sich den Titel der „Tugendliebe" auf und sagte: „Unbedingt lasse ich mir dieses Buch aus Tobolsk kommen; ich will es mir ansehen."

So trennten wir uns.

Unterwegs dankte ich Gott für die Unterredung mit dem Lehrer und betete für den Schreiber, Gott möge es so fügen, daß er, wenn auch nur einmal, die „Tugendliebe" lese, und möge ihn selber unterweisen, daß er sich zu seinem Heile bekehre.

Ein andermal kam ich im Frühling in ein Kirchdorf; es machte sich so, daß ich bei dem Priester Unterkunft fand.

Dies war ein gütiger, einsamer Mensch; drei Tage war ich bei ihm. Nachdem er mich im Laufe dieser Zeit kennengelernt hatte, begann er mir zuzureden: „Bleibe bei mir, ich will dir auch ein Gehalt zahlen. Ich brauche einen gewissenhaften Menschen; du hast gesehen, daß wir nun neben der alten Holzkirche eine neue steinerne Kirche errichten. Ich kann keinen zuverlässigen Menschen finden, der einen Blick auf die Arbeiter hat und der in der Kapelle sitzt, um dort die Gaben für den Bau in Empfang zu nehmen; ich sehe, du wärest hierzu gerade geeignet, und du hättest auch bei deiner Veranlagung ein gutes Leben; du würdest allein in der Kapelle sitzen und könntest immer beten. Da ist auch eine ganz stille Kammer für den Wächter; ich bitte dich, bleib, wenn auch nur so lange, bis der Bau der Kirche beendet ist."

Obwohl ich mich lange weigerte, mußtc ich doch schließlich den dringenden Bitten des Priesters nachgeben. So blieb ich denn den Sommer über bis zum Herbst dort. Ich lebte in der Kapelle. Anfangs hatte ich ein ruhiges Leben und konnte mich gut meinen Gebetsübungen hingeben, obwohl viel Volks, besonders an Feiertagen, in die Kapelle kam, einige, um zu beten, andere, um faul dazustehen, andere wieder, um vom Sammelteller was wegzustibitzen. Da ich aber mitunter bald in der Bibel, bald in der „Tugendliebe" las, kam es, daß einige der Leute, die dies sahen, mit mir Gespräche anknüpften, während andere wieder baten, ich möge ihnen was vorlesen.

Nach einiger Zeit merkte ich, daß ein Bauernmädchen häufig in die Kapelle kam und hier lange betete. Ich horchte auf ihr Gemurmel hin und merkte, daß sie ganz seltsame Gebete vor sich hinsprach, manche waren sogar ganz entstellt. Ich fragte, wer es sie so gelehrt habe. Sie sagte, die Mutter habe sie beten gelehrt, die hielte sich zur Kirche, während ihr Vater Altgläubiger[8] wäre und der popenlosen Richtung angehörte. Dies bedauerte ich und gab ihr den

Rat, sie solle richtig, wie es die heilige Kirche lehrt, beten, und darum erklärte ich ihr das Vaterunser und das Ave-Maria. Endlich sagte ich ihr:

„Verrichte doch recht häufig und sooft du kannst, das Jesusgebet; mehr als alle anderen Gebete dringt es zu Gott, und du wirst dadurch deiner Seele Rettung finden."

Das Mädchen nahm meinen Ratschlag aufmerksam entgegen und begann danach in aller Einfalt zu handeln. Und was geschah? Nach kurzer Zeit schon erklärte sie mir, sie habe sich so sehr an das Jesusgebet gewöhnt, daß sie den Drang verspürte, es unablässig, wenn sich nur Gelegenheit dazu böte, zu verrichten; wenn sie es aber betete, habe sie ein beseligendes Gefühl, und auch nach Schluß des Gebets erfülle sie eine große Freude und der Wunsch, im Gebet fortzufahren. Hierüber freute ich mich und gab ihr den Rat, das Gebet im Namen Jesu Christi auch fernerhin vermehrt fortzusetzen.

Der Sommer neigte sich seinem Ende entgegen; viele von den Leuten, die in die Kapelle kamen, erschienen nun bei mir, nicht nur, damit ich ihnen vorläse und Ratschläge gebe, sondern auch mit den verschiedensten Sorgen, die sie plagten; manche wünschten sogar, ich solle ihnen verlorene oder abhanden gekommene Sachen wiederschaffen; sie mochten mich wohl für einen Wahrsager halten. Endlich kam auch das oben genannte Mädchen sehr bekümmert zu mir, um sich bei mir Rats zu holen. Ihr Vater hatte die Absicht, sie gegen ihren Willen mit einem Raskolnik, der ebenfalls der popenlosen Richtung angehörte, zu verheiraten; ein Bauer sollte die Trauung vollziehen.

Was wäre denn das für eine gesetzlose Ehe!" rief sie, „das wäre ja ganz dasselbe wie Hurerei. Ich will fliehen, gleichviel wohin."

Ich sagte ihr: „Wohin willst du fliehen? Man wird dich ja wiederfinden. In unserer Zeit kann man sich ohne Ausweis nirgends verborgen halten. Man wird dich überall finden. Bete lieber recht eifrig zu Gott, er möge durch seine Fügung die Absichten deines Vaters zuschanden machen und deine Seele vor Sünde und Ketzerei bewahren. Dies wird zuverlässiger sein als eine Flucht."

So verging die Zeit, und es wurde unerträglich laut um mich her, und allerhand Versuchungen nahten. Endlich war auch der Sommer zu Ende; ich beschloß, die Kapelle zu verlassen und wie früher meinen Weg fortzusetzen. Ich kam zum Priester und sagte ihm:

„Ihr kennt meine Veranlagung, Vater. Ich bedarf der Ruhe, um beten zu können; hier werde ich zu sehr zerstreut, und das ist mir schädlich. Ich habe Euer Gebot erfüllt, habe auch den Sommer über hier gelebt; laßt mich nun ziehen und gebt mir den Segen für meine einsame Pilgerschaft."

Der Priester wollte mich nicht ziehen lassen und begann mir zuzureden:

„Was stört dich denn, auch hier zu beten? Du hast doch gar nichts zu tun, als in der Kapelle zu sitzen; um die Nahrung brauchst du dir keine Sorgen zu machen. Bete meinethalben Tag und Nacht, führe so dein Leben mit Gott! Für diesen Ort hier bist du der rechte Mann und bringst Nutzen; mit denen, die zu dir kommen, schwatzest du nicht törichtes Zeug; du schaffst der Kirche Gottes Einnahmen und sammelst getreulich die Gaben. Dies ist Gott wohlgefälliger als dein einsames Gebet. Was hast du denn an der Einsamkeit! Es ist doch viel schöner noch, mit dem Volk zusammen zu beten. Nicht darum hat Gott den Menschen geschaffen, daß er niemand außer sich selber kennt, vielmehr sollen die Menschen einander helfen, sollen einander zur Rettung führen, jeder nach seinen Kräften. Sieh dir doch die Heiligen an und die ökumenischen Lehrer: Tag und Nacht haben sie für die Kirche gesorgt und geschafft, haben auch überall gepredigt; und sie saßen nicht in der Einsamkeit und hielten sich nicht vor den Menschen verborgen."

„Gott gibt einem jeden verschiedene Gaben, Vater. Es hat viele Prediger gegeben, es hat aber auch viele Einsiedler gegeben. Welche Neigung einer in sich verspürte, der ist er auch nachgegangen und glaubte, Gott selber habe ihm zum Heil seiner Seele diesen Weg gewiesen. Und wie wolltet Ihr mir das erklären: daß nämlich viele Heilige ihr Lehramt, ihre Abtei, ihr Priestertum aufgegeben haben und sich an einsame Orte in Einsiedeleien zurückzogen, um sich vom Volk nicht verwirren zu lassen. So ist der heilige Isaak der Syrer von seiner Gemeinde und seinem Bischofsamt geflohen; so hat der heilige Athanasios vom Athos sein Kloster verlassen; und zwar gerade darum, weil diese Orte voller Versuchung für sie waren und weil sie wahrhaftig dem Worte Jesu Christi glaubten: ‚Was nützt es dem Menschen, wenn er die ganze Welt gewinnt, aber an seiner Seele Schaden nimmt'" (Mt 16,26).

„Das waren ja Heilige", sagte der Priester.

„Wenn schon Heilige sich vorsahen, um nicht durch den Umgang mit den Menschen Schaden zu nehmen", erwiderte ich, „was sollte dann wohl erst ein ohnmächtiger Sünder tun!"

Schließlich nahm ich von diesem guten Priester Abschied, und er gab mir mit freundlichen Worten das Geleit.

Nachdem ich vielleicht zehn Werst gewandert war, machte ich in einem Dorfe halt, um dort zu übernachten. Hier sah ich einen schwerkranken Bauern, und ich gab denen, die um ihn her waren, den Rat, sie sollten ihm das heilige Sakrament reichen lassen. Sie waren damit einverstanden und schickten am Morgen nach dem Priester in ihr Kirchdorf. Ich blieb, um den heiligsten Gaben meine Ehrfurcht zu bezeugen und vor dem erhabenen Sakrament zu beten. Ich ging hinaus, setzte mich auf eine Erdaufschüttung und wartete, um den Priester zu begrüßen. Plötzlich kommt jenes Mädchen, das in der Kapelle zu beten pflegte. aus dem Hof auf mich zugelaufen.

„Wie bist du hierhergekommen?“ fragte ich.

„Man hatte bei uns schon den Tag angesetzt, an dem ich jenen Altgläubigen heiraten sollte. Da bin ich fortgegangen.“ Hierbei verneigte sie sich tief vor mir und sagte: „Erweise mir die Güte, nimm mich mit und bringe mich in irgendein Nonnenkloster. Ich will nicht heiraten, ich werde im Kloster leben und das Jesusgebet verrichten. Wenn du es sagst, wird man mich dort aufnehmen.“

„Aber hör doch“, sagte ich, „wohin sollte ich dich denn bringen? Ich kenne hierzulande kein einziges Frauenkloster. Und wie soll ich denn mit dir wandern, wenn du doch keinen Paß hast? Erstens mal wirst du nirgends Unterkommen finden, und zweitens wirst du dich nirgends verbergen können; man wird dich gleich festnehmen und wieder an deinen Heimatsort zurückschicken; außerdem wird man dich als Landstreicherin verhaften. Geh lieber nach Hause und bete zu Gott; willst du aber nicht heiraten, so stelle dich krank; man nennt dies eine Verstellung um des Seelenheiles willen; so hat die heilige Mutter des Clemens gehandelt, auch die heilige Marina, die in einem Männerkloster ihre Seele rettete, und viele andere noch.“

Da wir so saßen und miteinander sprachen, sahen wir, wie vier Bauern in einem mit zwei Pferden bespannten Wagen rasch dahergefahren kamen und dicht vor uns hielten. Sie ergriffen das Mädchen, setzten es in den Wagen, und der eine Bauer fuhr mit ihr ab, die drei andern aber fesselten mich an den Händen und trieben mich in das Dorf zurück, wo ich den Sommer über gelebt hatte. Auf alle meine Entgegnungen schrien sie nur: „Wir wollen dir, Scheinheiliger, schon zeigen, was das heißt, Mädchen abspenstig zu machen!“ Gegen Abend brachten sie mich ins Dorfgericht, schmiedeten mich in Ketten, und so sollte ich im Kerker bis an den Morgen sitzen; dann würde man kommen, um Recht zu sprechen. Als der Priester erfuhr, daß ich im Kerker war, kam er mich besuchen; er brachte mir was zum Abendessen, tröstete mich, sagte, er würde für mich eintreten und als mein Beichtvater sagen, daß ich nicht die Eigenschaften hätte, wie die Leute dächten. Nachdem er eine Weile bei mir gewesen war, ging er wieder.

Später am Abend kam der Kreisbeamte, der gerade dieses Dorf passierte, und stieg bei einem der Wahlbauern ab; man sagte ihm, was geschehen war. Er ließ eine Versammlung einberufen, und ich wurde vor Gericht geführt. Wir kamen in das Gerichtshaus, standen da und warteten. Da kam der Kreisbeamte, der schon sehr geladen war, setzte sich mit der Mütze auf dem Kopf auf den Tisch und schrie: „He! Jepifan! Das Mädchen, deine Tochter, hat doch nichts vom Hofe mitgenommen?"

„Nichts, Väterchen."

„Man hat sie nicht in schlimmen Dingen mit diesem Laffen betroffen?"

„Nein, Väterchen."

„Alsdann wollen wir die Sache so handhaben und beschließen: du kannst mit deiner Tochter fertig werden, wie du magst; dem Burschen da aber wollen wir morgen eine Lehre erteilen und ihn davonjagen; wollen's ihm auch feste ansagen, daß er sich hier nicht wieder zeigt; und damit Schluß."

Nachdem er so gesprochen, stieg er vom Tisch und begab sich zu dem Wahlbauern, bei dem er übernachten sollte. Ich wurde wieder in den Kerker gebracht. Früh am Morgen kamen zwei von der Landpolizei, verabfolgten mir eine Tracht Prügel und ließen mich laufen. Ich ging fürbaß und dankte Gott, daß er mich für wert befunden hatte, um seines Namens willen zu leiden. Dieses tröstete mich und bewirkte, daß das unablässige Herzensgebet in mir auflohte.

Alle diese Vorkommnisse kränkten mich gar nicht; es war so, als wären sie einem andern widerfahren und als hätte ich nur zugesehen; ja selbst als ich mit Ruten gezüchtigt wurde, war auch dies wohl zu ertragen; das Gebet, das mein

Herz ergötzte, ließ es nicht zu, daß ich auf was anderes achtete.

Nachdem ich vier Werst gewandert war, traf ich die Mutter des Mädchens, die in einen Flecken gefahren war, um dort Einkäufe zu machen. Als sie mich sah, sagte sie:

„Unser Freier hat verzichtet; er hat sich über die Akulka geärgert, weil sie ihm davongelaufen ist.“ Dann gab sie mir Brot, und ich zog meiner Wege.

Das Wetter war klar und trocken, und ich wollte nicht in einem Dorf übernachten; als ich gegen Abend im Walde zwei eingefriedete Heuschober sah, legte ich mich dort zur Ruhe nieder. Ich war eingeschlafen, und mir träumte, daß ich auf der Landstraße ginge und in der „Tugendliebe“ die Kapitel Antonios' des Großen lese. Plötzlich holte mich mein Starez ein und sagte: „Du liesest nicht an der rechten Stelle, lies hier“, und er wies mir das fünfunddreißigste Kapitel des Johannes von Karpathos, in welchem folgendes zu lesen steht: „Mitunter fällt der Lernende in Unehre und duldet Versuchungen für jene, die ihn geistlich in Anspruch nehmen.“ Und noch wies er mir das einundvierzigste Kapitel, in welchem geschrieben steht: „Diejenigen, die das Gebet mit besonderem Eifer betreiben, sind furchtbaren und schrecklichen Versuchungen ausgesetzt.“

Alsdann sagte er mir: „Erhebe deinen Geist und sei nicht bekümmert, gedenke, was der Apostel sagt: ‚Der in euch ist, ist größer, als der in der Welt ist‘ (1 Joh 4,4). Du hast nun an dir selbst erfahren, daß keine Versuchung geduldet wird, die des Menschen Kräfte übersteigt, daß ‚Gott mit der Versuchung aber auch den Ausgang gewährt, daß ihr ausharren könnt‘ (1 Kor 10,13). Das Vertrauen auf diese Hilfe Gottes hat die heiligen Beter gefestigt und zu vermehrtem Eifer angespornt. Diese Männer haben nicht nur ihr Leben in ständigem Gebet zugebracht, sondern sie haben auch aus Liebe andre Menschen bei Gelegenheit darin unterwiesen und ihnen Offenbarungen gegeben. Hierüber redet der heilige Gregor von Thessalonich: ‚Es gebührt, nicht nur nach Gottes Gebot im Namen Jesu Christi zu beten, sondern es liegt uns auch ob, andere darin zu unterweisen und zu belehren, alle überhaupt, Mönche, Laien, Weise, Einfältige, Männer, Weiber und Kinder, und in allen den Eifer zum unablässigen Gebet zu entfachen.‘ Ähnlich spricht auch der heilige Kallistos Telikudes: ‚Nicht das geistige Werben um den Herrn (das heißt, das innere Gebet) noch das beschauliche Wissen allein und die Arten, die Seele über das Leid zu erheben, sollen wir ausschließlich im Sinne haben, vielmehr sollen wir es auch niederschreiben und darlegen um des allgemeinen Nutzens und um der Liebe willen.‘ Auch das Wort Gottes redet hiervon, wenn es in den Sprüchen Salomonis heißt: ‚Ein Bruder, der dem Bruder hilft, gleicht einer festen Stadt‘ (Spr 18, 19). Nur muß man in diesem Fall jedem Ehrgeiz nach Kräften widerstehen und sich vorsehen, daß der Same der göttlichen Lehre nicht in die Winde verstreut wird.“

Da ich erwachte, fühlte ich eine große Freude mein Herz erfüllen, und meine Seele war fest geworden. Da wanderte ich wieder weiter.

Lange Zeit hernach war noch ein anderer Fall; ich will auch ihn erzählen: Einmal, und zwar am vierundzwanzigsten März, fühlte ich das unüberwindliche Verlangen, morgen, das heißt am Tage, der der Reinsten Gottesmutter in Erinnerung an die Göttliche Verkündigung geweiht ist, am heiligen Abendmahl Christi teilzunehmen. Ich erkundigte mich, ob es weit bis zu einer Kirche wäre; man sagte mir, dreißig Werst. So wanderte ich denn den Rest des Tages und die ganze Nacht durch, um zur Matutin recht zu kommen. Das Wetter war so schlecht als möglich; bald schneite es, bald regnete es, dazu blies ein starker Wind, und es war kalt. Unterwegs mußte ich über einen kleinen Fluß; wie ich in der Mitte des Flusses war, gab das Eis unter meinen Füßen nach, und ich brach bis an die Hüften ein. So durchnäßt, kam ich zur Matutin. Ich stand den ganzen Gottesdienst durch, auch später noch im Hochamt, und Gott gewährte es mir, daß ich am heiligen Mahl teilnehmen durfte.

Um diesen Tag in Ruhe und ohne Störung in meiner geistigen Freude zu verbringen, erbat ich mir beim Kirchenwächter die Erlaubnis, bis morgen früh in seiner Schutzhütte sein zu dürfen. Diesen ganzen Tag war ich in unaussprechlicher Freude und Herzenswonne; ich lag auf der Pritsche in dieser ungeheizten Schutzhütte, als ruhte ich in Abrahams Schoß: das Gebet wirkte mächtig. Die Liebe zu Jesus Christus und zur Mutter Gottes wallte wie beseligende Wogen im Herzen und versenkte die Seele gleichsam in tröstliche Wonne. Als es zur Nacht ging, fühlte ich plötzlich ein heftiges Reißen in den Beinen; da erinnerte ich mich daran, daß sie naß waren. Ich achtete nicht darauf und horchte nur mit desto größerem Eifer auf das Gebet im Herzen und fühlte den Schmerz nicht mehr. Gegen Morgen wollte ich aufstehen, merkte aber, daß ich außerstande war, meine Beine zu rühren; sie waren vollkommen abgetaubt und hingen wie Stricke an meinem Leib. Mit Mühe gelang es dem Kirchenwächter, mich von der Pritsche herunterzuziehen. So saß ich zwei Tage da, ohne mich zu rühren. Am dritten Tage wollte mich der Wächter aus der Schutzhütte vertreiben. Er sagte: „Wenn du hier stirbst, so habe ich Plackereien." Mit Mühe und Not kroch ich, mich auf die Hände stützend, hinaus und legte mich am Kircheneingang nieder.

So lag ich auch hier zwei Tage. Die Leute, die vorübergingen, achteten weder auf mich noch auf meine Bitten. Endlich kam ein Bauer auf mich zu, setzte sich neben mich, und wir kamen ins Gespräch. Er sagte unter anderem: „Was gibst du mir, wenn ich dich heile? Mir selber ist genau das gleiche widerfahren; ich kenne aber ein Heilmittel."

„Ich habe nichts, was ich dir geben könnte", antwortete ich.

„Und was hast du da im Beutel?"

„Nur Hartbrot und Bücher."

„Willst du einen Sommer für mich arbeiten, wenn ich dich heile?"

„Ich kann auch keine Arbeit verrichten; du siehst, daß ich nur den einen Arm gebrauchen kann, der andere ist fast ganz verdorrt."

„Was kannst du denn tun?"

„Nichts, außer daß ich lesen und schreiben kann."

„So, du kannst schreiben? Nun, dann magst du meinen Bengel, meinen Sohn nämlich, schreiben lehren; er versteht schon ein wenig zu lesen, ich will aber, daß er auch schreiben lernt. Die Meister verlangen aber zuviel dafür, sie wollen zwanzig Rubel für die Schulung haben."

Ich erklärte mich einverstanden, und mit dem Kirchenwächter selbander schleppten sie mich in seinen Hof, wo er mir in einer alten leeren Badstube einen Platz einräumte.

Und nun begann er mich zu heilen; auf Feldern, Höfen und in Abfallgruben sammelte er einen Haufen verfaulender Knochen, Knochen von Vieh und von Vögeln und was sich so fand; er wusch sie ab, zerstampfte sie mit einem Stein in möglichst kleine Stückchen und legte alles in einen großen Bottich; den bedeckte er mit einem Deckel, in dem sich eine Ritze befand. Dies stülpte er dann über einen in die Erde gegrabenen leeren Topf; von außen bestrich er aber den Bottich mit einer dicken Lehmschicht, schichtete dann Brennholz darüber und ließ das Feuer einen Tag lang nicht ausgehen; wenn er neues Holz dazuwarf, sagte er: „Das wird Knochenteer abgeben." Tags darauf grub er den Topf aus der Erde, in welchen durch die Ritze im Deckel des Bottichs wohl ein halber Liter einer dicken Flüssigkeit gesickert war; sie war rötlich, ölig und verbreitete einen starken Geruch, der etwa an rohes Fleisch erinnerte; die Knochen aber, die im Bottich lagen, waren nicht mehr schwarz und verfault, sondern so weiß, rein und durchsichtig, als wäre es lauter Perlmutter oder Perlen. Mit dieser Flüssigkeit nun rieb ich meine Beine vielleicht fünfmal am Tage ein. Und was geschah? Schon tags darauf fühlte ich, daß ich die Zehen bewegen konnte; am dritten Tage konnte ich die Beine im Knie biegen, und am fünften Tage konnte ich stehen und ging auf einen Stock gestützt über den Hof. Mit einem Wort, meine Beine waren nach einer Woche ganz so wie früher – stark und kräftig. Ich dankte Gott dafür und dachte bei mir selber: ‚Welche Weisheit Gottes liegt doch in der Kreatur beschlossen! Trockne, vermoderte, schon fast ganz in Erde gewandelte Knochen haben sich eine so lebendige Kraft, so eine Farbe und einen solchen Geruch bewahrt; auch üben sie eine solche Wirkung auf lebendige Körper aus und teilen abgestorbenen Körpern gleichsam das Leben mit. Dies ist ein Unterpfand für die künftige Auferstehung des Fleisches. Könnte ich dieses doch dem Waldhüter zeigen, bei dem ich lebte, weil er ja doch an der allgemeinen Auferstehung zweifelt.'

Nachdem ich auf diese Weise wieder genesen war, begann ich den Jungen zu unterrichten und gab ihm als Vorschrift das Jesusgebet; ich ließ es ihn abschreiben und zeigte ihm, wie man die Worte hübsch ordentlich hinmalen müsse. Der Unterricht war recht bequem für mich, weil er tagsüber beim Amtmann aufwartete; so kam er denn zu mir nur in der Zeit, da der Amtmann schlief, das heißt in der frühen Dämmerung bis Schluß des Hochamts. Der Junge war aufgeweckt und konnte recht bald einigermaßen schreiben. Da der Amtmann sah, daß er schreiben konnte, fragte er ihn: „Wer hat es dich gelehrt?" Der Junge sagte: „Ein Pilger, der den einen Arm nicht gebrauchen kann und der bei uns in der Badstube wohnt." Der neugierige Amtmann, ein Pole übrigens, kam, um einen Blick auf mich zu werfen, und traf mich dabei an, als ich gerade in der „Tugendliebe" las. Wir kamen ins Gespräch, und er fragte: „Was liest du da?" Ich zeigte ihm das Buch. „Ah", sagte er, „das ist die ‚Tugendliebe'. Ich habe dieses Buch bei unserem Priester gesehen, als ich noch in Wilna lebte; man hat mir aber gesagt, daß es allerhand seltsame Kunststücke enthält und Kniffe, wie man beten müsse; griechische Mönche haben es geschrieben; es ist so ähnlich, wie es in Indien und in Buchara Fanatiker gibt, die da sitzen und sich aufblasen, um dadurch einen Kitzel im Herzen zu verspüren, und in ihrer Dummheit halten sie dieses natürliche Gefühl für ein Gebet, das ihnen von Gott gleichsam verliehen würde. Man muß einfach beten, um unserer Pflicht vor Gott zu genügen; wenn ich am Morgen aufstehe, so bete ich ein Vaterunser, wie es uns Christus gelehrt hat; da bin ich denn für den ganzen Tag in Ordnung und brauche nicht ununterbrochen immer dasselbe zu leiern; auf diese Weise könnte man ja wohl um seinen Verstand kommen; außerdem ist es wohl auch für das Herz schädlich."

„Denkt nicht so von diesem heiligen Buch, Väterchen. Nicht einfache griechische Mönche haben es geschrieben, sondern große und überaus heilige Männer des Altertums, die auch von Eurer Kirche verehrt werden, so der große Antonios, der große Makarios, der fromme Markos, Johannes Chrysostomus und andere. Und was die indischen und die bucharischen Mönche betrifft, so haben diese ja von jenen die Herzensart des inneren Gebets übernommen, haben sie aber verdorben und verfälscht, wie mir mein Starez erzählt hat. In der ‚Tugendliebe' aber sind alle Belehrungen über das Beten mit dem Herzen aus dem Worte Gottes, aus der Heiligen Bibel geschöpft, in welcher ja auch Jesus Christus, der uns das Vaterunser beten ließ, das unablässige Herzensgebet gebietet, wenn er sagt: Du sollst den Herrn deinen Gott lieben von deinem ganzen Herzen und in deiner ganzen Seele und in deinem ganzen Gemüt (Mt 27,37); wachet und betet (Mk 13,33); bleibt in mir und ich in euch(Joh 15,4). Die heiligen Väter aber führen das Zeugnis des heiligen Königs David im Psalter an: Schmecket und sehet, wie freundlich der Herr ist (PS 34,9). Sie deuten dieses Wort in der Weise, daß ein jeder Christ mit allen Mitteln die Süßigkeit im Gebet suchen und erlangen müsse, auch soll er darin unablässig Trost suchen, nicht aber nur einmal am Tage ein Vaterunser beten. Ich will euch vorlesen, wie diese selbigen heiligen Väter diejenigen tadeln, die nicht danach streben, das beseligende Herzensgebet zu erlangen und zu erlernen. Sie schreiben, selbige sündigten darin, daß sie 1. den von Gott eingegebenen Schriften widersprechen, 2. keinen höchsten und vollkommenen Zustand der Seele wünschen, sondern sich nur mit äußeren Tugenden begnügen, die Sehnsucht und den Durst nach Wahrheit nicht haben, darum auch der Seligkeit und der Freude in dem Herrn verlustig gehen, 3. daß sie, sofern sie nur auf Grund der äußeren Tugenden über sich selber nachdenken, nicht selten in Versuchung oder in Hoffart verfallen und hierdurch Schaden leiden."

„Das ist für unsereinen zu hoch", sagte der Amtmann, „was sollten wir Laien wohl damit anfangen!"

„Dann will ich Euch was Einfacheres vorlesen, nämlich darüber, wie gute Menschen auch im weltlichen Leben das unablässige Beten erlangten."

Ich schlug in der „Tugendliebe" das Kapitel auf, in dem Symeon der Neue Theologe vom Jüngling Georgios berichtet, und begann zu lesen.

Dem Amtmann gefiel dies wohl, und er sagte: „Laß mir mal das Buch hier; ich will in meinen Mußestunden darin blättern."

„Für einen Tag will ich es Euch meinethalben lassen; für länger kann ich es aber nicht geben, da ich täglich darin lese und nicht ohne dieses Buch sein kann."

„Dann schreib mir doch wenigstens ab, was du eben vorgelesen hast; ich will dich dafür bezahlen."

„Eurer Zahlung bedarf ich nicht; ich will es aber mit Liebe abschreiben, nur daß Gott Euch Eifer zum Gebet gebe."

Unverzüglich machte ich mich mit Freuden daran, den

gelesenen Abschnitt abzuschreiben. Er las ihn seiner Frau vor, und er gefiel beiden wohl. So kam es, daß die beiden mitunter nach mir schickten; ich suchte sie dann mit meiner „Tugendliebe" auf; ich las ihnen vor, während sie am Teetisch saßen und zuhörten. Einmal ließen sie mich zum Mittagessen dableiben. Die Frau des Amtmanns, eine alte, gütige Frau, saß ebenfalls am Tisch und aß einen gebratenen Fisch. Da geschah es, daß sie sich an einer Gräte verschluckte; alle Mittel, die man anwandte, halfen nicht; sie hatte starke Schmerzen im Halse und legte sich nach ein paar Stunden zu Bett. Man schickte nach einem Heilgehilfen, der dreißig Werst entfernt wohnte; ich bedauerte den Vorfall und ging nach Hause; es war aber inzwischen später Abend geworden.

Da hörte ich in der Nacht im Wachtraum die Stimme meines Starez, konnte aber niemanden sehen. Die Stimme sprach: „Siehst, dein Hauswirt hat dich geheilt, warum willst du denn nicht der Amtmannsfrau helfen? Gott hat geboten, dem Nächsten hilfreich beizustehen." „Mit Freuden wollte ich ihr helfen, wenn ich nur wüßte wie! Ich kenne doch kein Heilmittel." „Tu mal folgendes: sie hat ihr Lebtag einen Widerwillen gegen Baumöl gehabt, und zwar so ausgesprochen, daß sie es nie benutzt, ja nicht einmal den Geruch kann sie vertragen, weil ihr davon übel wird; laß sie darum einen Löffel Baumöl trinken; sie wird brechen müssen, die Gräte wird herausgestoßen werden, das Öl wird sich aber über die Wunde im Halse ergießen, die die Gräte gekratzt hat; alsdann wird sie gesunden." „Aber wie soll ich es ihr einflößen, wenn sie doch so einen Widerwillen dagegen hat? Sie wird es nicht trinken wollen." „Du sollst dem Amtmann sagen, daß er ihren Kopf festhält, und gieß es ihr dann, wenn auch mit Gewalt, in den Mund." Als ich erwachte, ging ich unverzüglich zum Amtmann und erzählte ihm dies ausführlich. Er sagte:

„Was könnte jetzt wohl dein Öl helfen! Sie röchelt ja

schon und redet irre, auch ist ihr Hals ganz geschwollen. Aber wir können es ja versuchen; Öl ist eine unschädliche Arznei, wenn es wohl auch nicht helfen wird."

Er goß Baumöl in ein kleines Glas, und wir nötigten sie, es, so gut es gehen wollte, hinunterzuschlucken. Alsbald stellte sich ein heftiger Brechreiz ein, und bald darauf spie sie die Gräte mit blutigem Auswurf heraus. Nun fühlte sie sich erleichtert und fiel in festen Schlaf.

Am Morgen kam ich noch einmal, um nach ihr zu fragen, und sah sie schon ganz gesund am Teetisch sitzen. Sie und ihr Mann konnten nicht genug über die Heilung staunen, zumeist aber darüber, daß ich es im Traum erfahren hatte, daß sie einen Widerwillen gegen Baumöl habe, denn außer ihnen beiden wußte es niemand. Inzwischen traf auch der Arzt ein; die Amtmannsfrau erzählte, was ihr widerfahren war, ich aber berichtete, wie der Bauer meine Beine geheilt hatte. Der Arzt hörte uns an und sagte:

„Ich finde weder den einen noch den andern Fall erstaunlich, denn in beiden Fällen hat die Kraft der Natur aus sich selber heraus gewirkt; immerhin will ich mir diese Mittel aufschreiben."

Er nahm seinen Bleistift und schrieb es sich in sein Notizbuch.

Bald hierauf ging das Gerede in der ganzen Umgegend, daß ich ein Wahrsager, ein Arzt und Zauberer wäre; von überallher kamen nun die Menschen mit verschiedenen Anliegen und Geschichten zu mir; sie brachten mir Geschenke und ließen mir viel Ehre widerfahren. Eine Woche sah ich mir das an, fürchtete dann aber, in Hoffart zu verfallen und mir selber durch diese Zerstreuung zu schaden; daher entwich ich heimlich in einer Nacht.

So pilgerte ich denn wieder auf meinen einsamen Wegen und fühlte eine solche Leichtigkeit, als wäre mir ein ganzer Berg von den Schultern genommen. Das Gebet tröstete mich immer mehr und mehr, so daß mein Herz mitunter in grenzenloser Liebe zu Jesus Christus aufwallte, und es war, als gingen von dieser süßen Wallung beruhigende Ströme durch alle meine Gliedmaßen. Das Gedenken Jesu Christi prägte sich so sehr in meinem Geiste ein, daß ich, wenn ich an die Begebenheiten im Evangelium dachte, sie gleichsam deutlich vor Augen sah, gerührt war und Freudentränen vergoß; mitunter empfand ich im Herzen eine solche Freude, daß ich es gar nicht zu schildern vermag. Es geschah, daß ich mitunter drei Tage lang zu keinen menschlichen Wohnstätten kam, und voller Beseligung glaubte ich zu fühlen, ich wäre allein auf der Welt, ich allein, der verruchte Sünder, vor dem Angesicht des gnädigen und menschenliebenden Gottes. Diese Einsamkeit tröstete mich, und die Süßigkeit des Gebets war so viel mächtiger zu empfinden als unter vielen Menschen.

Endlich langte ich in Irkutsk an. Ich bezeugte den Reliquien des heiligen Innozenz andächtige Verehrung und begann bei mir selber zu überlegen: wohin soll ich mich nun wohl wenden? Ich mochte dort aber nicht lange leben, weil die Stadt sehr bevölkert ist. In Nachdenken versunken ging ich durch die Straßen; da traf ich einen Kaufmann vom Ort; er hielt mich an und sprach:

„Bist du ein Pilger? Warum kommst du nicht zu mir?"

Da ging ich mit ihm in sein reiches Haus.

Er fragte mich, was ich für ein Mensch sei, und ich erzählte ihm von meiner Wanderung. Nachdem er mich angehört hatte, sagte er:

„Du solltest ins alte Jerusalem pilgern; es ist dies ein Heiligtum, das seinesgleichen nicht hat."

„Mit Freuden wollte ich hinpilgern", erwiderte ich, „doch fehlen mir dazu die Mittel; über Land könnte ich schon bis ans Meer kommen, aber um die Fahrt übers Meer zu bezahlen, fehlt mir das Geld; man braucht aber viel Geld dazu."

„Willst du", sagte der Kaufmann, „ich werde dir die Mittel zur Verfügung stellen; ich habe bereits im vergangenen

Jahr einen alten Mann, einen hiesigen Kleinbürger, hingeschafft."

Ich fiel ihm zu Füßen, er aber sprach:

„Hör mich an – ich will dir einen Brief an meinen Sohn in Odessa geben; er wohnt dort und betreibt Handelsgeschäfte mit Konstantinopel; er hat Schiffe, die hinüberfahren, und er wird dich mit Freuden nach Konstantinopel bringen und wird seinen Angestellten sagen, daß sie dir einen Platz in einem Schiff nach Jerusalem schaffen; er wird auch das Geld dafür geben. Das ist ja nicht allewelt teuer."

Da ich dies hörte, freute ich mich, dankte meinem Wohltäter für seine Güte viele Male, dankte aber noch mehr Gott dafür, daß er seine väterliche Liebe und Sorge mir, dem verruchten Sünder, erwies, der ich doch weder mir noch andern Gutes tue und müßig von fremder Leute Brot lebe. So blieb ich denn bei diesem wohltätigen Kaufmann drei Tage als sein Gast. Wie er mir versprochen hatte, schrieb er einen Brief an seinen Sohn; da bin ich nun unterwegs nach Odessa und habe die Absicht, auch bis zur heiligen Stadt Jerusalem zu pilgern; ich weiß aber nicht, ob es der Herr geschehen lassen wird, daß ich seinem lebenspendenden Grabe meine andächtige Verehrung bezeuge.

Dritte Erzählung

Bevor ich mich von Irkutsk aus auf die Wanderung begab, ging ich noch zu meinem Beichtvater, mit dem ich mich zu unterreden pflegte, und sagte:

„Da bin ich nun auf dem Wege nach Jerusalem. Ich bin gekommen, um Abschied zu nehmen und Euch für die christliche Liebe, die Ihr mir unwürdigem Pilger erwiesen habt, zu danken."

Er sagte mir: „Gott segne deinen Weg. Warum hast du

mir aber nichts von dir selber erzählt, wer du bist und woher du kommst. Du hast mir so viel von deinen Wanderungen berichtet, nun würde ich auch gerne was über deine Herkunft und dein Leben vor der Pilgerschaft erfahren."

„Gut", sagte ich, „dies will ich mit Vergnügen tun. Die Geschichte ist nicht gerade lang. – Ich bin in einem Dorf im Gouvernement Oriol geboren. Nach dem Tode der Eltern blieben mein älterer Bruder und ich allein zurück. Er war damals zehn Jahre alt, und ich stand im dritten Jahr. Unser Großvater nahm uns zu sich in Pflege; er war ein vermögender, ehrlicher, alter Mann; er unterhielt eine Herberge an der Landstraße, und da er wegen seiner Güte bekannt war, kehrten viele Reisende bei ihm ein. So lebten wir denn bei ihm; mein Bruder war ein flinker Junge und trieb sich im Dorf herum, während ich mich stets in der Nähe des Großvaters aufhielt. An Sonn- und Feiertagen gingen wir mit ihm zur Kirche; zu Hause pflegte er aber häufig die Bibel zu lesen, eben in diesem Buch, das ich hier bei mir habe. Als mein Bruder heranwuchs, tat er nicht gut; er hatte sich das Trinken angewöhnt. Damals war ich schon sieben Jahre alt. Einmal lag ich mit meinem Bruder auf dem Ofen; er stieß mich herunter, und ich verletzte mir den linken Arm. Seit jener Zeit kann ich ihn nicht brauchen. Er ist ganz verdorrt.

Da der Großvater sah, daß ich für Feldarbeiten nicht zu brauchen war, lehrte er mich lesen. Da wir aber keine Fibel hatten, lehrte er mich nach dieser Bibel hier lesen: er zeigte mir die Buchstaben und ließ mich nach Silben buchstabieren. Ich weiß selbst nicht recht, wie ich ihm nachsprechend im Laufe der Zeit lesen lernte. Als dann später Großvaters Augen schwach wurden, ließ er mich ihm des öfteren aus der Bibel vorlesen; er hörte zu und verbesserte mich. Häufig pflegte bei uns ein Schreiber vom Landamt einzukehren; er schrieb vortrefflich. Ich sah zu, und es gefiel mir, wie er schrieb. Da begann ich nun, seinem Beispiele folgend, einzelne Worte zu schreiben, und er leitete mich an; er gab mir Papier und Tinte und schnitt mir die Federn zurecht. So lernte ich denn auch schreiben. Großvater freute sich hierüber und gab mir folgende Lehre: ‚Gott hat dich nun des Lesens und Schreibens kundig gemacht; so wirst du denn ein Mensch werden; danke darum Gott dafür und bete recht fleißig.‘ So gingen wir denn zu jedem Gottesdienst zur Kirche, beteten aber auch zu Hause viel; ich mußte sprechen: Gott, erbarme dich meiner – während Großvater und Großmutter sich andächtig verbeugten oder knieten. Ich war siebzehn Jahre alt, als Großmutter starb. Großvater sagte mir: ‚Jetzt haben wir keine Hausfrau mehr im Hause; wie sollen wir es aber ohne ein Weib schaffen? Dein älterer Bruder ist auf Abwege geraten; ich will dich verheiraten.‘

Ich widersprach, wies auf meinen verkrüppelten Arm hin, aber Großvater beharrte auf seinem Willen, und so wurde ich denn verheiratet; man wählte mir ein gesittetes, gutes Mädchen von zwanzig Jahren. Ein Jahr verging, da wurde der Großvater todkrank. Er rief mich zu sich, nahm von mir Abschied und sagte: ‚Mein Haus soll dir gehören und das ganze Erbe auch; lebe so, wie es dir dein Gewissen vorschreibt; betrüge niemanden und laß nicht ab, zu Gott zu beten, denn alles kommt von ihm. Verlasse dich auf niemanden als auf Gott; besuch die Kirche, lies die Bibel und gedenke im Gebet meiner und der Alten. Da hast du tausend Rubel an barem Geld; geh vorsichtig damit um, gib es nicht unnütz aus, sei aber auch nicht geizig; habe für Bettler und für die Kirchen Gottes eine offene Hand.‘

So starb er denn, und ich begrub ihn. Meinen Bruder faßte der Neid, daß Hof und Habe mir allein zufallen sollten; er wurde mir gram, und der böse Feind förderte ihn so sehr darin, daß er sogar mit der Absicht umging, mich zu töten. Schließlich tat er eines Nachts, als wir schliefen und außer uns niemand in der Herberge war, folgendes: er erbrach die Kammer, in der das Geld bewahrt wurde, holte es aus dem

Kasten heraus und steckte die Kammer in Brand. Wir merkten das Unglück erst, als die Hütte und der ganze Hof in Feuer standen; wir sprangen mit Mühe zum Fenster hinaus und retteten nichts, als was wir am Leibe hatten.

Die Bibel hatte uns zu Häupten gelegen, und wir hatten sie gerade noch ergreifen können. Da wir sahen, wie unser Haus in Flammen stand, sagten wir zueinander: ‚Gott sei Dank, wenigstens haben wir doch die Bibel gerettet, so haben wir denn, was uns in unserem Leid trösten wird.' So war denn unsere ganze Habe verbrannt; unser Bruder aber war spurlos verschwunden. Erst später erfuhren wir, daß er sich trunkenen Muts rühmte, er habe das Geld geraubt und Feuer an den Hof gelegt.

So waren wir denn nackt und bloß und bettelarm. Für ein weniges, was wir uns liehen, bauten wir uns ein kleines Hüttchen und lebten da als arme Häusler. Meine Frau verstand sich meisterlich auf Handarbeiten: sie konnte spinnen, nähen, sticken. Sie ließ sich von andern Menschen Arbeit geben, arbeitete Tag und Nacht und sorgte für meinen Unterhalt. Weil ich doch aber die verkrüppelte Hand hatte, konnte ich nicht einmal Bastschuhe flechten. Da kam es wohl vor, daß sie spann oder webte, während ich neben ihr saß und ihr die Bibel vorlas. Sie hörte zu, und manchmal brach sie in Tränen aus. Wenn ich fragte: ‚Warum weinst du denn? Gott hat uns doch am Leben gelassen', antwortete sie: ‚Das finde ich so rührend, was in der Bibel so wundervoll gesagt ist.' Desgleichen gedachten wir auch, was uns der Großvater geboten hatte, fasteten häufig und lasen jeden Morgen den Akathistos zur Gottesmutter; gegen Abend aber machten wir beide wohl an tausend Verbeugungen, um nicht in Versuchung zu fallen. So führten wir zwei Jahre lang ein ruhiges Leben. Eines war doch wunderbar: obwohl wir vom inneren Gebet, das im Herzen verrichtet wird, nicht die geringste Vorstellung und auch nie davon gehört hatten, sondern einfach mit der Zunge beteten und ganz unvernünftig unsere andächtigen Verbeugungen machten, ja wie Narren Purzelbäume schlugen, war doch die Lust zum Beten da, und ein langes, äußeres und unverstandenes Beten schien uns nicht schwierig zu sein, vielmehr verrichteten wir es mit Freuden. Der Lehrer mag wohl recht gehabt haben, der mir einmal sagte, es gäbe ein geheimes Gebet im Menschen selber, von dem er gar keine Ahnung habe; unbewußt würde es von der Seele verrichtet, und es regte einen jeden zum Flehen an, so gut er es gerade könnte.

Nachdem wir so zwei Jahre miteinander gelebt hatten, erkrankte meine Frau plötzlich an einem hitzigen Fieber und starb am neunten Tage, nachdem sie vorher das heilige Sakrament empfangen hatte. So war ich denn mutterseelenallein, und arbeiten konnte ich ja auch nicht; so hätte ich denn als Bettler umherziehen müssen, und doch war es mir peinlich, um Almosen zu bitten; zudem überkam mich eine solche Sehnsucht nach meiner Frau, daß ich nicht wußte, wohin mit mir. Wenn ich meine Hütte betrat und ihre Kleider da hängen sah oder ein Kopftuch etwa, das ihr gehörte, so kam es wohl vor, daß ich aufheulte und ohne Besinnung hinstürzte. So konnte ich denn, in diesem Hause lebend, meine Sehnsucht nicht länger ertragen; darum verkaufte ich die Hütte für zwanzig Rubel; alles, was meine Frau und ich an Kleidern besaßen, verschenkte ich den Armen. Weil ich doch ein Krüppel war, bekam ich einen fristlosen, militärfreien Paß; unverzüglich nahm ich meine geliebte Bibel und zog in die weite Welt. Als ich mich auf den Weg machte, dachte ich: ‚Wohin soll ich wohl gehen? Ich will mal vorerst nach Kijew[9] pilgern und Gottes Heiligen andächtige Verehrung bezeugen und sie um ihre Hilfe in meinem Kummer anrufen.' Kaum hatte ich dieses beschlossen, als mir auch leichter wurde, und so kam ich freudigen Herzens nach Kijew. Seit jener Zeit, es sind aber schon dreizehn Jahre her, pilgere ich ununterbrochen von einem Ort zum andern; in vielen Kirchen und Klöstern bin ich gewesen; nun pilgere ich aber zumeist durch Steppen und Felder. Ich weiß nicht, ob Gott mir gnädig sein wird, daß ich in das heilige Jerusalem komme. Wenn es denn Gottes Wille ist, wäre es schon an der Zeit, daß mein sündiges Gebein dort zur Ruhe kommt."

„Und wie alt bist du denn?" – „Dreiunddreißig Jahre."

„Na, lieber Freund, dann hast du gerade das Alter Christi."

Mir aber frommt es, Gott anzuhangen und auf den Herrn meine Hoffnung zu setzen

Psalm 72, 28

Vierte Erzählung

„Das Sprichwort ‚Der Mensch denkt, und Gott lenkt' hat schon recht", sagte ich, als ich meinen Beichtvater abermals aufsuchte. „Ich glaubte, daß ich mich heute auf den Weg machen und zur heiligen Stadt Jerusalem pilgern würde; nun ist es aber anders gekommen; ein ganz unvorhergesehener Zufall hält mich an diesem Ort noch für drei weitere Tage fest. Ich habe nicht anders gekonnt, als Euch aufzusuchen, um Euch davon Mitteilung zu machen und Euch um Euren Rat zu bitten, was ich wohl in diesem Fall, der mir ganz überraschend kommt, tun soll. Nachdem ich von allen Abschied genommen, machte ich mich mit Gottes Hilfe auf die Pilgerschaft; als ich gerade die Stadtgrenze überschreiten wollte, sah ich vor dem Tor des letzten Hauses einen mir bekannten Menschen stehen, der dereinst ein Pilger war wie ich auch und den ich drei Jahre nicht gesehen hatte. Nachdem wir uns begrüßt, fragte er, wohin ich ginge. Ich antwortete: ‚Ich möchte, wenn es Gott gefällt, ins alte Jerusalem.' ‚Gott sei Dank', erwiderte er, ‚da hätte ich auch gleich einen guten Weggefährten für dich.' ,Gott sei mit dir und mit ihm', sagte ich. ,Weißt du denn nicht, daß es meine Eigenart ist, nie mit andern Weggenossen zusammen zu gehen; ich habe mich daran gewöhnt, immer allein zu pilgern.' ,Aber hör mich doch an, ich weiß, daß dieser Gefährte gerade der rechte für dich ist; wie er mit dir, so wirst du es mit ihm gut haben. Sieh mal, der Vater des Besitzers dieses Hauses, dem ich mich als Arbeiter verdingt habe, hat ein Gelübde getan, ebenfalls ins alte Jerusalem zu pilgern, und du wirst mit ihm gut fahren. Er ist ein hiesiger Kleinbürger; ein guter Alter, zudem ist er völlig taub, man mag schreien, so laut man will, er kann nichts hören; willst du ihn nach etwas fragen, so mußt du es zuvor auf einen Zettel schreiben, und alsdann wird er antworten; so wird er dir denn unterwegs nicht zur Last fallen, wird auch überhaupt nicht mit dir sprechen, schweigt er doch auch zu Hause zumeist; du würdest ihm aber unterwegs unentbehrlich sein. Der Sohn gibt ihm bis Odessa Pferd und Wagen, die er dort verkaufen soll. Obwohl der Alte nun zu Fuß wandern will, wird man ihm doch für sein Gepäck und für einige Stiftungen, die er fürs Heilige Grab mitnehmen soll, Pferd und Karren geben. Deinen Beutel brauchst du dann auch nicht selbst zu schleppen. Überleg nun, wie könnte man einen alten tauben Mann ganz allein eine so weite Reise unternehmen lassen. Wir haben lange nach einem Begleiter gesucht, doch verlangen alle einen zu hohen Lohn; zudem ist es auch gefährlich, ihn mit einem unbekannten Menschen ziehen zu lassen, denn er führt ja auch Geld und Gut mit sich. Schlag ein, Bruder, sicher, es wird gut sein; entschließe dich zur Ehre Gottes und aus Liebe zu deinem Nächsten! Ich aber will dich den Wirtsleuten empfehlen, und sie werden sich unaussprechlich freuen; es sind gute Menschen, und sie haben mich sehr lieb; ich arbeite schon seit zwei Jahren in diesem Hause.' Nachdem wir so am Tor geredet hatten, führte er mich in das Haus zu dem Besitzer, und ich sah, daß es wohl eine rechtschaffene Familie sein mußte, und ging auf ihren Vorschlag ein. Da haben wir nun beschlossen, am dritten Weihnachtstage, wenn Gott seinen Segen gibt, nach dem Hochamt uns auf den Weg zu machen. Ja, das sind so Zufälle, die einem auf dem Lebenswege begegnen. Alles aber, was wir tun und planen, wird von Gott und von seiner heiligen Vorsehung gelenkt, wie auch geschrieben stehet, ‚denn Gott ist es, der in euch sowohl das Wollen als auch das Vollbringen nach seinem Wohlgefallen bewirkt'" (Phil 2, 13).

Nachdem mein Beichtvater mich angehört hatte, sagte er: „Ich freue mich von Herzen, geliebtester Bruder, daß Gott es unerwarteterweise gefügt hat, daß ich dich nach so kurzer Zeit wiedersehe. Da du nun frei bist, würde ich dich mit Vergnügen länger bei mir behalten, und du wirst mir dann noch von deinen erbaulichen Begegnungen erzählen, die du in deinem langen Pilgerleben gehabt hast. Auch alle deine früheren Erzählungen habe ich mir mit Vergnügen und Aufmerksamkeit angehört."

„Dies will ich mit Freuden tun", sagte ich und begann zu erzählen.

„Vielerlei ist mir begegnet, Gutes und Schlechtes; alles läßt sich ja nicht erzählen, und vieles habe ich schon vergessen, denn ich war bemüht, vor allen Dingen nur das zu behalten, was meine träge Seele zum Gebet anleitete und anregte; an das Übrige habe ich selten zurückgedacht, oder besser gesagt, ich war bemüht, es zu vergessen, wie ja der heilige Apostel Paulus lehrt: ‚Ich vergesse, was hinter mir ist, dagegen strecke mich aus nach dem, was vor mir ist' (Phil 3, 13). Auch pflegte mein seliger Starez zu sagen, daß die Angriffe gegen das Herzensgebet von zwei Seiten erfolgen, von der rechten und von der linken, das heißt, wofern es dem bösen Feinde nicht gelingt, durch eitle Gedanken und sündiges Begehren vom Gebet abzulenken, so läßt er im Gedächtnis erbauliche Erinnerungen erstehen, oder er gibt einem wunderbare Gedanken ein, um einen wenn auch nur hierdurch von dem Gebet, das ihm verhaßt ist, abzulenken. Dieses wird aber ein Diebstahl zur Rechten genannt, wobei die Seele, das Unterreden mit Gott mißachtend, sich einem verführenden Zwiegespräch mit sich selber oder mit den Geschöpfen zuwendet. Darum lehrte er mich auch, während des Gebets selbst die schönsten geistigen Gedanken und Tagesbegebenheiten nicht aufzunehmen; wofern man bemerkt, daß man die Zeit mehr in erbaulichen Gedanken und Zwiegespräch zubrachte als in dem wesentlichen, unsichtbaren Herzensgebet, soll man auch dieses für eine Maßlosigkeit erachten oder für ehrgeizige Geistesgier, was besonders für Anfänger gilt, denen es erforderlich ist, daß die im Gebet zugebrachte Zeit an Dauer die Zeit überträfe, die sie andern frommen Übungen zuwenden. Es ist ja aber doch nicht möglich, alles zu vergessen. Manches hat sich mir ganz von selbst ins Gedächtnis eingeprägt, daß ich mich daran lebhaft erinnere, selbst dann, wenn ich lange nicht daran zurückgedacht habe; ich denke zum Beispiel an eine fromme Familie, bei der ich nach Gottes gnädiger Führung einige Tage verbracht habe.

Als ich durch das Gouvernement Tobolsk pilgerte, kam ich durch eine kleine Kreisstadt. Ich hatte sehr wenig Hartbrot bei mir, darum ging ich in ein Haus, um mir Brot für den Weg auszubitten. Der Hausherr sagte mir: ‚Gott sei Dank, du bist zur rechten Zeit gekommen; meine Frau hat gerade in diesem Augenblick das Brot aus dem Ofen genommen; da hast du ein noch warmes Brot; bitte für uns zu Gott.‘ Ich dankte und legte das Brot in meinen Beutel. Da das die Hausfrau sah, sagte sie: ‚Dein Beutel ist ja schon ganz abgetragen, ich will dir einen andern geben‘, und sie brachte mir einen guten, festen Sack. Ich dankte ihnen von Herzen und setzte meinen Weg fort. Unterwegs ging ich zu einem Krämer und bat ihn um etwas Salz; der Krämer gab mir auch ein kleines Säcklein. Da freute ich mich im Geist und dankte Gott, daß er mir, dem Unwürdigen, so gute

Menschen weist. Ich dachte: nun kann ich eine Woche lang unbesorgt sein; ich werde satt zu essen haben und kann zufrieden sein. Meine Seele lobe den Herrn.

Als ich dann etwa fünf Werst weitergewandert war, sah ich ein nicht gerade reiches Kirchdorf am Wege liegen; die Kirche war ein Holzbau, war aber von außen schön geschmückt und bemalt. Mich kam der Wunsch an, dem Tempel Gottes andächtige Verehrung zu bezeugen, und ich trat an den Kircheneingang, um zu beten. Abseits von der Kirche, auf einer kleinen Wiese, spielten zwei Kinderlein von fünf oder sechs Jahren. Ich dachte, es wären die Kinder des Priesters, obwohl sie sehr sorgfältig angezogen waren. Nachdem ich mein Gebet verrichtet hatte, pilgerte ich weiter. Ich war noch keine zehn Schritt gegangen, als ich hinter mir rufen hörte: ‚Bettelmann, Bettelmann, halt!' So riefen die beiden Kleinen, die ich gesehen hatte, ein Knabe und ein Mädchen, und kamen auf mich zugelaufen; ich blieb stehen, und sie faßten mich alsbald an der Hand und sagten: ‚Komm mit zu Mama, sie hat die Bettler lieb.' ‚Ich bin kein Bettelmann', sagte ich, ‚ich bin nur unterwegs auf einer Wanderung.' ‚Und warum trägst du denn den Sack?' ‚Da habe ich mein Brot für die Reise drin.' ‚Nein, komm du unbedingt, Mama wird dir Geld für die Reise geben.' ‚Wo ist denn eure Mama?' fragte ich. ‚Drüben, hinter der Kirche, hinter diesem Wäldchen.'

Nun führten sie mich in einen wundervollen Garten, und in der Mitte des Gartens sah ich ein großes, herrschaftliches Haus; wir betraten das Haus. Oh, wie sauber war da alles und wie prachtvoll eingerichtet! Da kam uns auch schon die Herrin selber entgegengeeilt. ‚Sei willkommen! Sei willkommen! Woher hat dich Gott zu uns gesandt? Setz dich, setz dich hierher, lieber Freund.' Sie knüpfte mir eigenhändig meinen Sack ab, legte ihn auf den Tisch und nötigte mich, auf einem sehr weichen Stuhl Platz zu nehmen. ‚Willst du nicht was essen? Oder vielleicht willst du Tee haben? Oder womit könnte ich dir sonst helfen?' ‚Ich danke untertänigst', antwortete ich, ‚ein ganzer Sack ist voll Lebensmittel; zwar trinke ich Tee, bin aber doch nach Bauernart nicht gerade daran gewöhnt; Euer Eifer und Eure liebevolle Begrüßung sind mir teurer noch als jede Bewirtung; ich werde zu Gott flehen, daß er Euch segne wegen Eurer so evangelischen Liebe zu mir, dem Fremdling.' Da ich so sprach, fühlte ich in mir das lebhafte Verlangen, mich in mein Inneres zu versenken. Das Gebet wallte in meinem Herzen auf, und mich verlangte nach Ruhe und Einsamkeit, um diese von selbst auflodernde Gebetsflamme nicht zu unterdrücken, denn ich wollte die äußeren Gebetsanzeichen, als da sind Tränen, Seufzer, ungewöhnliche Zuckungen des Gesichts und der Lippen, vor andern Leuten verbergen.

Darum erhob ich mich und sagte: ‚Ich bitte um Vergebung, Mütterchen; ich muß nun gehen; der Herr Jesus Christus sei mit Euch und mit Euren lieben Kinderlein.' ‚Ach nein, Gott verhüte, daß du uns schon verläßt; ich lasse dich nicht ziehen. Gegen Abend wird mein Mann aus der Stadt kommen, er ist dort Richter am Kreisgericht. Wie sehr wird er sich freuen, wenn er dich sieht! Jeden Pilger erachtet er für einen Boten Gottes. Wenn du nun gehen wolltest, würde ihn das sehr betrüben, denn er hätte dich dann ja nicht gesehen; zudem ist morgen Sonntag; du könntest mit uns zusammen ins Hochamt gehen und dort beten, und alsdann würden wir zusammen speisen, was Gott gegeben hat. Feiertags haben wir immer Gäste – bis zu dreißig Bettler, Christi Brüderschaft. Warum hast du mir denn noch gar nichts von dir selber erzählt? Woher du kommst und wohin du gehst? Sprich mit mir, ich liebe, geistlichen Gesprächen gottwohlgefälliger Leute zuzuhören. Kinder, Kinder, nehmt den Sack des Pilgers und bringt ihn in das Heiligenbildzimmer; er wird dort übernachten.' Da ich diese Worte hörte, staunte ich und dachte bei mir: ‚Rede ich mit einem Menschen, oder was für ein Gesicht ist mir geworden?'

So blieb ich denn, um auf den Herrn zu warten. In Kürze berichtete ich über meine Pilgerfahrt und daß ich auf dem Wege nach Irkutsk sei. ‚Das trifft sich ja sehr gut', sagte die Frau, ‚dann mußt du unbedingt über Tobolsk gehen; meine Mutter ist dort; sie ist Nonne in einem Kloster, und jetzt lebt sie in der Einsiedelei; wir geben dir einen Brief mit, sie wird dich empfangen. Viele suchen sie auf, um sich geistlichen Rat bei ihr zu holen. Alsdann magst du ihr auch ein Buch des Johannes Klimakos bringen, das wir für sie aus Moskau auf ihren Wunsch haben kommen lassen. Wie gut sich das alles trifft!' Endlich war es Mittagszeit, und wir setzten uns zu Tisch. Es kamen noch vier Damen, die ebenfalls mit uns speisten. Nach Beendigung des ersten Ganges erhob sich eine der Damen, verneigte sich andächtig vor dem Heiligenbild, verneigte sich alsdann vor uns, ging hinaus, brachte den zweiten Gang und setzte sich wieder; alsdann stand eine andere auf und holte das dritte Gericht. Da ich dies sah, sagte ich zur Frau des Hauses: ‚Darf ich wohl wagen, Mütterchen, zu fragen, ob diese Damen etwa eure Verwandten sind?' ‚Ja, es sind meine Schwestern; diese da ist die Köchin, jene ist die Kutschersfrau, jene die Kastellanin und diese hier – meine Zofe; sie sind alle verheiratet; im ganzen Hause habe ich kein unverheiratetes Mädchen.' Da ich dies hörte und sah, staunte ich noch mehr, dankte Gott, der mir zu so frommen Menschen den Weg gewiesen hatte, und fühlte das starke Wirken des Gebets in meinem Herzen; um möglichst schnell in die Einsamkeit zu kommen und das Gebet nicht zu stören, erhob ich mich und sagte zur Hausfrau: ‚Ihr müßt nach dem Essen ruhen, und ich will, da ich doch gewöhnt bin zu wandern, mich im Garten ergehen.' ‚Nein', sagte die Hausfrau, ‚ich pflege mich nicht hinzulegen; auch ich will mit dir in den Garten kommen, und du wirst mir da was Erbauliches erzählen. Wenn du nämlich allein gingest, würden dir die Kinder keine Ruhe geben; wenn sie dich sehen, werden sie keinen Schritt von dir weichen – so sehr lieben sie Bettler, Christi Brüder und alle Pilgersleute.‘

Da war nichts zu machen; so gingen wir denn. Als wir in den Garten kamen, verneigte ich mich tief vor der Herrin und sagte, damit ich nicht selber zu reden brauchte: ‚Ich bitte Euch im Namen Gottes, Mütterchen, sagt mir, ob Ihr schon lange ein so Gott wohlgefälliges Leben führt und auf welche Weise Ihr diese Frömmigkeit erlangt habt.‘ ‚Ich will dir meinethalben alles erzählen. Schau, meine Mutter ist die Enkelin des seligen Joassaf, dessen Gebeine in Belgorod ruhen. Wir besaßen ein großes Haus in der Stadt; einen Seitenflügel bewohnte ein armer Edelmann. Schließlich starb er, und seine Frau blieb schwanger zurück; sie gebar und starb gleich nach der Geburt. Das Neugeborene war also ein armes Waisenkind; aus Mitleid nahm mein Mütterchen es bei sich auf; ein Jahr darauf wurde ich geboren. Wir wuchsen zusammen auf und hatten bei denselben Lehrern und Lehrerinnen Unterricht, und wir gewöhnten uns so aneinander, als wären wir Bruder und Schwester. Nach einiger Zeit starb auch mein Vater, mein Mütterchen aber zog mit uns aus der Stadt in dieses Dorf, das ihr gehörte. Als wir herangewachsen waren, verheiratete mich Mütterchen mit ihrem Pflegesohn und gab uns dieses ihr Dorf, während sie selber ins Kloster ging. Sie gab uns ihren elterlichen Segen und befahl uns, wir sollten ein christliches Leben führen, eifrig zu Gott beten, vor allen Dingen aber darauf bedacht sein, das wichtigste Gebot Gottes zu erfüllen, das heißt, die Nächsten zu lieben, sie pflegen, den Bettlern und den Brüdern Christi in Schlichtheit und Demut helfen, die Kinder in der Furcht Gottes erziehen und mit unseren Knechten so umgehen, als wären sie unsere Brüder. Da leben wir nun schon seit zehn Jahren hier in dieser Einsamkeit und sind bemüht, das Gebot unserer Mutter nach Kräften zu erfüllen. Wir haben auch ein Bettlerheim, in welchem jetzt mehr als zehn Krüppel und Kranke leben; wir können ja morgen hingehen.‘

Nachdem sie mir dies erzählt hatte, fragte ich, wo denn das Buch des Johannes Klimakos wäre, das sie ihrer Mutter schicken wolle. ‚Komm, wir wollen wieder ins Haus gehen, ich will es holen.' Wir hatten uns gerade hingesetzt, um darin zu lesen, als der Hausherr eintrat. Da er mich sah, umarmte er mich liebevoll, und wir küßten uns wie christliche Brüder; er führte mich in sein Zimmer und sagte:

‚Komm nur, geliebter Bruder, in mein Schreibzimmer und segne meine Zelle. Ich denke, sie wird dich gelangweilt haben (hierbei zeigte er auf seine Frau). Immer, wenn sie einen Pilger oder eine Pilgerin sieht oder irgendeinen Kranken, würde sie sich am liebsten Tag und Nacht nicht von ihm trennen; von jeher war dies eine Gewohnheit in ihrer Familie.'

Wir kamen in das Schreibzimmer. Oh, wie viele Bücher da waren, welch schöne Heiligenbilder, das lebenspendende Kreuz, mannesgroß, und daneben das Evangelium! Ich verrichtete ein Gebet und sagte: ‚Ihr habt hier ein wahres Gottesparadies, Väterchen. Hier ist der Herr Jesus Christus selber, seine Allerreinste Mutter und seine Heiligen; dies aber (ich zeigte auf die Bücher) sind ihre göttlichen, lebenspendenden, nie verstummenden Worte und Unterweisungen; ich denke, Ihr werdet Euch des öfteren an ihnen in himmlischer Unterredung ergötzen.'

‚Ich gestehe', antwortete der Herr, ‚daß ich eine Vorliebe für Bücher habe.'

‚Was habt Ihr denn hier für Bücher?' fragte ich.

‚Ich besitze auch viele geistliche Bücher', antwortete der Herr. ‚Hier habe ich ein vollständiges Heiligenleben, hier die Werke des Johannes Chrysostomos, hier – Basilios den Großen, viele theologische und philosophische Bücher, alsdann auch viele neueste Postillen berühmter Prediger. Meine Bibliothek hat mich an fünftausend Rubel gekostet.'

‚Besitzt Ihr nicht villeicht die Werke eines Schriftstellers, der über das Gebet schreibt? Ich liebe es sehr, über das Gebet zu lesen.'

‚Ich habe hier ein ganz neues Buch über das Gebet. Es ist das Werk eines Petersburger Priesters.' Der Herr holte eine Erklärung des Vaterunsers hervor, und wir begannen darin voller Freuden zu lesen. Bald darauf kam auch die Hausfrau zu uns; sie brachte Tee, und die Kleinen kamen mit einem Körbchen, ganz aus Silber, voll trockner Kuchen, wie ich sie mein Lebtag nie gegessen hatte. Der Herr nahm mir das Buch aus der Hand, reichte es seiner Frau und sagte:

‚Sie mag uns vorlesen; sie liest wunderschön; wir wollen uns inzwischen stärken.'

Da begann sie uns vorzulesen, wir aber hörten zu. Während ich zuhörte, horchte ich auch auf das Gebet, das sich in meinem Herzen verrichtete; je weiter sie las, desto mehr entwickelte sich auch das Gebet und beseligte mich. Plötzlich sah ich, daß jemand vor meinen Augen, gleichsam durch die Luft, vorbeihuschte, als wäre es mein seliger Starez. Ich fuhr auf, sagte aber, um meine Bewegung zu verbergen: ‚Vergebt mir, ich habe ein wenig geschlummert.' Da fühlte ich, daß der Geist des Starez meinen Geist gleichsam durchdrang oder ihn erleuchtete; ich fühlte ein Licht in meinem Geist aufflammen, und mir kamen viele Gedanken über das Gebet. Ich bekreuzigte mich und wollte diese Gedanken zurückweisen; da hatte die Dame das ganze Buch gerade zu Ende gelesen. Der Herr fragte mich, ob mir dieses Werk gefallen habe, und da entspann sich eine Unterredung. – ‚Sehr gefällt es mir', antwortete ich, ‚auch steht des Herrn Gebet, das Vaterunser, höher und ist wertvoller als alle geschriebenen Gebete, die wir Christen haben; denn der Herr Jesus Christus hat es uns selber gelehrt; und die hier verlesene Erklärung ist auch sehr gut, nur daß alles zumeist auf das christliche Tun gerichtet ist, während ich bei den heiligen Vätern auch eine geistanschauliche, geheime Erklärung dieses Gebets gelesen habe.'

‚Bei welchen Vätern hast du denn das gefunden?'

‚Nun, zum Beispiel bei Maximos dem Bekenner; alsdann in der Tugendliebe bei Petrus Damascenus.'

‚Vielleicht fällt dir irgend etwas daraus ein, dann sag es uns.'

‚Sehr gerne. Der Anfang des Gebets: Vater unser, der du bist im Himmel, wird in dem Buch, das wir hier gelesen haben, so gedeutet, man habe unter diesen Worten zu verstehen, daß man sich die Liebe zum Nächsten als zu Kindern eines Vaters einprägen solle. Dies ist sehr richtig; aber bei den heiligen Vätern wird dieses selbe auch ausführlicher und geistiger gedeutet. Sie sagen nämlich, man soll den Geist gen Himmel heben, empor zum himmlischen Vater, und unserer Pflicht gedenken, allezeit vor dem Antlitz Gottes zu stehen und vor Gott zu wandeln. Die Worte: Geheiligt werde dein Name, erklärt das Buch so, man solle mit Sorgfalt darauf achten, den Namen Gottes nicht ohne Andacht auszusprechen oder etwa dabei falsch zu schwören; mit einem Wort, der heilige Name Gottes müsse heilig gebraucht und nicht unnütz im Munde geführt werden; die mystischen Deuter erblicken hierin aber eine Bitte um das innere Herzensgebet, das heißt, daß der heiligste Name Gottes sich dem Herzen innerlichst einprägte und durch selbsttätiges Gebet geheiligt werde und auch alle Gefühle und Seelenkräfte heiligte. Die Worte: Dein Reich komme – deuten die mystischen Erklärer also: in unsere Herzen möge der innere Frieden, Ruhe und geistige Freude einziehen. In dem Buch wird erklärt, man habe unter den Worten: unser tägliches Brot gib uns heute, die Bitte um die tägliche Notdurft für das leibliche Leben zu verstehen, sofern einem dieses zukommt und sofern man es braucht, um seinem Nächsten hinreichend zu helfen. Maximos der Bekenner aber versteht unter dem täglichen Brot die Speisung der Seele mit dem himmlischen Brot, das heißt mit dem Worte Gottes, und die Verbindung der Seele mit Gott durch Gottdenken, durch unablässiges inneres Herzensgebet.'

,Ach', rief der Herr, ,dies ist allerdings eine große Sache und für uns Menschen in dieser Welt fast unerreichbar, das innere Gebet zu erlangen. Wenn Gott einem nur dazu hülfe, das äußere Gebet ohne Trägheit zu verrichten.'

,Denkt nicht so, Väterchen. Wofern dies unmöglich und unüberwindlich schwierig wäre, hätte es Gott nicht uns allen geboten. Seine Kraft ist auch in dem Schwachen mächtig. Die erfahrenen heiligen Väter geben uns aber Mittel an, die es einem erleichtern, das Herzensgebet zu erlangen. Natürlich weisen sie den Einsiedlern besondere und höhere Mittel an; aber auch den Laien schreiben sie bequeme Mittel vor, die sicherlich zur Erlangung des inneren Gebets führen.'

,Noch nie habe ich Gelegenheit gehabt, hierüber Ausführlicheres zu lesen', sagte der Herr.

,Wenn Ihr wünscht, will ich Euch etwas aus der Tugendliebe vorlesen.'

Ich holte meine ,Tugendliebe', schlug dort im dritten Teil auf Seite achtundvierzig die Unterweisungen des Petrus Damascenus auf und begann folgendes zu lesen: ,Man muß es lernen, mehr den Namen Gottes anzurufen, als zu atmen, zu jeder Zeit, allerorten und bei jeglicher Verrichtung. Der Apostel sagt: Betet ohne Unterlaß, das heißt, er lehrt, man solle zu jeder Zeit, allerorten und bei jeder Verrichtung Gottes gedenken. Wenn du etwas tust, sollst du den Schöpfer aller Dinge in der Erinnerung haben; wenn du das Licht siehst, so erinnere dich dessen, der es dir geschenkt hat; siehst du den Himmel, die Erde, das Meer und alles, was darinnen ist, so staune und preise ihn, der das geschaffen hat; wenn du dir deine Kleider anziehst, so denke daran, wessen Gabe sie sind, und danke ihm, der für dein Leben sorgt. Kurz gesagt, eine jegliche Bewegung soll dir Anlaß geben, Gottes zu gedenken und ihn zu preisen. Alsdann wirst du unablässig beten, und deine Seele wird sich hierüber immer freuen.' – ‚Da seht nun, wie bequem es ist, also unablässig zu beten. Es ist leicht und für jeden erreichbar, der wenn auch nur ein wenig menschliches Fühlen hat.'

Dieses gefiel ihnen sehr wohl. Der Herr umarmte mich voller Freuden, dankte mir, warf einen Blick auf meine ‚Tugendliebe' und sagte: ‚Unbedingt will ich mir dieses Buch kaufen; ich will es mir gleich aus Petersburg kommen lassen. Nun will ich mir aber zur Erinnerung diese Unterweisung, die du mir eben vorgelesen hast, abschreiben; lies sie mir noch einmal vor.' Und alsogleich schrieb er sie geschwind und sehr vortrefflich nieder. Alsdann rief er: ‚Mein Gott, ich habe ja auch ein Bildnis des heiligen Damascenus (dies war wahrscheinlich ein Heiligenbild des Johannes Damascenus). Er öffnete den Rahmen, setzte das geschriebene Blatt unters Glas, befestigte es unter dem Heiligenbilde und sagte: ‚Das lebendige Wort des gottbegnadeten Mannes unter seinem Bildnis wird mich immer wieder daran erinnern, diesen heilsamen Ratschlag auch in meinem Tun zu befolgen.'

Hierauf begaben wir uns zum Abendessen. Wie früher, saß auch jetzt die ganze Dienerschaft mit am Tisch, Männer und Frauen. Welch andächtiges Schweigen und welche Stille herrschte während des Mahles! Nachdem wir gespeist hatten, beteten die Erwachsenen und die Kinder lange. Ich mußte den Bittkanon zu unserem Herrn Jesus vorlesen.

Hierauf begab sich die Dienerschaft zur Ruhe, und wir blieben selbdritt im Zimmer. Da brachte mir die Herrin ein weißes Hemde und Strümpfe; ich verneigte mich tief vor ihr und sagte: ‚Die Strümpfe, Mütterchen, will ich nicht nehmen, denn mein Lebtag habe ich keine getragen; wir sind gewohnt, von Kind auf in Fußlappen zu gehen.' Da eilte sie wieder hinaus und brachte ein altes Kleid aus feinem gelben Tuch; sie zerschnitt es und machte ein paar Fußlappen daraus. Der Herr aber sagte: ‚Der Ärmste, seine Sandalen gehen auch schon fast auseinander.' Er brachte seine großen

Überschuhe, die er über dem Schuhwerk zu tragen pflegte, und sagte mir: ‚Geh in jenes Zimmer; da wird dich niemand stören; wechsle die Wäsche.' Ich begab mich hin, kleidete mich um und kam dann wieder zu ihnen. Sie setzten mich auf einen Stuhl und bekleideten meine Füße; der Herr umwickelte meine Beine mit den Fußlappen, die Herrin aber zog die Schuhe darüber. Ich wollte dies anfangs nicht dulden, sie geboten mir aber, stille zu sein, und sagten: ‚Halt stille und schweig: Christus hat seinen Jüngern die Füße gewaschen.' Was konnte ich da tun! Ich mußte weinen, und sie weinten auch.

Hierauf begab sich die Herrin in ihre Gemächer, wo sie mit den Kindern schlief, während ich mit dem Herrn in den Garten ging, in eine Laube. Lange konnten wir nicht einschlafen, lagen da und sprachen miteinander. Da begann er mir zuzusetzen:

‚Sage mir um Gottes willen, wahr und aufrichtig – wer bist du? Du mußt aus vornehmem Geschlechte sein und stellst dich nur so gottesnärrisch. Du kannst gut lesen und schreiben; du redest und denkst richtig; bei einer bäuerlichen Erziehung wäre das nicht möglich.'

‚Euch und Eurer Gemahlin habe ich wahrheitsgemäß und aufrichtig erzählt, woher ich komme; auch habe ich nie daran gedacht, zu lügen oder Euch zu betrügen. Warum sollte ich wohl auch? Das, was ich aber sage, kommt nicht von mir, sondern ich habe es von meinem verstorbenen gottweisen Starez und aus den heiligen Büchern, die ich aufmerksam gelesen habe; das größte Licht gibt aber meiner Torheit das innere Gebet; dieses habe ich aber nicht selber mir erworben, sondern ich habe es von der Gnade Gottes und von der Unterweisung meines Starez. Jeder Mensch kann es erlangen; man muß sich nur möglichst still in sein Herz vertiefen und möglichst oft den erleuchtenden Namen Jesu Christi anrufen, so wird auch alsbald ein jeder das innere Licht spüren, und er wird alles verstehen, er wird sogar einige Geheimnisse des Reiches Gottes in diesem Lichte erkennen. Aber es ist ja schon ein tiefes, erleuchtendes Mysterium, wenn der Mensch die Fähigkeit, sich in sich selbst zu vertiefen, erkennt, wenn er sein eigenes Innere sieht, sich an der Selbstbeschauung ergötzt, wenn er gerührt wird und selige Tränen vergießt über seinen Fall und über seinen verderbten Willen. Mit andern Menschen vernünftig zu reden hält ja nicht schwer und ist durchaus möglich, denn Verstand und Herz sind ja früher da als Gelehrtheit und menschliche Weisheit. Hat man Verstand, so kann man ihn auch, sei es durch die Wissenschaft, sei es durch Erfahrung, schulen; hat man aber keinen Verstand, so wird keine weise Lehre und keine Erziehung helfen. Das ist es ja eben, daß wir uns selber ferne sind und es kaum wünschen, uns näher zu kommen; vielmehr entfliehen wir uns selber, um uns nicht zu begegnen, und vertauschen die Wahrheit gegen gleichgültige Kleinigkeiten und denken: wir wollten uns ja schon mit geistlichen Dingen abgeben oder mit Beten, aber wir haben keine Zeit dazu; die Geschäfte und die Sorgen des Lebens lassen uns keine Zeit für selbiges Tun. Was ist aber wichtiger und notwendiger – das erlösende, ewige Leben der Seele oder das schnell vorüberfliegende Leben des Leibes, um welches wir uns so eifrig bemühen? Das, was ich jetzt gesagt habe, ist es auch, was die Menschen, sei es zur Vernunft, sei es zur Torheit, leitet.‘

‚Vergib mir, lieber Bruder, es war nicht nur Neugierde, wenn ich dich fragte, sondern Wohlwollen und christliche Teilnahme; auch habe ich etwa vor zwei Jahren einen Fall erlebt, der mich zu meiner Frage an dich bewog. Sieh mal, da kam ein Bettler zu uns; in seinem Paß hieß es, er wäre ausgedienter Soldat. Er war alt und hinfällig und so arm, daß er fast nackt und bloß war. Er sprach wenig und so einfach, als wäre er ein Bauer aus der Steppe. Wir nahmen ihn in unserem Bettlerheim auf; nach fünf Tagen erkrankte er schwer, und wir brachten ihn in dieses Gartenhaus, redeten ihm freundlich zu und pflegten ihn, so gut wir konnten. Schließlich ging es aber doch ans Sterben; wir riefen unseren Priester, damit er ihm beichtete, das heilige Abendmahl und die Sterbesakramente empfinge. Am Tage vor seinem Tode stand er auf, bat mich um einen Bogen Papier und um eine Feder, verlangte, daß ich die Tür schließe und niemand einließe, bis er sein Testament aufgesetzt habe; dieses Testament sollte ich dann nach seinem Tode an seinen Sohn nach Petersburg schicken. Ich staunte, als ich sah, daß er nicht nur eine vortreffliche, sehr gebildete Handschrift schrieb, sondern daß auch das, was er schrieb, vortrefflich, richtig und sehr zärtlich gehalten war. Ich will dir dieses Testament morgen vorlesen, ich habe mir eine Abschrift davon gemacht. Dies setzte mich nicht wenig in Erstaunen und erweckte in mir die Neugierde, ihn nach seiner Herkunft und nach seinem Leben zu fragen. Nachdem ich ihm hatte schwören müssen, das, was er mir sagen würde, vor seinem Tode niemandem zu sagen, erzählte er mir zum Ruhme Gottes seine Lebensgeschichte:

›Ich war der Fürst N., besaß ein großes Vermögen und führte ein glänzendes, üppiges, und zerstreutes Leben. Meine Frau starb, und ich lebte mit meinem Sohn zusammen, der Gardehauptmann war. Als ich mich einmal anschickte, auf einen Ball zu einer hochgestellten Persönlichkeit zu fahren, ärgerte ich mich über meinen Kammerdiener; ich konnte nicht an mich halten und versetzte ihm einen schweren Schlag auf den Kopf und befahl, daß er wieder ins Dorf zurück solle. Dieses geschah am Abend, tags darauf aber war der Kammerdiener an einer Gehirnentzündung gestorben. Aber dies bekümmerte mich nicht sehr; ich bedauerte meine Unvorsichtigkeit, vergaß die Geschichte aber bald wieder. Sechs Wochen waren darüber hingegangen, da geschah es, daß mir dieser verstorbene Kammerdiener erst im Traum erschien; Nacht für Nacht beunruhigte er mich und machte mir Vorwürfe; unentwegt wiederholte er: Gewissenloser, du bist mein Mörder! Alsdann erschien er mir auch im wachen Zustande, am hellichten Tage. Und von Tag zu Tag mehrten sich diese Erscheinungen, bis es schließlich so weit kam, daß er mich fast unaufhörlich beunruhigte. Dann kam es dahin, daß ich zusammen mit ihm auch andere verstorbene Männer erscheinen sah, die ich schwer beleidigt, und Frauen, die ich verführt hatte. Sie alle machten mir ununterbrochen Vorwürfe und gaben mir keine Ruhe, so daß ich weder schlafen noch essen, noch mich beschäftigen konnte; meine Kräfte waren vollkommen erschöpft, und ganz elend war ich geworden, nur Haut und Knochen. Alle Bemühungen berühmter Ärzte waren vergebens. Ich reiste zur Kur ins Ausland; nachdem ich aber ein halbes Jahr dort gewesen war, fühlte ich durchaus keine Erleichterung, und die qualvollen Erscheinungen mehrten sich von Tag zu Tage. Mehr tot als lebendig wurde ich wieder nach Hause geschafft; alles Grauen und alle höllischen Seelenqualen durchlebte ich in vollem Maße, noch ehe sich meine Seele vom Körper getrennt hatte. Da überzeugte ich mich davon, daß es eine Hölle gibt, und verstand ihre Bedeutung.

In diesem qualvollen Zustande erkannte ich meine Sünden, bereute, beichtete, gab allen meinen leibeigenen Bedienten die Freiheit und tat das Gelübde, ich würde mir mein Leben lang die schwersten Mühen aufladen und mich als Bettler verborgen halten, um wegen meiner Sünden der allerletzte Diener unter den Menschen niedersten Standes zu sein. Kaum hatte ich mich hierzu fest entschlossen, als auch die Erscheinungen, die mich beunruhigten, aufhörten. Ich empfand eine solche Freude und Seligkeit ob der Versöhnung mit Gott, daß ich dies gar nicht mit Worten wiederzugeben vermag. Hier nun lernte ich ebenfalls aus eigener Erfahrung kennen, was das Paradies ist und auf welche Weise sich das Reich Gottes dem Herzen erschließt. Bald genas ich vollständig, führte meine Absicht aus und verließ heimlich, mit dem Paß eines verabschiedeten Soldaten versehen, meine Heimat. Schon seit fünfzehn Jahren pilgere ich durch Sibirien. Mitunter habe ich bei Bauern als Tagelöhner gearbeitet, mitunter im Namen Christi um Almosen gebeten. Ach, welche Seligkeit empfand ich, welches Glück und welche Gewissensruhe bei all diesen Entbehrungen! Nur der vermag dies ganz zu empfinden, der durch die Barmherzigkeit unseres Mittlers aus der Qual der Hölle in das Paradies Gottes gelangte.‹ Nachdem er mir dies erzählt, übergab er mir sein Testament mit der Weisung, es seinem Sohn zu schicken. Tags darauf starb er. Eine Abschrift dieses Testaments trage ich in meiner Tasche bei mir; sie liegt in meiner Bibel. Willst du es lesen, kann ich es ja gleich zeigen. Da ist es!‘

Ich faltete das Papier auseinander und las:

‚Im Namen der Hochgelobten Dreieinigkeit, des Vaters, des Sohnes und des Heiligen Geistes.

Mein vielgeliebter Sohn!

Schon fünfzehn Jahre sind es her, daß Du Deinen Vater nicht gesehen hast; obwohl verschollen, hat er sich doch hie und da nach Dir erkundigt und väterliche Liebe zu dir gehegt; diese Liebe ist es auch, die ihn dazu treibt, Dir vor seinem Tode diese Zeilen zu senden, auf daß sie Dir eine Lehre für Dein Leben seien.

Du weißt, wie sehr ich wegen meiner Unachtsamkeit und wegen meines zerstreuten Lebenswandels habe leiden müssen; Du weißt aber nicht, welche Seligkeit ich im Verlauf meiner Pilgerschaft, als Namenloser, kennenlernte, indem ich mich an den Früchten der Reue ergötzte.

Ich sterbe ruhig bei meinem und zugleich auch Deinem gütigen Wohltäter, da die Wohltaten, die dem Vater widerfahren, auch an das empfindsame Herz eines dankbaren

Sohnes rühren müssen. Erweise ihm Dankbarkeit in meinem Namen, sosehr Du kannst.

Empfange denn meinen väterlichen Segen; ich beschwöre Dich, Gottes zu gedenken, Dein Gewissen rein zu erhalten, vorsichtig, gütig und vernünftig zu sein, mit Deinen Untergebenen möglichst wohlwollend und liebevoll umzugehen, Bettler und Pilger nicht zu verachten, eingedenk dessen, daß auch Dein sterbender Vater nur als Bettler und als Pilger Ruhe und Frieden für seine gequälte Seele fand.

Ich flehe Gottes Segen auf Dich herab und schließe ruhig meine Augen in der Hoffnung auf das ewige Leben und die Barmherzigkeit des Mittlers der Menschen, unseres Herrn Jesu Christi.

Dein Vater N...‘

Solche Gespräche führend, lag ich neben dem gütigen Herrn. Da fragte ich ihn: ‚Ich denke mir, Väterchen, Euer Pilgerheim macht Euch viel zu schaffen und bringt Euch Unruhe? Unter den Pilgern gibt es ja auch viele, die aus Langeweile oder aus Faulheit ein Wanderleben führen, auch unterwegs nicht gut tun, wovon ich mich habe überzeugen können.‘

‚Solcher Fälle hat es nicht viele gegeben; zumeist kamen wirkliche Pilger zu uns‘, antwortete der Herr. ‚Aber gerade mit den Schelmen gehen wir besonders liebevoll um und suchen sie bei uns zu halten. Es ist des öfteren vorgekommen, daß sie, nachdem sie längere Zeit unter unseren guten Bettlern, den Christusbrüdern, gelebt haben, ihr Leben besserten und als demütige, bescheidene Menschen das Bettlerheim verließen. Da hatte ich kürzlich so ein Beispiel: Ein hiesiger Kleinbürger war so sehr auf Abwege geraten, daß er tatsächlich überall mit Knüppeln fortgetrieben wurde, und es war niemand da, der ihm auch nur ein Stück Brot gegeben hätte. Er war ein Säufer, ein wilder Raufbold, und zudem stahl er auch. In dieser Verfassung kam er halb verhungert zu uns; er bat um Brot und um Schnaps, auf den er es besonders abgesehen hatte. Wir nahmen ihn freundlich auf und sagten: Du kannst bei uns wohnen; wir werden dir Schnaps geben, soviel du magst, aber nur unter der Bedingung, daß du dich, wenn du dich satt getrunken hast, gleich schlafen legst; wenn du dich aber nur im geringsten widersetzt und Radau machst, so werden wir dich nicht nur vor die Tür setzen und nie wieder aufnehmen, sondern ich werde auch dem Amtmann oder dem Stadthauptmann Mitteilung machen und dafür sorgen, daß du als verdächtiger Strolch zwangsweise verschickt wirst ... Er erklärte sich hiermit einverstanden und blieb bei uns. Etwa eine Woche oder länger noch trank er tatsächlich viel, soviel er nur wollte; aber seinem Versprechen getreu und weil er doch so sehr am Schnaps hing, den er nicht missen mochte, legte er sich dann gleich schlafen, oder er ging aufs Feld hinaus, legte sich dort nieder und schlief. Wenn er wieder nüchtern war, redeten ihm die Bettler aus dem Heim freundlich zu und gaben ihm Ratschläge, er möge doch zusehen, daß er sich das Trinken nach und nach abgewöhne. So kam es denn, daß er allmählich weniger trank, und nach drei Monaten war er zu einem enthaltsamen Menschen geworden; jetzt hat er als Tagelöhner irgendwo Arbeit gefunden und lebt nicht mehr als Müßiggänger von fremder Leute Brot. Vorgestern war er hier, um mir zu danken.‘

Welche Weisheit liegt darin, dachte ich bei mir, die sich hier unter Anleitung der Liebe auswirkt, und ich rief: ‚Gott sei gepriesen, der seine Gnade in der Umfriedung Eures schützenden Hauses erweist!‘

Nachdem wir so miteinander geredet, schliefen wir eine Stunde oder anderthalb und wachten dann von den Glocken auf, die zur Matutin riefen. Wir machten uns auf den Weg, und als wir in der Kirche anlangten, war die Herrin mit ihren Kinderlein schon da. Wir nahmen am Gottesdienst teil, und bald darauf begann auch das feierliche Hochamt. Ich, der

Herr und sein kleiner Sohn nahmen im Altarraum Aufstellung, während die Herrin mit dem kleinen Mädchen am Altarfenster stand, um die Wandlung der heiligen Gaben zu sehen. Mein Gott! wie innig beteten sie doch auf Knien liegend und selige Tränen vergießend! Wie licht wurden ihre Angesichter, so daß meinen Augen, als ich sie anblickte, Tränen entströmten.

Nach Schluß des Gottesdienstes begaben sich die Herrschaften, der Priester, die Bedienten und alle Bettler zum Mittagstisch; etwa vierzig Bettler hatten sich versammelt; darunter gab es Krüppel, solche mit kranken Gesichtern und Kinder. Alle setzten sich an einen Tisch. Oh, welches Schweigen und welche Ruhe herrschte! Ich erkühnte mich und sagte leise dem Herrn: ‚In Klöstern wird während des Mahles aus dem Heiligenleben vorgelesen; ihr solltet auch so tun; ihr besitzt ja ein vollständiges Heiligenleben.' Der Herr wandte sich an seine Gemahlin und sagte: ‚Tatsächlich, Mascha, wollen wir diese Ordnung bei uns einführen. Das wird sehr erbaulich sein. Heute will ich als erster lesen, dann bei der nächsten Speisung du, dann der Priester und dann der Reihe nach die frommen Brüder, wer von ihnen gerade lesen kann.' Der Priester aß weiter und entgegnete: ‚Ich liebe wohl zuzuhören, aber was das Lesen betrifft, da danke ich gehorsamt; ich habe keinen einzigen freien Augenblick. Wenn ich nach Hause komme, weiß ich gar nicht vor lauter Arbeit, womit ich zuerst beginnen soll; lauter Sorgen und Mühen; bald ist's das eine, bald das andere; ich habe für einen Haufen Kinder zu sorgen, und das Vieh macht auch genug zu schaffen; den ganzen Tag habe ich nichts als Arbeit; da ist es mir nicht ums Lesen zu tun oder um Erbauung. Was ich im Seminar gelernt habe, habe ich längst schon vergessen.' Da ich dies hörte, erbebte ich, aber die Herrin, die neben mir saß, faßte mich schnell an der Hand und sagte: ‚Der ehrwürdige Vater sagt dies nur aus Demut; er erniedrigt sich immer so sehr; in Wahrheit ist er aber überaus gütig und führt ein gottwohlgefälliges Leben; schon seit zwanzig Jahren ist er Witwer, und nun erzieht er eine ganze Schar von Enkeln; zudem hat er auch oft Kirchendienst.‘

Bei diesen Worten mußte ich an den Ausspruch des Niketos Stethatos in der ‚Tugendliebe‘ denken: ‚Nach der inneren Stimmung der Seele wird die Natur der Dinge bemessen‘ – das heißt, wie einer ist, so urteilt er auch über die andern; und weiter sagte er noch: ‚Wer das wahre Gebet und die Liebe erlangt hat, der hat keine Unterscheidung mehr für die Dinge; er unterscheidet nicht den Gerechten vom Sünder, sondern er liebt alle gleich und verurteilt nicht, wie ja auch Gott die Sonne scheinen und den Regen niederfallen läßt über Gerechte und Ungerechte.‘

Wieder herrschte Schweigen; mir gegenüber saß ein völlig blinder Bettler aus dem Bettlerheim. Der Herr fütterte ihn; er zerlegte ihm den Fisch, gab ihm den Löffel, füllte ihm die Suppe auf. Wie ich aufmerksam hinblickte, merkte ich, daß dieser Bettler immer mit geöffnetem Munde dasaß, während seine Zunge ununterbrochen in Bewegung war und gleichsam zitterte; ich dachte bei mir, ob er nicht ein Beter sei, und begann aufmerksamer hinzusehen. Gegen Schluß der Mahlzeit wurde einer alten Frau schlecht; ein Krampf überkam sie, und sie stöhnte. Der Herr und seine Gemahlin führten sie in ihr Schlafzimmer und legten sie auf das Bett; die Herrin blieb da, um sie zu pflegen; für alle Fälle ging der Priester nach den Sterbesakramenten; der Herr ließ anspannen und fuhr eilends in die Stadt nach dem Arzt. Alle gingen auseinander.

Ich fühlte gleichsam einen Gebetshunger in mir aufsteigen; mich überkam das starke Verlangen, mich im Gebet zu ergießen; nun hatte ich aber schon zwei Tage nicht in Ruhe und Einsamkeit für mich allein sein können. Ich fühlte, daß es in meinem Herzen wie eine Hochflut aufstieg, die alles durchbrechen, sich in alle Gliedmaßen ergießen wollte; da ich mich aber bezwang, empfand ich einen starken

Schmerz im Herzen; es war übrigens ein beglückender Schmerz, der nach stiller Ruhe und nach Sättigung im Gebet verlangte. Hier nun wurde mir klar, warum die wahren Verrichter des selbsttätigen Gebets den Menschen entfliehen und sich zu verbergen trachten; auch verstand ich, warum der heilige Hesychios auch das geistigste und heilsamste Gespräch, sofern es aber maßlos ist, ein müßiges Gerede nennt, wie ja auch der heilige Ephrem der Syrer sagt: Gute Rede ist Silber, Schweigen aber ist lauteres Gold. – Während ich diese Gedanken bei mir erwog, begab ich mich ins Bettlerheim. Hier ruhten alle nach der Mahlzeit. Ich stieg auf den Dachboden, sammelte mich dort, ruhte aus und betete. Als die Bettler sich erhoben hatten, suchte ich den Blinden auf und führte ihn aufs Feld hinaus; wir setzten uns in der Einsamkeit nieder und begannen miteinander zu reden.

‚Sage mir um Gottes willen, tust du es um deines Seelenheils willen, daß du das Jesusgebet verrichtest?'

‚Ich verrichte es schon seit langem unablässig.'

‚Was empfindest du denn dabei?'

‚Nur das eine: daß ich weder bei Tage noch bei Nacht ohne Gebet sein kann.'

‚Wie hat dir Gott dieses Tun offenbart? Erzähle mir das recht ausführlich, mein geliebter Bruder.'

‚Nun sieh, ich bin ein hiesiger Handwerker. Ich verdiente mir mein Brot als Schneider, wanderte auch in andere Gouvernements und Dörfer und nähte Bauernkleider. Da geschah es, daß ich in einem Dorf bei einem Bauern längere Zeit leben mußte, um für seine Familie Kleider zu nähen. An einem Feiertage sah ich vor dem Heiligenbildschrein drei Bücher liegen; da fragte ich: Wer kann bei Euch lesen? Niemand, antwortete man mir. Diese Bücher haben dereinst unserem Ohm gehört; der konnte lesen. Ich nahm eins der Bücher zur Hand, schlug es auf und las, woran ich mich heute noch genau erinnere, folgende Worte: Das unablässige Gebet besteht darin, daß man den Namen Gottes immer anruft, gleichviel, ob man mit einem andern redet, ob man sitzt oder geht, ob man arbeitet oder ißt, oder gleichviel, was man tun mag – allerorten und zu jeder Zeit muß man den Namen Gottes anrufen. – Da ich dies gelesen hatte, dachte ich bei mir, daß mir dies sehr gelegen käme, und ich begann bei meinem Schneiderhandwerk das Gebet flüsternd zu sprechen, und dies gefiel mir wohl. Die andern, die mit mir in der Hütte waren, merkten dies und machten sich lustig über mich. Du bist wohl ein Zauberer, daß du unablässig flüsterst, oder was murmelst du da? Um es zu verbergen, hörte ich auf, die Lippen zu bewegen, verrichtete das Gebet aber, indem ich nur die Zunge bewegte. Schließlich hatte ich mich so sehr ans Gebet gewöhnt, daß es die Zunge Tag und Nacht ganz von selbst aussprach, und mir war dies angenehm. Lange wanderte ich so durch die Welt, dann erblindete ich plötzlich gänzlich. In meiner Familie ist es fast bei allen so gewesen, daß wir dunkles Wasser in den Augen haben. Wegen meiner Armut nun sollte ich im Armenhaus, das wir in der Gouvernementsstadt Tobolsk haben, untergebracht werden. Ich bin jetzt auf dem Wege dorthin; die Herrschaften hier haben mich aber aufgenommen; sie wollen mir später Pferd und Wagen nach Tobolsk geben.‘

‚Wie hieß das Buch, darinnen du lasest? War es nicht die Tugendliebe?‘

‚Ich weiß wirklich nicht; ich habe das Titelblatt nicht mal angesehen.‘

Ich holte meine Tugendliebe und schlug im vierten Teil die Worte des Patriarchen Kallistos auf, die jener mir auswendig hergesagt hatte, und las sie ihm vor.

‚Aber das ist es ja gerade!‘ rief der Blinde. ‚Lies mir das vor, Bruder. Wie sehr schön ist das.‘

Als ich an die Stelle kam, wo es heißt: man muß mit dem Herzen beten, begann er mir zuzusetzen: ‚Was soll das bedeuten, und wie macht man das?‘ Ich antwortete ihm, daß die ganze Lehre über das Herzensgebet in diesem Buch, in der ‚Tugendliebe', ausführlich auseinandergesetzt ist, und voller Eifer bat er mich, ich möchte es ihm ganz vorlesen.

‚Das wollen wir folgendermaßen machen', sagte ich. ‚Wann wolltest du nach Tobolsk ziehen?'

‚Wenn es sein muß, gleich', antwortete er.

‚Dann wollen wir es so machen: auch ich will mich morgen auf den Weg machen. Wir wollen zusammen gehen, und ich will dir alles vorlesen, was auf das Herzensgebet Bezug hat, auch will ich dir zeigen, wie man die Stelle des Herzens und den Zugang zu ihm findet.'

‚Aber wie steht es denn mit dem Wagen?' fragte er.

‚Ach, wozu brauchst du einen Wagen! Es ist ja gar nicht so weit bis Tobolsk, nicht mehr als hundertfünfzig Werst. Wir werden langsam wandern. Und weißt du denn, wie schön es ist, in der Einsamkeit selbander zu gehen; auch läßt es sich im Gehen bequemer miteinander reden und über das Gebet lesen.'

So kamen wir denn überein; gegen Abend erschien der Herr selbst, um uns alle zum Abendessen zu laden; nach der Mahlzeit erklärten wir, daß ich mich mit dem Blinden auf den Weg machen würde und daß wir keinen Wagen brauchten, weil es so bequemer sei, in der ‚Tugendliebe' zu lesen. Da sagte auch der Herr: ‚Mir hat die Tugendliebe auch sehr gefallen; ich habe schon geschrieben und Geld zurechtgelegt, um es morgen, wenn ich ins Gericht fahre, gleich nach Petersburg zu schicken mit der Weisung, daß man mir mit der nächsten Post die Tugendliebe hierherschickt.'

So machten wir uns denn am folgenden Morgen auf den Weg, nachdem wir diesen Herrschaften für ihre vorbildliche Liebe und Barmherzigkeit vielfach gedankt hatten; auch begleiteten sie uns etwa eine Werst weit. Dann nahmen wir voneinander Abschied.

So pilgerten wir denn selbander, der Blinde und ich; wir

gingen ganz gemächlich, vielleicht zehn, vielleicht fünfzehn Werst am Tage, saßen die übrige Zeit aber an einsamen Stellen und lasen die ‚Tugendliebe'. Ich las ihm alles über das Herzensgebet in der Reihenfolge vor, die mir mein verstorbener Starez gewiesen hatte, das heißt, ich begann mit dem Buch des Mönches Nikephoros, Gregors des Sinaiten usw. Mit solcher Begierde und Aufmerksamkeit hörte er sich dies alles an, und wie sehr gefiel es ihm, wie sehr ergötzte es ihn! Alsdann richtete er solche Fragen über das Gebet an mich, daß mein Verstand nicht hinreichte, sie zu lösen.

Nachdem ich ihm das Erforderliche aus der ‚Tugendliebe' vorgelesen hatte, begann er mich inständig zu bitten, ich möchte ihm nun den Weig zeigen, auf welche Weise man mit dem Geist das Herz finden und den göttlichen Namen Jesu einführen könnte und wie man innerlich mit dem Herzen beten solle. Da begann ich ihm auseinanderzusetzen: ‚Nun schau, du kannst nichts sehen, du kannst dir aber doch mit deinem Geist das, was du früher gesehen hast, einbilden und vorstellen, zum Beispiel einen Menschen oder irgendein Ding oder irgendeines deiner Gliedmaßen, zum Beispiel deine Hand oder den Fuß, und du kannst es dir so lebhaft vorstellen, als sähest du es leibhaftig vor dir, und kannst darauf deine wenn auch blinden Augen lenken?'

‚Das kann ich', antwortete der Blinde.

‚Dann stelle dir genauso das Herz vor, richte deine Augen dorthin, als blicktest du es durch die Brust durch an, und stelle es dir so lebhaft als möglich vor; horche aber möglichst aufmerksam mit den Ohren, wie es sich regt und Mal für Mal schlägt. Wenn du dich da hereingefunden hast, so beginne mit jedem Schlage des Herzens, in dieses hineinblikkend, die Gebetsworte dem anzupassen. Beim ersten Schlage sage oder denke: Herr, beim zweiten: Jesus, beim dritten: Christus, beim vierten: erbarme dich, beim fünften: meiner, und wiederhole dies sooft als möglich; es wird dir dies leichtfallen, denn du hast ja schon den Anfang gemacht und dich auf das Herzensgebet vorbereitet. Wenn du dich aber daran gewöhnt hast, so beginne das ganze Jesusgebet zugleich mit dem Atem ins Herz hinein und wieder heraus zu führen, wie es die Väter lehren, das heißt, sage, wenn du die Luft einatmest, oder denke dir: Herr Jesus Christus, läßt du sie aber entweichen – erbarme dich meiner. Tue dieses sooft als möglich, so wirst du bald einen feinen, angenehmen Schmerz im Herzen spüren, alsdann wird sich eine Wärme darin ausbreiten. So wirst du mit Gottes Hilfe die Selbsttätigkeit des beseligenden inneren Herzengebetes erlangen. Bemühe dich aber hierbei nach Kräften, alles, was dir der Verstand zuflüstert oder was dir sonst erscheinen mag, zurückzuweisen. Nimm überhaupt gar keine Einbildung in dich auf; denn die heiligen Väter haben es angesagt, man müsse beim inneren Gebet nichts sehen, um nicht in Versuchung zu fallen.'

Nachdem der Blinde dies alles aufmerksam angehört, begann er voller Eifer nach dieser Art zu verfahren, und wenn wir für die Nacht irgendwo haltmachten, so befaßte er sich lange vornehmlich damit. Etwa nach fünf Tagen verspürte er eine starke innere Wärme und ein unaussprechlich angenehmes Gefühl im Herzen; außerdem auch die größte Lust, unablässig dieses Gebet zu wiederholen, das ihm die Liebe zu Jesus Christus erschloß. Zuzeiten sah er ein Licht leuchten, obwohl er keine Dinge oder Gegenstände in diesem Lichte wahrnahm; mitunter schien es ihm, wenn er sich in sein Herz versenkte, daß sich gleichsam die starke Flamme einer entzündeten Kerze unbeschreiblich selig in seinem Herzen entflammte und aus dem Halse nach außen drang und ihn umleuchtete; im Lichte dieser Flamme konnte er sogar auch entfernte Dinge sehen, wie beispielsweise einmal geschah. Wir wanderten durch einen Wald; er schwieg und war ganz in sein Gebet versunken. Plötzlich sagte er mir: ,Wie schade! Schon brennt die Kirche, jetzt ist der Glockenturm zusammengestürzt.‘ Ich sagte ihm: ‚Bilde dir diese Dinge nicht ein; dies ist eine Versuchung, die dir naht; alle diese Gedanken mußt du so schnell als möglich zurückdrängen. Du kannst gar nicht sehen, was in der Stadt vorgeht. Wir haben noch zwölf Werst bis dahin.‘ Er gehorchte, fuhr im Beten fort und verstummte. Gegen Abend kamen wir in die Stadt, da sah ich tatsächlich einige niedergebrannte Häuser und den zusammengestürzten Glockenturm, der auf Holzbalken errichtet war; viele Menschen standen ringsherum und staunten, daß der Glockenturm beim Zusammenstürzen niemand erschlagen hatte. Meiner Berechnung nach hatte sich das Unglück gerade in der Zeit ereignet, da mir der Blinde davon gesprochen hatte. Nun sagte er mir: ‚Du hast gesagt, das Gesicht, das ich gehabt, wäre eitel; nun war es aber doch so, wie ich sagte. Wie sollte ich nicht danken und den Herrn Jesus Christus nicht lieben, der seine Gnade auch Sündern, Blinden und Törichten offenbart! Auch dir danke ich, daß du mich das Wirken des Herzens gelehrt hast.‘

Ich sagte ihm: ‚Jesus Christus sollst du allerdings lieben, und danken sollst du ihm auch; aber hüte dich davor, verschiedene Gesichte für unmittelbare Offenbarungen zu halten; denn dieses kann häufig geschehen, und es ist natürlich, ist in der Ordnung der Sache. Die menschliche Seele ist verhältnismäßig durch den Ort und durch das Dingliche nicht gebunden. Sie kann auch in der Dunkelheit sehen, auch sehr Entferntes, wie auch das, was in der Nähe geschieht. Wir geben dieser seelischen Fähigkeit nur keine Kraft und keinen freien Lauf, und wir unterdrücken sie, sei es durch die Fesseln unseres feisten Leibes oder durch die Verworrenheit unserer Gedanken und durch unser zerstreutes Wesen. Wenn wir uns aber gesammelt haben, wenn wir uns von der Umgebung lösen und unseren Geist verfeinern, wird die Seele ihrer Bestimmung zugeführt und *wirkt* im höchsten Grade, zumal dies eine natürliche Sache ist. Ich habe mir von meinem verstorbenen Starez sagen lassen, daß auch nicht betende Menschen, jedoch hierzu Befähigte oder Kränkliche im stockdunklen Zimmer Licht wahrnehmen, das von allen Dingen ausgeht, daß sie die Gegenstände zu unterscheiden vermögen, ihren Doppelgänger empfinden und in die Gedanken eines andern eindringen. Was aber beim Herzensgebet unmittelbar von der Gnade Gottes herrührt, ist so beseligend, daß es keine Zunge zu schildern vermöchte und daß es mit keinem Dinglichen verglichen oder ihm an die Seite gestellt werden kann; alles Sinnliche steht tief unten im Vergleich zu dem beseligenden Gefühl der Gnade im Herzen.‘

Mein Blinder folgte mir aufmerksam und wurde nun noch demütiger; das Gebet im Herzen entfaltete sich immer mehr und mehr und erfüllte ihn mit unsäglicher Wonne. Hierüber freute ich mich von ganzem Herzen und dankte Gott, daß er mich für wert befunden hatte, seinen also gesegneten Knecht zu schauen.

Endlich kamen wir nach Tobolsk; ich führte ihn ins Armenheim, brachte ihn dort unter, nahm liebevoll Abschied und begab mich alsdann wieder auf meine Pilgerschaft.

Einen Monat wanderte ich langsam und fühlte es tief, wie erbaulich und wie anspornend gute, lebendige Beispiele wirken; ich las häufig in der ‚Tugendliebe‘ und prüfte alles, was ich dem blinden Beter gesagt hatte. Sein belehrendes Beispiel entflammte in mir den Eifer, die Dankbarkeit und die Liebe zu Gott; das Herzensgebet erfüllte mich mit solcher Wonne, daß ich nicht glaubte, es könne jemanden auf der Welt geben, der glücklicher wäre als ich, und ich konnte es nicht verstehen, daß es noch größere und herrlichere Wonnen im Himmelreich geben würde. Dieses fühlte ich aber nicht nur im Inneren meiner Seele, sondern auch die ganze Außenwelt schien mir wunderbar schön, und alles verlockte mich zur Liebe und zum Dank gegen Gott; Menschen, Bäume, Pflanzen, Tiere, alles war mir unsäglich vertraut, und an allem sah ich das Abbild des Namens Jesu Christi. Mitunter fühlte ich eine solche Leichtigkeit, als hätte ich überhaupt keinen Körper, und es war mir, als ginge ich nicht, sondern als flöge ich selig durch die Luft; mitunter ging ich tief in mich selber hinein und sah mein Inneres klar vor mir und staunte über die weise Anordnung des menschlichen Leibes; mitunter empfand ich eine so hohe Freude, als wäre ich König geworden, und bei all diesen Tröstungen wünschte ich, Gott möge mich möglichst bald sterben lassen, um in Dankbarkeit am Schemel seiner Füße in die Geisterwelt mich zu ergießen.

Wohl mochte ich mich ohne Maß an diesen Empfindungen ergötzt haben, oder war dies so Gottes Wille, jedenfalls fühlte ich zu gewissen Zeiten ein angstvolles Beben im Herzen. Wenn mir nur nicht wieder so ein Unglück widerfährt, dachte ich, wie damals wegen jenes Mädchens, dem ich in der Kapelle das Jesusgebet beibrachte. Fremde Gedanken umlagerten mich wie Wolken, und ich gedachte der Worte des heiligen Johannes, der da sagt: ‚Mitunter fällt der Lehrende in Unehre und duldet Versuchungen für jene, die ihn geistlich in Anspruch nehmen.‘ Ich kämpfte diese Gedanken nieder, vermehrte mein Gebet, vertrieb sie dadurch vollständig, fand wieder Mut und sprach zu mir selber: ‚Gottes Wille geschehe, ich bin bereit, alles zu dulden, was mir Jesus Christus wegen meiner verruchten, hoffärtigen Art auferlegt. Zudem waren die, denen ich kürzlich das Mysterium des Eingangs in das Herz und des inneren Gebets offenbart habe, noch vor meiner Begegnung mit ihnen unmittelbar durch Gottes geheime Unterweisung vorbereitet.‘ Hierdurch beruhigt, ging ich wieder getröstet und betend meines Weges weiter und freute mich mehr denn früher. Ein paar Tage war Regenwetter, und der Weg war so aufgeweicht, daß man Mühe hatte, die Füße aus dem Straßenschmutz zu ziehen; ich pilgerte über die Steppe, und auf einer Strecke von fünfzehn Werst war kein Dorf im Umkreise zu sehen;

endlich sah ich gegen Abend einen Hof an der Landstraße liegen; ich freute mich und dachte: ‚Ich will hier um ein Nachtlager bitten; morgen aber wird, so Gott will, das Wetter vielleicht auch besser.‘

Als ich näher herankam, sah ich einen betrunkenen Greis, der einen Soldatenmantel trug. Er saß vor selbigem Hof auf einer Erdaufschüttung; ich verneigte mich vor ihm und sagte: ‚Wen könnte man hier wohl um Herberge für die Nacht bitten?‘

‚Wer anders als ich könnte dich hereinlassen‘, schrie der Alte. ‚Ich bin hier der Oberste! Das hier ist eine Poststation, und ich bin der Aufseher.‘

‚So erlaubt mir denn, Väterchen, daß ich hier über Nacht bleibe.‘

‚Hast du einen Paß? Her mit dem Ausweis über deine Person!‘

Ich gab ihm meinen Paß; er hielt ihn in den Händen und fragte wieder: ‚Wo ist der Paß?‘

‚Ihr haltet ihn in Händen‘, antwortete ich.

‚Na, ’rein denn ins Haus!‘ Der Aufseher setzte sich die Brille auf, las und sagte: ‚Recht. Der Ausweis stimmt. Bleib über Nacht. Ich bin ja doch ein guter Mensch; ich will dir auch einen Schnaps geben.‘

‚Mein Lebtag habe ich nicht getrunken‘, antwortete ich.

‚Na, dann spuck’ ich drauf; wenigstens kannst du mit uns zu Abend essen.‘

Wir setzten uns zu Tisch, er und die Köchin, ein junges Weib, das ebenfalls ziemlich betrunken war; und auch ich mußte mich setzen. Während der Mahlzeit schimpften sie, machten einander Vorwürfe, und gegen Ende gab es auch eine Prügelei. Der Aufseher ging in seine Kammer auf dem Flur, um dort zu übernachten; die Köchin räumte auf, wusch Tassen und Löffel und schimpfte auf ihren Alten.

Eine Weile saß ich da und dachte bei mir, daß sie wohl nicht so bald Ruhe geben würde. Ich sagte ihr:

‚Wo könnte ich mich wohl hinlegen, Mütterchen? Ich bin müde vom Wege.‘

‚Ich will dir hier ein Lager bereiten, Väterchen‘, mit diesen Worten rückte sie eine Pritsche an die Fensterbank beim Außenfenster, breitete eine Filzdecke darüber und legte eine Rolle ans Kopfende. Ich legte mich nieder, schloß die Augen und tat, als ob ich schliefe. Noch lange machte die Köchin Radau; schließlich hatte sie alles in Ordnung, löschte das Licht und trat zu mir heran. Plötzlich flog das ganze Fenster der vorderen Ecke, Fensterkreuz, Scheiben und Holzsplitter, krachend ins Zimmer und stürzte mit furchtbarem Gepolter zu Boden; die ganze Hütte erbebte, und draußen vor dem Fenster ließ sich angstvolles Stöhnen und Geschrei vernehmen. Ganz erschrocken sprang das Weib in die Mitte des Zimmers und brach zusammen. Besinnungslos vor Angst sprang ich auf, denn ich dachte, die Erde habe sich unter mir aufgetan. Da sah ich, wie zwei Kutscher einen Menschen hereintrugen, der blutüberströmt war, so daß man sein Gesicht nicht erkennen konnte. Dies vermehrte mein Grauen nur noch mehr. Es war ein Kurier, der hier halten wollte, um seine Pferde zu wechseln. Sein Kutscher war falsch durchs Tor gefahren, war mit der Deichsel ins Fenster geraten, und da vor dem Hause ein Graben war, war der Wagen umgekippt, der Kurier flog heraus und erlitt tiefe Schnittwunden am Kopf, weil er auf einen zugespitzten Pflock fiel, der in der Erdaufschüttung steckte. Der Kurier verlangte Wasser und Schnaps, um die Wunde auszuwaschen; er machte sich einen Umschlag, trank ein Glas Schnaps und rief: ‚Vorwärts!‘ Ich stand neben ihm und sagte:

‚Ihr könnt doch nicht mit so einer Wunde weiterfahren, Väterchen.‘

‚Ein kaiserlicher Kurier hat keine Zeit, krank zu sein‘, erwiderte er und brauste davon. Die Kutscher schleppten das Weib zum Ofen; sie lag ohnmächtig da; sie bedeckten sie mit einer Bastmatte und sagten: ‚Die Angst ist ihr in die Glieder gefahren; närrisch wird sie werden.‘

Der Aufseher war inzwischen nüchtern geworden und begab sich wieder zur Ruhe.

So blieb ich allein im Zimmer.

Bald stand das Weib auf und begann wie besessen aus einer Ecke in die andere zu gehen; schließlich ging sie hinaus. Ich betete, fühlte meine Kräfte abnehmen und schlummerte vor der Dämmerung ein wenig ein.

Am Morgen nahm ich vom Aufseher Abschied und machte mich auf den Weg; während ich weiterwanderte, sandte ich voller Glauben, Hoffnung und Dankbarkeit Gebete zum himmlischen Vater alles Trostes, der mich vor nahem Unheil bewahrt hatte.

Sechs Jahre nach dieser Begebenheit kam ich auf meiner Pilgerschaft an einem Nonnenkloster vorbei; ich ging in die Kirche, um dort zu beten. Nach dem Hochamt ließ mich die gastfreundliche Äbtissin kommen und ließ mir Tee geben. Plötzlich trafen unerwarteterweise Besucher ein; sie ging zu ihnen hinaus, und ich blieb mit den Nonnen allein. Eine demütige Nonne, die den Tee einschenkte, regte mich zu der neugierigen Frage an: ‚Seid Ihr schon lange in diesem Kloster?‘ ‚Seit fünf Jahren‘, antwortete sie, ‚man brachte mich als eine Irrsinnige hierher, hier aber hat sich Gott meiner erbarmt. Die Mutter Äbtissin hat mich hier behalten und mich im Kloster aufgenommen.‘

‚Wie kam es denn, daß Ihr irrsinnig wurdet?‘ fragte ich.

‚Vor Schreck. Ich hatte eine Anstellung auf einer Poststation, und in der Nacht brachen Pferde durchs Fenster; ich erschrak und verlor den Verstand. Ein ganzes Jahr lang führten meine Anverwandten mich an heilige Orte, und hier erst bin ich gesund geworden.‘

Als ich dies hörte, frohlockte ich in meiner Seele und pries Gott, der alles weise zum besten lenkt.

Verschiedene Fälle hat es noch gegeben“, sagte ich, zu meinem Beichtvater gewandt, „wollte ich sie der Reihe nach erzählen, würde ich in drei Tagen nicht damit fertig werden. Einen Fall will ich noch erzählen:

An einem klaren Sommertage kam ich zu einem Friedhof an der Landstraße, oder es war vielmehr ein sogenannter ‚Pogost‘, das heißt nur eine Kirche nebst ein paar Häusern für den Priester und die Kirchenangestellten. Es wurde gerade zum Hochamt geläutet; auch ich wollte hingehen. Leute aus der Umgegend waren ebenfalls auf dem Wege zur Kirche; einige hatten sich ins Gras gesetzt, und da sie mich, den eilig Dahinschreitenden, sahen, riefen sie mir zu: ‚Nicht so eilig! Du wirst in der Kirche noch lange genug stehen können, bevor das Hochamt beginnt; hier dauert der Gottesdienst sehr lange; unser Priester ist krank; er liebt einen sachten Trott.‘ Tatsächlich dauerte der Gottesdienst sehr lange; der junge Priester, der aber sehr elend und blaß aussah, zelebrierte überaus langsam, übrigens sehr andächtig und gefühlvoll; gegen Schluß des Hochamts hielt er eine vortreffliche, allgemeinverständliche Predigt über die Arten, wie man Liebe zu Gott erlangt.

Der Priester forderte mich auf, bei ihm zu Mittag zu bleiben. Bei Tisch sagte ich: ‚Wie andächtig Ihr zelebriert, ehrwürdiger Vater, und es dauerte auch so lange!‘

‚Ja‘, erwiderte er, ‚das gefällt der Gemeinde allerdings nicht, und man murrt darüber, aber ich kann da nichts ändern; ich habe es gern, jedes Gebetswort zuvor zu überlegen, mich daran zu ergötzen und es dann erst laut auszusprechen; ohne inneres Fühlen und ohne Teilnahme wäre ja jedes gesprochene Wort für mich selber und für die andern nutzlos; alles liegt am inneren Leben und am aufmerksamen Gebet! Und wie wenig‘, sagte er, ‚beschäftigt man sich doch mit dem inneren Tun! Das kommt daher, daß die Menschen sich um ihre geistige, um ihre innere Erleuchtung nicht kümmern und nichts davon wissen wollen.‘

Da fragte ich: ,Wie könnte man das aber wohl erreichen, scheint es doch sehr schwierig zu sein.'

,Durchaus nicht. Um sich geistig zu erleuchten und zu einem aufmerksamen, inneren Menschen zu werden, braucht man nur irgendeinen Text aus der Heiligen Schrift zu nehmen und seine ganze Aufmerksamkeit und Anschauung solange als möglich darauf zu richten; da wird einem das Licht des Verständnisses aufgehen. Also muß man auch beim Beten verfahren: wenn du wünschst, daß dein Gebet rein, richtig und erquickend sei, mußt du dir irgendein kurzes Gebet wählen, welches aus wenigen, aber starken Worten besteht; du mußt es häufig und anhaltend wiederholen; alsdann wirst du das Gebet schmecken.'

Diese Unterweisung des Priesters gefiel mir sehr wohl, war sie doch schlicht und wirksam, zugleich aber auch tief und weise! Ich dankte Gott im Geiste dafür, daß er mich zu einem so wahrhaften Hirten seiner Kirche geführt hatte.

Nach Tisch sagte der Priester: ,Leg dich jetzt nach dem Essen hin, ich will inzwischen das Wort Gottes lesen und mich zu meiner Predigt, die ich morgen halten muß, vorbereiten.'

Da ging ich in die Küche. Außer einer uralten Frau, die ganz zusammengesunken in der Ecke saß und hustete, war niemand da. Ich setzte mich ans Fenster, holte meine ,Tugendliebe' hervor und begann langsam vor mich hinzulesen; da horchte ich auf und merkte, daß die Alte in der Ecke unablässig das Jesusgebet vor sich hinmurmelte; Freude überkam mich da, als ich den oft angerufenen, heiligsten Namen des Herrn hörte, und ich begann also: ,Wie gut ist es, Mütterchen, daß du immerfort betest! Dies ist das christlichste Seelenwerk.'

,Ja, Väterchen', erwiderte sie, ,auf meine alten Tage ist mir ja nichts geblieben, als zu sagen: Herr, vergib.'

,Hast du denn schon lange die Gewohnheit zu beten?'

‚Von Kind auf, Väterchen, ich könnte ja anders gar nicht leben, hat mich doch das Jesusgebet von Tod und Untergang gerettet.‘

‚Wie denn das? Erzähle es mir bitte zum Ruhme Gottes und zur Verherrlichung der gnadenreichen Kraft des Jesusgebets.‘ Ich steckte meine ‚Tugendliebe‘ wieder in den Beutel, rückte näher heran, und sie begann zu erzählen:

‚Als Mädchen war ich schön; meine Eltern hatten mich einem Mann verlobt. Morgen sollte die Hochzeit stattfinden, der Bräutigam war zu uns unterwegs, und plötzlich, zehn Schritt vor uns, stürzte er hin und starb, ohne einen Seufzer zu tun. Hierüber kam mich ein solcher Schrecken an, daß ich überhaupt nicht mehr heiraten wollte, und ich beschloß, als Jungfrau zu leben, an heilige Stätten zu pilgern und zu beten. Ich fürchtete mich aber, mich allein auf den Weg zu machen, denn es hätte wohl sein können, daß böse Menschen ob meiner Jugend über mich hergefallen wären. Da lehrte mich eine Pilgerin, die ich kannte, ich solle, wenn ich unterwegs bin, unablässig das Jesusgebet sprechen, und sie versicherte mir, daß mir unterwegs, wofern ich dieses Gebet verrichtete, kein Unglück widerfahren könne. Ich glaubte hieran, und es ging auch alles wirklich gut, ich pilgerte sogar zu weit entfernten heiligen Stätten; meine Eltern gaben mir das Geld dazu. Bei zunehmendem Alter wurde ich krank, und der ehrwürdige Priester hier läßt mich aus Barmherzigkeit bei sich wohnen und ernährt mich.‘

Voller Freuden hörte ich dieses und wußte nicht, wie ich Gott für diesen Tag danken sollte, an dem er mir so erbauliche Beispiele offenbart hatte. Alsdann bat ich den guten und frommen Priester um seinen Segen und setzte freudig meinen Weg fort.

Nicht gar so lange ist es her, da pilgerte ich auf dem Wege hierher durch das Gouvernement Kasan; hier geschah es, daß ich erfuhr, wie die Kraft des im Namen Jesu Christi verrichteten Gebets sich klar und lebendig auch denen offenbart, die sich unbewußt damit abgeben, und wie die Häufigkeit und anhaltende Dauer des Gebets der kürzeste und zuverlässigste Weg ist, um zu den gnadenreichen Früchten des Gebets zu gelangen. Es geschah, daß ich einmal in einem Tatarendorf übernachten mußte. Da ich in selbiges Dorf kam, sah ich vor einer Hütte einen Wagen halten; am Wagen machte sich ein russischer Kutscher zu schaffen; er fütterte die Pferde, die neben dem Wagen standen. Hierüber war ich erfreut und schickte mich an, um Herberge für die Nacht zu bitten, und dachte dabei, daß ich nun doch wenigstens mit Christen zusammen übernachten würde. Ich trat auf den Kutscher zu und fragte ihn, wem der Wagen gehöre. Er antwortete – einem Herrn, der auf der Reise aus Kasan in die Krim begriffen ist. Während ich so mit dem Kutscher sprach, schlug der Herr das Wagenleder zurück, blickte mich an und sagte: ‚Auch ich will hier übernachten, wollte aber nicht in die Hütte gehen, weil es bei den Tataren so dreckig ist; so habe ich beschlossen, die Nacht über im Wagen zu bleiben.' Der Herr stieg aus, um sich zu ergehen; es war ein schöner Abend, und wir kamen ins Gespräch.

Unter anderem berichtete er mir folgendes: ‚Bis zu meinem fünfundsechzigsten Jahr war ich Kapitän der Flotte; da ich alt wurde, befiel mich eine unheilbare Krankheit, nämlich Podagra. Ich nahm meinen Abschied und lebte hinfort, fast immer krank, auf einem Gütchen meiner Frau in der Krim. Meine Frau war eine ausbrüchige Person, zerstreut in ihrem Wesen, und eine leidenschaftliche Kartenspielerin. Es langweilte sie, mit mir, dem Kranken, zusammenzuleben; sie verließ mich und reiste nach Kasan zu unserer Tochter, die dort mit einem Beamten verheiratet ist. Meine Frau hatte mir alles genommen, ja selbst die Leibeigenen vom Gut hatte sie mitgeführt, mir hatte sie nur einen achtjährigen Jungen, mein Patenkind, gelassen. So lebte ich denn drei

Jahre allein. Der Junge, der mir aufwartete, war flink und aufgeweckt. Er verrichtete alle Arbeiten im Hause, hielt das Zimmer in Ordnung, heizte den Ofen, kochte die Grütze, richtete den Samowar. Bei alldem war er ungemein munter, ein Schelm, der keinen Augenblick still sein konnte; immer war er unterwegs, schrie, spielte, klapperte, war munter und brachte mir damit viel Unruhe ins Haus. Weil ich nun krank war, wohl auch aus Langeweile, liebte ich es, geistliche Bücher zu lesen. Ich besaß ein wundervolles Buch des Gregor Palamas über das Jesusgebet; ich las fast ununterbrochen darin, und allgemach ging ich dazu über, dieses Gebet auch zu verrichten. Der Junge störte mich aber dabei, und keine Drohungen und Strafen hielten ihn davon ab, Unsinn zu machen. Da verfiel ich auf folgendes Mittel: ich setzte ihn auf eine Bank in meinem Zimmer und gebot ihm, ununterbrochen das Jesusgebet zu sprechen. Dies wollte ihm anfangs gar nicht behagen, und auf alle erdenkliche Weise suchte er sich dem zu widersetzen; sehr häufig hörte er auch auf zu beten. Um ihn aber dazu zu nötigen, mein Gebot zu erfüllen, hatte ich eine Rute neben mir liegen. Solange er betete, las ich ruhig in meinem Buche oder hörte, wie er das Gebet sprach; kaum schwieg er aber, so zeigte ich ihm die Rute; er erschrak und machte sich wieder daran, zu beten. Dies beruhigte mich nun sehr, denn so hatte ich endlich Ruhe in meinem Hause. Nach einiger Zeit merkte ich, daß die Rute überflüssig geworden war; der Junge erfüllte mein Gebot gerne und mit größtem Eifer. Weiter gewahrte ich eine völlige Wandlung seines munteren Charakters. Er wurde still und schweigsam. Die häuslichen Arbeiten verrichtete er besser. Dies freute mich, und ich gab ihm größere Freiheit. Und was kam schließlich dabei heraus? Er gewöhnte sich so sehr an das Gebet, daß er es fast immer und bei jeder Verrichtung, ohne daß ich ihn dazu nötigte, vor sich hinsprach. Wenn ich mich bei ihm danach erkundigte, so erwiderte er, er habe das unüberwindliche Verlangen, das

Gebet immerfort zu sprechen. Was empfindest du denn dabei? fragte ich. Gar nichts empfinde ich außer, daß mir wohl ist, wenn ich das Gebet spreche. Was meinst du damit, daß dir wohl ist? Ich weiß nicht, wie ich das sagen soll. Bist du dann fröhlich, wie? Ja, fröhlich. Er war schon zwölf Jahre alt, als der Krimkrieg entbrannte. Ich reiste zu meiner Tochter nach Kasan und nahm ihn mit. Er wurde hier in der Küche bei den andern Bedienten untergebracht, und das wollte ihm gar nicht gefallen; er klagte mir, daß die Bedienten, wenn sie miteinander scherzten, auch ihm zusetzten und ihren Spott mit ihm trieben und ihn bei der Verrichtung des Gebets störten. Dann kam er nach drei Monaten zu mir und sagte: ‚Ich will nach Hause gehen, ich langweile mich hier unerträglich, und es ist hier so laut.' Ich sagte ihm: ‚Wie kannst du denn allein, dazu noch im Winter, den weiten Weg machen? Warte, bis ich abreise, ich will dich dann mitnehmen.' Tags darauf war mein Junge verschwunden. Ich ließ ihn überall suchen, er war aber nicht zu finden. Endlich erhielt ich von meinen Leuten, die in der Krim auf dem Gütchen geblieben waren, einen Brief, in dem geschrieben stand, man habe selbigen Knaben am vierten April, am zweiten Ostertage, tot in meinem Hause aufgefunden. Er lag auf dem Fußboden in meinem Zimmer mit gefalteten Händen; die Mütze hatte er unter den Kopf geschoben. Er trug noch diesselbe leichte Jacke, die er bei mir getragen hatte, in der er auch davongelaufen war. So wurde er denn in meinem Garten begraben. Da ich diese Nachricht erhielt, staunte ich über die Maßen, wie der Knabe so schnell aufs Gütchen hatte kommen können. Am sechsundzwanzigsten Februar war er fortgegangen, und am vierten April hatte man ihn gefunden. Gegen dreitausend Werst in einem Monat zu machen, bringt man ja kaum mit Pferden fertig. Da muß man ja täglich seine hundert Werst machen. Dazu war er noch leicht gekleidet, hatte keinen Paß und keinen Groschen bei sich. Nun kann es ja wohl sein, daß er unterwegs

Fahrgelegenheit gefunden hatte, aber auch dies wäre ja ohne Gottes Fürsorge und Vorsehung nicht möglich gewesen. So hat denn mein Knabe', sagte der Herr zum Schluß, ‚die Frucht des Gebets geschmeckt. Ich aber, so alt ich auch bin, habe sein Maß noch nicht erreicht.'

Hierauf sagte ich: ‚Das Buch des heiligen Gregor Palamas, das Ihr zu lesen geruhtet, ist wundervoll, ich kenne es. Es wird darin aber zumeist nur vom mündlichen Jesusgebet geredet; dagegen solltet Ihr das Buch lesen, das ›Tugendliebe‹ betitelt ist. Dort werdet Ihr die vollständige und vollkommene Wissenschaft finden, wie man das Jesusgebet in Geist und Herz erlangen und seine süßeste Frucht schmecken kann.' Bei diesen Worten zeigte ich ihm meine ‚Tugendliebe'. Ich bemerkte, daß er meinen Rat mit Befriedigung entgegennahm, auch versprach er, sich so ein Buch zu verschaffen.

‚Mein Gott', dachte ich bei mir selber, ‚welch wunderbare Äußerungen der Kraft Gottes gehen doch von diesem Gebet aus! Und wie weise und belehrend ist dieses selbige Vorkommnis: die Rute hat dem Knaben das Gebet beigebracht, und dieses hat auch als Mittel gedient, ihn zu beruhigen. Sind unsere Leiden und Kümmernisse, die uns auf dem Gebetswege begegnen, nicht ebensolche Ruten in der Hand Gottes? Warum fürchten wir uns da und sind verwirrt, wenn wir unseres himmlischen Vaters Hand spüren, unseres Vaters, der doch erfüllt ist von grenzenloser Liebe zu uns, und wenn uns doch diese Ruten nur dazu anhalten, eifriger das Gebet zu erlernen und uns zu unsagbarem Troste hinführen.'"

Nachdem ich diese Erzählungen beendet hatte, sagte ich zu meinem geistlichen Vater: „Vergebt mir um Gottes willen, ich habe schon zuviel geschwatzt; die heiligen Väter nennen aber maßloses Reden, wenn es auch geistlicher Art ist, müßiges Geschwätz. Ich muß jetzt nach meinem Jerusalemer Weggenossen sehen. Betet für mich verruchten Sünder, daß Gott in seiner großen Barmherzigkeit meine Wege zum Besten führe."

„Von ganzem Herzen wünsche ich, in dem Herrn geliebter Bruder", erwiderte er, „daß die liebeströmende Gnade Gottes deinen Weg beschatte und dich geleite, wie dereinst der Engel Raphael Tobias geleitete."

ZWEITER TEIL

Erste Begegnung: Bericht des Pilgers

STAREZ: Ein Jahr war vergangen, seit ich den Pilger zum letztenmal gesehen hatte, als endlich ein leises Klopfen und der Gebetsgruß mir die Ankunft dieses gesegneten Bruders kundtaten, zur Herzensfreude dessen, der auf ihn wartete:

„Tritt ein, geliebtester Bruder! Laß uns zusammen Gott dem Herrn danken, der deine Wanderung und deine Rückkehr gesegnet hat."

PILGER: „Ehre sei dem Allerhöchsten, Vater, und Dank ob aller Gaben, die er uns nach seinem Wohlgefallen bereitete – allenthalben uns Pilgern und Wanderern ‚in der Fremde'. So bin ich denn wieder bei Euch, ich der Sünder, nachdem ich vor einem Jahr Abschied von Euch nahm, und durch Gottes Gnade darf ich Euch wieder sehen und Euer herzliches Willkommen vernehmen. Gewiß werdet Ihr nun von mir einen genauen Bericht über die heilige Gottesstadt Jerusalem erwarten, die Stadt, nach der sich meine Seele sehnte und wohin zu gelangen meine wahrhafte Absicht war! Jedoch nicht immer geht das in Erfüllung, wonach uns verlangt. So ist es auch mir ergangen; aber erstaunlich ist es nicht, denn wie hätte es mir, dem armseligen Sünder, beschieden sein sollen, jenes geheiligte Land zu betreten, dem die Spuren des Herrn Jesus Christus eingedrückt sind.

Ihr werdet Euch erinnern, Vater, wie ich mich vor einem Jahr mit meinem Gefährten, dem tauben Alten, auf den Weg machte, um den Brief des Irkutsker Kaufmanns an dessen Sohn in Odessa abzugeben und alsdann von dort weiter nach Jerusalem zu ziehen. Wir waren also wohlbehalten in verhältnismäßig kurzer Zeit in Odessa angelangt. Mein Gefährte hatte sich alsbald einen Platz nach Konstantinopel auf einem Schiff gesichert und reiste ab; ich hinwiederum machte mich auf, um den Sohn des Irkutsker Kaufmanns ausfindig zu machen. Bald hatte ich seine Wohnung ermittelt; doch zu meiner Bestürzung und zu meinem Bedauern fand ich ihn nicht mehr lebend vor – diesen meinen Wohltäter! Schon drei Wochen waren darüber vergangen, daß er nach einer kurzen Krankheit verschied und daß man ihn bestattete. Dieses betrübte mich allerdings gar sehr, doch hatte ich mich ganz in Gottes Willen ergeben. Alle seine Hausgenossen waren sehr bekümmert; des Verstorbenen Witwe, die nun mit drei kleinen Kindern zurückblieb, gab sich so sehr ihrer Trauer hin, daß sie unentwegt weinte und etlichemal am Tage in Krämpfen zusammenbrach; es hatte den Anschein, als würde sie selber auch nicht mehr lange am Leben bleiben, weil ihr Gram so tief ging. Trotz alledem nahm sie mich liebreich auf; da es ihr nicht möglich war, mich nach Jerusalem befördern zu lassen, habe ich an zwei Wochen in ihrem Hause zugebracht, bis der Vater des Verstorbenen, wie er versprochen hatte, nach Odessa käme, um alle Rechnungen und Verwaltungsgeschäfte der verwaisten Familie zu übernehmen. So lange wollte ich denn auch bleiben.

So verbrachte ich denn dort eine Woche, einen Monat und noch länger: doch statt selber zu kommen, schickte der Kaufmann einen Brief mit der Mitteilung, er könne wegen seiner eigenen Geschäfte nicht abkommen, hingegen riet er, alle Geschäftsführer und die ganze Familie mögen unverzüglich zu ihm nach Irkutsk kommen. Nun ging das Packen los, und alle erforderlichen Vorbereitungen für die Reise wurden getroffen; da ich nun merkte, daß sie keine Zeit mehr für mich hatten, dankte ich ihnen für die gastfreundliche Aufnahme, nahm Abschied und setzte dann meine Pilgerschaft durch die russischen Lande fort.

Lange überlegte ich, wohin ich mich jetzt wenden solle. Schließlich festigte sich das Vorhaben, vorerst einmal nach Kijew zu pilgern, denn ich war schon seit Jahren nicht mehr dagewesen. Also trat ich meine Wanderung an.

Natürlich grämte ich mich anfangs darum, daß aus der Fahrt nach Jerusalem nichts geworden war; doch war ja auch das Gottes Wille gewesen – so überlegte ich es mir, und alsdann tröstete ich mich in der Hoffnung, es werde der menschenliebende Herr die gute Absicht statt des Werkes annehmen und meine armselige Pilgerschaft nicht ohne Erbauung und Nutzen für das Heil der Seele vonstatten gehen lassen. Und so geschah es auch.

Tagsüber wanderte ich denn mit dem Herzensgebet dahin, abends aber rastete ich, um die Nacht über zu ruhen, las in meiner ‚Tugendliebe' zur Festigung und Kräftigung meiner Seele im Kampf mit den unsichtbaren Feinden meiner Seelenrettung.

Ich mochte an siebzig Werst von Odessa entfernt sein, als mir ein wundersames Erlebnis widerfuhr: Da zog eine große Wagenkarawane von etwa dreißig mit Waren beladenen Wagen des Weges, und ich holte sie ein. An der Spitze schritt neben seinem Pferde ein Fuhrknecht, als Führer des Zuges, während die anderen, in einem Haufen weiter zurückgeblieben, folgten. Der Weg führte an einem Teich mit durchfließendem Wasser vorüber; es war Frühling, das Eis war aufgebrochen und kreiste und trieb im Wasser mit furchtbarem Getöse, das Land überschwemmend. Plötzlich hielt der Führer sein Pferd an, was zur Folge hatte, daß die ganze Karawane halten mußte. Alle anderen Fuhrknechte kamen gelaufen und sahen, wie der Führer sich auszukleiden begann. Man fragte ihn, warum er das täte. Er gab zur Antwort, ihn wäre die Lust angekommen, im Teich zu baden. Die anderen Fuhrknechte waren baß erstaunt – die einen lachten über ihn, die anderen schimpften ihn und sagten, er sei verrückt; der älteste, der leibliche Bruder dessen, der sich entkleidete, wollte ihn an seinem Vorhaben hindern und versetzte ihm einen Stoß, er solle nur wieder voranfahren. Jener setzte sich zur Wehr und wollte unter keinen Umständen nachgeben. Etliche unter den jungen Knechten gaben sich spaßeshalber daran, mit den Eimern, aus denen sie ihre Pferde tränkten, Wasser aus dem Teich zu schöpfen und jenen, der baden wollte, zu bespritzen; der eine goß ihm das Wasser über den Kopf, ein anderer – hinter den Hemdkragen, und man rief: ‚Warte nur, wir verhelfen dir zu einem Bade!' Doch kaum hatte das Wasser seinen Leib berührt, als er schon aufschrie: ‚Nein, wie ist das herrlich!', und er setzte sich auf die Erde nieder und ließ sich von allen Seiten bespritzen. Bald darauf aber legte er sich ganz hin und ist dort an Ort und Stelle ruhig gestorben. Alle bekamen es mit der Angst; sie konnten nicht begreifen, warum das so kommen mußte. Die Älteren unter ihnen taten geschäftig und sagten, man müßte das Vorkommnis beim Gericht zur Anzeige bringen; aber die anderen waren wieder der Meinung, dieser Tod sei ihm eben bestimmt gewesen.

Nachdem ich etwa eine Stunde lang bei ihnen gestanden hatte, zog ich meines Weges weiter. Ich mochte an fünf Werst gewandert sein, da kam ich in ein Kirchdorf am großen Wege. Dort kam mir ein alter Priester entgegen. Der Priester nahm mich bei sich auf; ich berichtete ihm, was ich gesehen, und bat, er möchte mir die Ursache dafür angeben, warum das so hatte geschehen können ... ‚Ich könnte dir nicht das mindeste hierüber sagen, geliebter Bruder, außer daß es in der Natur viel Wunderbares gibt, was wir mit unserem Verstande nicht zu fassen vermögen. Das hat Gott darum so gewollt, um den Menschen desto klarer seine Vorsehung zu zeigen, wie sie auch in der Natur waltet im Falle von widernatürlichen und unmittelbaren Abänderungen ihrer Gesetze. Auch mir war es gegeben, Zeuge eines ähnlichen Vorkommnisses zu sein: Unweit von unserem Kirchdorf haben wir eine sehr tiefe, steil abfallende Schlucht, zwar ist diese Schlucht nicht breit, aber etwa zehn Klafter tief und tiefer noch. Man fürchtet sich geradezu, in diese schwarze Tiefe zu blicken. Für Fußgänger hat man ein dürftiges Brücklein über diese Schlucht geschlagen. Ein Bauer meiner Gemeinde, der Familie hatte und sich auch sonst immer ordentlich aufführte, empfand ohne jeden ersichtlichen Grund das unüberwindliche Verlangen, sich von der besagten Brücke in den Abgrund zu stürzen. Eine ganze Woche lang hat er sich mit diesem Gedanken und mit diesem Verlangen herumgeschlagen; schließlich vermochte er nicht länger zu widerstehen; er stand eines Morgens auf, ging eilig von Hause und sprang hinab in die Tiefe. Bald hörte man ihn unten stöhnen; nur mit Mühe gelang es, ihn aus der Tiefe mit gebrochenen Beinen heraufzuholen. Als man ihn fragte, was nun eigentlich der Grund für seinen Sturz gewesen sei, sagte er, daß er zwar starke Schmerzen verspüre, aber seine Seele sei nun ruhig, denn er habe dem unwiderstehlichen Drang nachgegeben, der ihm die ganze Woche über zusetzte, so daß er bereit war, sein Leben dafür hinzugeben, nur um eben dieses Verlangen zu stillen. Länger denn ein Jahr hat er im städtischen Krankenhaus gelegen; ich habe ihn des öfteren aufgesucht, und da ich häufig Ärzte neben ihm stehen sah, wollte ich – gleich dir – einiges über die Ursache des Vorkommnisses hören. Die Ärzte sagten einmütig, das wäre halt so ein ›Zwang‹... Als ich dann bat, mir wissenschaftlich zu erklären, was das sei und wieso ein Mensch davon befallen würde, habe ich weiter nichts von ihnen zu hören bekommen, als daß es ein von der Wissenschaft noch nicht geklärtes Geheimnis der Natur sei. Ich meinerseits habe ihnen dann geantwortet, wenn sich der Mensch im Falle dieses Geheimnisses der Natur im Gebet an Gott wenden und es den guten Leuten offenbaren täte, so würde der unüberwindliche Zwang seinen Zweck nimmer erreichen. Es gibt in der Tat in unserem Menschenleben viele Begebenheiten, die durch keine vernünftige Erklärungen verständlich gemacht werden können.‘

Während wir so miteinander redeten, war es inzwischen dunkel geworden, und ich blieb dort über Nacht. Am Morgen schickte der Landkommissar seinen Schreiber, um die Erlaubnis zu erhalten, den Verstorbenen auf dem Friedhof zu bestatten und ein Zeugnis zu beschaffen, daß der Arzt bei der Sektion keinerlei Anzeichen von geistiger Gestörtheit habe feststellen können; vielmehr gab er als Grund für den plötzlichen Tod einen Schlaganfall an.

‚Nun siehst du es ja‘, sagte mir der Priester. ‚Auch die Medizin vermochte keinen Grund für sein unbezwingliches Verlangen nach dem Wasser beizubringen.‘

Ich nahm dann vom Priester Abschied und ging meines Weges weiter.

Nachdem ich etliche Tage gewandert war, befiel mich eine große Müdigkeit; ich kam in einen größeren Flecken, ‚Bjélaja Zérkwoj‘ genannt. Da es schon spät war, suchte ich nach einer Herberge für die Nacht. Auf dem Marktplatz traf ich einen Menschen, der gleichfalls Pilger zu sein schien; der erkundigte sich in den Kaufläden nach irgendeinem Bürger des Ortes. Als er mich erblickte, trat er auf mich zu und fragte: ‚Du bist wohl auch ein Pilger – so laß uns zusammen gehen und nach dem hiesigen Bürger Jewreinow fragen. Er ist ein guter Christ; er unterhält ein gut eingerichtetes Haus für Gäste und nimmt gern Pilger auf. Hier habe ich eine Notiz über ihn ...‘

Freudig stimmte ich zu, und bald fanden wir seine Wohnung. Wir trafen zwar den Hausherren selbst nicht an, aber seine Frau, eine gute Alte, nahm uns freundlich auf und räumte uns ein abseits liegendes Zimmer in der Mansarde ein, damit wir uns dort erholen könnten. Nachdem wir eingezogen waren, ruhten wir uns dort etwas aus. Dann kam der Hausherr und lud uns zum Abendessen ein. Während des Abendessens sprachen wir darüber, wer wir wären und von wo wir stammten. Dabei kam die Rede darauf, weshalb er Jewreinow heiße.

‚Darüber kann ich euch eine erstaunliche Geschichte erzählen', antwortete er und begann seinen Bericht. ‚Schaut, mein Vater war ein Jude und stammte aus der Stadt Sklow; er war ein Christen-Hasser. Von früher Jugend auf bereitete er sich auf das Amt eines Rabbiners vor und studierte fleißig alle jüdischen Fabeleien, die zur Widerlegung des Christentums verfaßt sind. Einmal mußte er über einen christlichen Friedhof gehen; dort sah er einen Totenschädel mit Ober- und Unterkiefer, in denen sich noch die häßlichen Zähne befanden; dieser war vermutlich aus einem kurz vorher ausgeschaufelten Grab herausgenommen worden. Er fing an, aus seiner Herzensverhärtung heraus, mit dem Schädel seinen Spott zu treiben. Er spuckte auf ihn, beschimpfte ihn und trat ihn mit seinen Füßen; aber noch nicht genug damit: er nahm ihn und steckte ihn auf eine Stange, ähnlich wie man eine Vogelscheuche aufstellt. Nachdem er sich auf solche Weise vergnügt hatte, ging er seines Weges. In der folgenden Nacht, er war kaum eingeschlafen, erschien ihm plötzlich ein ihm unbekannter Mensch und machte ihm in drohender Weise Vorwürfe, indem er sagte: ›Was hast du dich erdreistet, meine armseligen Gebeine zu verhöhnen? Ich bin ein Christ, und du aber bist ein Feind Christi!‹ Mehrmals in der Nacht wiederholte sich diese Vision und störte seinen Schlaf und seine Ruhe. Später begann diese Vision auch am Tage vor seinem Gesicht aufzutauchen und die vorwurfsvolle Stimme zu erschallen. Je mehr die Zeit verging, desto häufiger wiederholte sich das. Endlich, als er Niedergeschlagenheit, Angst und Erschöpfung zu verspüren begann, nahm er Zuflucht zu seinen Rabbinern, die Gebete über ihn sprachen und Beschwörungen vornahmen; aber die Vision hat ihn danach nicht nur nicht in Ruhe gelassen, sondern begann noch häufiger und noch drohender aufzutreten.

Als dieser sein Zustand bekannt geworden war, begann ihm einer seiner Geschäftsfreunde, der ein Christ war, anzuraten, sich dem christlichen Glauben anzuschließen. Er überzeugte ihn, daß er auf keine andere Weise von der ihn bedrängten Vision sich werde befreien können. Der Jude hatte gar keine Lust dazu; nichtdestoweniger reagierte er folgendermaßen: ›Ich wäre bereit, alles Erdenkliche zu tun, um mich von diesem quälenden und unerträglichen Gespenst zu befreien.‹ Der Christ freute sich über diese seine Worte und überredete ihn, ein Gesuch an den Ortsbischof zu schreiben mit der Bitte, ihn zu taufen und in die christliche Kirche aufzunehmen. Das Bittgesuch wurde aufgesetzt, und der Jude, obwohl widerwillig, unterschrieb es. Von diesem Augenblick an, als das Bittgesuch unterschrieben war, hörte die Vision auf und belästigte ihn nie mehr. Seine Freude war grenzenlos, und nachdem er seine Ruhe völlig wiedergefunden hatte, empfand er einen solch glühenden Glauben an Jesus Christus, daß er sofort zum Bischof ging. Er erzählte ihm die ganze Begebenheit und bekundete seinen Herzenswunsch, nämlich getauft zu werden. Mit Eifer und schnellem Erfolg erlernte er die Dogmen des christlichen Glaubens, und nachdem er getauft worden war, kam er in diese Gegend, um hier zu wohnen; er heiratete meine Mutter, eine gute Christin, und führte ein frommes Leben in Zufriedenheit. Er war freigiebig den Armen gegenüber, was er auch mir beibrachte. Vor seinem Tod überließ er mir dazu Auftrag und Segen. Deshalb heiße ich Jewreinow.‘

Mit Ehrfurcht und Rührung hörte ich diesen Bericht an, und dachte in meinem Inneren: ‚Mein Gott! Wie barmherzig ist unser Herr Jesus Christus, und wie groß ist seine Liebe! Durch welch verschiedene Wege zieht er die Sünder an sich, und wie weise macht er einen an sich unwichtigen Vorfall zum Instrument großer Taten! Wer hätte voraussagen können, daß die Spielerei eines Juden mit Totengebein ihn zur

Erkenntnis Jesu Christi und zu einem frommen Leben führen würde!'

Nach dem Abendessen bei unserem Gastgeber Jewreinow dankten wir Gott und ihm und begaben uns in unsere Kammer zur Ruhe. Aber es war uns noch nicht nach Schlafen zumute, und wir unterhielten uns noch eine Weile. Mein Wandergefährte sagte, er wäre Kaufmann in Mohilew, zwei Jahre habe er als Novize in Bessarabien in einem der dortigen Klöster gelebt; doch habe er nur einen befristeten Paß gehabt, und nun wolle er in seiner Heimat durch die kaufmännische Genossenschaft eine unbefristete Beurlaubung erlangen, um Mönch zu werden. Er lobte die dortigen Klöster über die Maßen, ihre Regeln und Ordnungen, das strenge, Gott wohlgefällige Leben vieler frommen Starzen, die dort lebten, und er versicherte, die bessarabischen Klöster unterschieden sich von den russischen wie der Himmel von der Erde. Da wir nun also miteinander sprachen, brachte man uns noch einen dritten Mann, der hier über Nacht bleiben sollte, einen Unteroffizier, der, für einige Zeit vom Dienst beurlaubt, in seine Heimat wollte. Wir sahen bald, daß er von seiner Wanderung arg übermüdet war. Hierauf sprachen wir das Abendgebet und legten uns nieder. In früher Morgenstunde rüsteten wir zum Aufbruch. Gerade wollten wir uns zum Hausherrn begeben, um ihm zu danken, da hörten wir es plötzlich zum Gebet läuten. Wir überlegten mit dem Kaufmann, ob wir beim Gebetläuten unsere Wanderung antreten könnten, ohne in der Kirche gewesen zu sein? Besser wäre es dann schon, den Frühgottesdienst durchzustehen und im Tempel Gottes zu beten und alsdann die Wanderung zu beginnen. Also beschlossen wir denn zu tun und forderten den Unteroffizier auf, mit uns zu kommen. Er aber sagte: ‚Wenn man schon wandert, was soll's dann noch mit dem Beten, und was hätte Gott auch davon, daß wir in der Kirche waren! Sind wir aber erst mal zu Hause angelangt, dann wollen wir auch beten! Ihr könnt ja gehen, wenn ihr Lust habt; ich aber mag nicht! Während ihr in der Kirche seid, werde ich bereits meine fünf Werst hinter mich gebracht haben. Ich will sehen, daß ich so schnell als möglich nach Hause komme!' Hierauf entgegnete ihm der Kaufmann: ‚Sieh nur zu, Bruder, und denke dran: Der Mensch denkt, Gott lenkt.'

Wir begaben uns also in die Kirche, und der Unteroffizier trat seine Wanderung an. Nach der Matutin und Liturgie gingen wir in unser Kämmerlein, um uns für die Wanderung fertigzumachen. Aber da kam auch schon die Frau mit dem dampfenden Samowar und sprach: ‚Wohin habt ihr's so eilig! Trinkt mal erst euren Tee; und ihr sollt auch bei uns zu Mittag speisen. Wir werden euch doch nicht hungrig des Weges ziehen lassen!' Also blieben wir denn. Wir hatten noch keine halbe Stunde am Samowar gesessen, als der Unteroffizier plötzlich ganz außer Atem gelaufen kam.

‚Ich komme mit einer frohen und mit einer traurigen Botschaft zu euch!'

‚Was gibt es denn?' fragten wir.

‚Hört mich an: Ich hatte von euch Abschied genommen und ging los; da kam mir der Gedanke, ich mache mal einen Sprung in die Schenke, um eine Banknote gegen kleines Geld zu wechseln, ein Schnäpschen zu trinken, damit man leichter vorankommt. Das Geld war bald gewechselt, und wie ein Falke stürmte ich voran! Schon hatte ich an drei Werst hinter mir, da wollte ich mein Geld nachzählen, ob mir der Schankwirt auch alles richtig gewechselt habe. Ich setze mich also abseits hin, nehme meine Brieftasche, zähle das Geld durch, und es stimmt alles auf Heller und Pfennig. Plötzlich aber sehe ich – mein Paß ist verschwunden! Das Geld ist da, ein paar Notizen – sonst aber nichts! Vor Schreck wäre ich bald umgesunken, als hätte ich den Kopf verloren! Es konnte nicht anders sein, beim Geldwechseln war mir der Paß herausgefallen! Also hieß es wieder zurücklaufen. Ich laufe, was ich kann! Aber unterwegs packt's mich wieder: Und was dann, wenn ich ihn nicht finde?! Dann geht's mir aber schlimm! Außer Atem komme ich gelaufen und frage den Schankwirt. Er aber sagt: ›Ich habe nichts gesehen!‹ Wieder packte mich das Entsetzen. Also fange ich an zu suchen, hier und dort, und überall, wo ich gestanden hatte oder mich herumgedrückt hatte. Und nun? Zu meinem Glück fand sich der Paß – zusammengefaltet lag er da, zwischen Stroh und Schmutz, auf dem Boden, bedreckt und zertrampelt. Gott sei Dank! entfuhr es mir, als wäre mir ein ganzer Berg von den Schultern gefallen! Für Unordnung und für den Schmutz wird man mir schon übers Maul fahren, aber das macht ja nichts; jedenfalls werde ich nach Hause und wieder zurück mit heilen Augen davonkommen. Zu euch kam ich aber, um es euch zu sagen; und dann noch eins, wie ich da vor Angst so schnell gelaufen bin, habe ich mir den einen Fuß wundgerieben, so daß ich jetzt keinen Schritt mehr gehen kann; da möchte ich halt um etwas Schmalz bitten, um es auf einem Läppchen auf die wunde Stelle zu legen.‘

‚Nun, da siehst du es ja, Bruder! Dir ist das widerfahren, weil du nicht auf uns gehört hast und nicht mit uns zum Beten gekommen bist‘, begann nun seinerseits der Kaufmann. ‚Siehst du, du wolltest um vieles weitergekommen sein als wir, statt dessen bist du nun aber zu uns zurückgekehrt und lahmst dazu noch auf einem Bein! Ich hab's dir ja gesagt: Der Mensch denkt, Gott lenkt! Und so ist es auch gekommen. Und nicht genug, daß du nicht mit uns zur Kirche kamst, du sagtest zudem noch allerhand Worte: Was sollte Gott schon davon haben, wenn wir zu ihm beten. Das war nicht gut, Bruder! Gewiß, Gott bedarf unseres sündigen Gebetes nicht; aber wegen seiner Liebe zu uns hat er es gern, daß wir beten! Und nicht nur das geheiligte Gebet, das der Heilige Geist selber in uns fördert, es uns eingibt, es darzubringen, nicht das allein ist ihm angenehm, denn er verlangt es nicht von uns, hat er doch gesagt: ›Bleibet in mir, so bleibe ich in euch‹ (Joh 15,4); aber vor ihm ist ein jedes, scheinbar auch das geringste Werk, das um seinetwillen geschieht, von Wert; jede Absicht, alles Wollen, ja ein jeder Gedanke, der auf seine Ehre bedacht ist, gereicht zu unserem Seelenheil! Für dieses alles belohnt uns die unermeßliche Barmherzigkeit Gottes freigebig. Die Liebe Gottes überschüttet uns tausendfach mehr mit ihren Wohltaten als das menschliche Wirken es verdient; tust du für Gott auch nur ein Geringstes, so gibt er es dir in purem Golde wieder. Hast du nur die Absicht, zum Vater zu gehen, so kommt er dir schon entgegengelaufen. Mit kurzem, trockenem Wort sagst du es ihm: ›Nimm mich auf! Erbarme dich meiner!‹ Er aber schließt dich schon in seine Arme und küßt dich. Solcher Art ist des himmlischen Vaters Liebe zu uns Unwürdigen! Und nur um dieser Liebe willen freut er sich über die geringste Herzensregung, die uns zum Heil führt. Du denkst es dir so: Was trägt das schon zur Ehre Gottes bei, und was hättest du selber für einen Nutzen davon, wenn du ein wenig betest, dich danach aber gleich wieder zerstreust, oder wenn du irgendein ganz unwichtiges gutes Werk verrichtest, zum Beispiel ein Gebet sprichst, vielleicht fünf oder zehn tiefe Verbeugungen machst; oder von Herzen aufseufzest und den Namen Jesu Christi anrufst oder irgendeinen guten Gedanken faßt oder dich bereitest, etwa einen erbaulichen Abschnitt um deiner Seelenrettung willen zu lesen, oder dich der Nahrung enthältst oder eine kleine Kränkung schweigend über dich ergehen lässest. Das alles scheint dir so gering, so unzureichend im Hinblick auf deine vollkommene Erlösung, und du denkst, es wäre müßiges Tun. Nein, so ist es aber nicht! Keines dieser geringen Werke ist umsonst getan, das alles sehende Auge Gottes nimmt alles wahr, und es wird dir hundertfach gelohnt nicht nur in der Ewigkeit, sondern auch in diesem Leben schon. Das wird auch vom heiligen Johannes Chrysostomos bestätigt. ›Kein einziges Gutes‹, so sagt er, ›so unwichtig es auch sein mag, wird der gerechte

Richter mißachten! Wenn die Sünden mit einer solchen Genauigkeit erforscht werden, daß wir uns verantworten müssen ob der Worte, der Wünsche, der Gedanken! Wieviel mehr denn werden uns die guten Werke vergolten werden, so gering sie auch sein mögen; sie werden mit besonderer Beobachtung und bis ins einzelne uns vom liebevollen Richter angerechnet werden.‹

Ich will dir ein Beispiel sagen, das ich selber im vergangenen Jahr gesehen habe. Im bessarabischen Kloster, in dem ich wohnte, war ein alter Starez, der ein heiligmäßiges Leben führte. Einmal überkam ihn die Versuchung: ein großes Verlangen nach gedörrtem Fisch! Da derselbe in jenem Kloster nicht zu haben war, wollte er auf den Markt gehen, um ihn dort zu kaufen. Lange kämpfte er gegen dieses Verlangen und überlegte, ein Mönch müsse sich's genügen lassen an der Kost der Brüder und sich fernhalten von jeglicher Art von Gelüsten; auch sei es für den Mönch eine Versuchung und nicht schicklich, sich durch die Menschenmengen auf dem Markt zu drängen. Schließlich aber waren die Einflüsterungen des Bösen mächtiger als seine Überlegungen; er gab also seinem Verlangen nach, faßte den Entschluß und begab sich auf den Markt, um den Fisch zu kaufen. Da er nun das Kloster verlassen hatte und durch die Straßen der Stadt wanderte, merkte er, daß er keinen Rosenkranz in der Hand hatte; und nun überlegte er: Wie darf ich so gehen! Es ist dasselbe, als ginge ein Krieger ohne Schwert. Das schickt sich nicht! Und die Laien, die mir unterwegs begegnen, werden mich verurteilen und Anstoß nehmen, wenn sie einen Mönch ohne Rosenkranz sehen. Er wollte wieder umkehren, um den Rosenkranz zu holen, doch als er in seinen Taschen nachsuchte, fand er ihn dort. Er nahm ihn in die Hand, bekreuzigte sich und ging ruhig seines Weges. Als er in die Nähe des Marktes kam, sah er vor einem Laden ein Pferd mit einem hochbeladenen Wagen voller Bütten halten. Das Pferd schien aber plötzlich vor irgend etwas zu scheuen, es rannte davon und schlug aus; auch er bekam einen Stoß an die Schulter, so daß er hinfiel, allerdings ohne besonderen Schaden zu nehmen. Dann, gleich darauf, zwei Schritte weiter, schlug der ganze Wagen um und brach in Stücke. Er erhob sich sogleich; natürlich hatte er sich erschreckt; zugleich staunte er aber doch wieder, wie Gott sein Leben behütet hatte, denn wäre der Wagen auch nur eine Sekunde früher umgeschlagen, so wäre er, genauso wie der Wagen, kurz und klein geschlagen worden. Ohne weiter hierüber nachzudenken, kaufte er den Fisch, kehrte ins Kloster zurück, aß den Fisch, betete und legte sich zum Schlaf nieder.

Im Halbschlaf glaubte er nun einen ihm unbekannten, wunderschönen Starez vor sich zu sehen, der sagte: ›Höre mich an, ich bin der Schirmherr dieses Klosters und will, daß du es recht verstehst, begreifst und erkennst, was dir hiermit für eine Lehre erteilt wurde. Schau nun her: Dein schwach geführter Kampf gegen dein Gelüsten und deine Trägheit in der Übung des Sichselbsterkennens und der Selbstentsagung erlaubten es dem bösen Feinde, gegen dich anzugehen, und gerade für dich hielt er jenes unheilvolle Vorkommnis bereit, das sich vor deinen Augen abspielte. Aber dein Schutzengel hatte das vorausgesehen; er hat es dir eingegeben, das Gebet zu sprechen, und da du dieser Eingebung folgtest, gehorsam warst und das durch die Tat bewiesest, so hat dich eben auch das vor dem Tode bewahrt. Siehst du nun die Menschenliebe Gottes und den überreichen Lohn, der dir geworden für deine geringe Zuwendung zu ihm?‹ Nachdem er also gesprochen, entfernte sich der Starez eilig aus der Zelle; der Mönch aber fiel vor ihm nieder, und da – erwachte er und gewahrte, daß er nicht mehr auf seinem Lager, sondern an der Schwelle seiner Zelle auf den Knien lag. Von dieser Erscheinung berichtete er sogleich zum Nutzen und zur Erbauung vieler, darunter auch meiner selbst.

Ja, wahrhaftig, grenzenlos ist die Liebe Gottes zu uns

Sündern! Ist es denn nicht verwunderlich, daß eine so geringfügige Tat wie die, daß man seinen Rosenkranz aus der Tasche holt, ihn über die Hand streift und einmal den Namen Gottes anruft, daß also schon für ein so geringes Tun einem Menschen das Leben geschenkt wurde? Und auf der Waage des Menschenschicksals hat der eine kurze Augenblick, da der Name Jesu Christi angerufen wurde, das Übergewicht über gar viele in Herzensträgheit zugebrachte Stunden. Oh, in Wahrheit ist es so – für ein Scherflein nur wurde hier mit Gold zurückgezahlt! Siehst du denn nicht, Bruder, wie stark das Gebet ist und welche Macht der Name Jesu Christi darstellt, wenn wir ihn anrufen! Der heilige Johannes von Karpathos sagt in der ›Tugendliebe‹: Wenn wir im Jesusgebet den Namen Jesu anrufen und sagen: ›Erbarme dich meiner‹, so antwortete auf eine jede derartige Bitte Gottes geheimnisvolle Stimme: ›Deine Sünden sind dir vergeben, Kind!‹ Und er fährt fort, daß wir in der Stunde, da wir beten, uns in nichts von den Heiligen, von den ehrwürdigen Vätern, von den Märtyrern unterscheiden, wie auch der heilige Johannes Chrysostomos sagt: ›Wenn wir, die wir mit Sünden über und über bedeckt sind, beten, so reinigt uns das Gebet sogleich.‹ Groß ist Gottes Barmherzigkeit, wir aber, die wir sündig und trägen Herzens sind, wollen ihm aus Dank nicht einmal eine geringe Stunde darbringen und tauschen die fürs Gebet bestimmte Stunde, was doch das wichtigste ist, gegen Geschäftigkeit und Alltagssorgen ein, wobei wir Gottes vergessen und unserer Pflichten ihm gegenüber! darum sind wir auch oft genug allerhand Nöten und Versuchungen ausgesetzt; aber auch dieses soll nur dazu dienen, uns zur Vernunft zu bringen und zu bekehren, denn also will es Gottes von Liebe erfüllte Weisheit.‘

Nachdem der Kaufmann seine Unterredung mit dem Unteroffizier beendet hatte, sagte ich ihm: ‚Nun, mein Verehrtester, wie sehr hast du auch meine sündhafte Seele womöglich gespeist; ich will mich tief vor dir verneigen.‘ Da er solches hörte, begann er auch mit mir zu sprechen: ‚Man sieht, du bist wohl ein Liebhaber von geistlichen Erzählungen? Warte mal, ich will dir gleich etwas Ähnliches vorlesen, wie ich es gerade erzählte. Da habe ich ein Reisebüchlein bei mir, es heißt ›Rettung der Sünder‹. Darin sind viele wunderbare Begebenheiten enthalten.‘

Er zog aus seiner Tasche ein Büchlein und trug eine vortreffliche Erzählung vom frommen Agathon vor, der von Kind auf von seinen frommen Eltern unterwiesen wurde, vor der Muttergottesikone das Gebet ‚Gegrüßet seist du, Maria, voll der Gnade‘ usw. zu sprechen. Und so tat er denn alle Tage. Als er dann heranwuchs, lebte er dahin, wie es ihm paßte; das Weltgetriebe, die Alltagssorgen schlugen über ihm zusammen; nur selten kam es vor, daß er das Gebet sprach, und zu guter Letzt ließ er es ganz bleiben.

Eines Abends nahm er einen Pilger über Nacht bei sich auf; dieser teilte ihm mit, er sei ein Wüsteneremit aus der Thebais und er habe eine Erscheinung gehabt, er solle sich zu Agathon begeben und ihm vorhalten, daß er das Gebet zur Mutter Gottes nicht mehr spräche. Agathon gab als Grund an, er habe dieses Gebet jahrelang gesprochen, aber gar keinen Nutzen dabei gewahren können. Da sagte ihm der Eremit: ‚Du Blinder und Undankbarer, erinnere dich, wie oft dir dieses Gebet geholfen hat und dich vor Unheil bewahrte! Erinnere dich, wie du als Jüngling auf wunderbare Weise vor dem Tode durch Ertrinken bewahrt wurdest! Weißt du nicht mehr, wie eine ansteckende Seuche viele deiner Nachbarn ins Grab gebracht hat, du aber bliebest verschont? Weißt du nicht mehr, wie du und dein Freund vom Wagen stürzten? Er brach sich das Bein; dir aber widerfuhr nichts! Und weißt du nicht mehr, daß ein dir wohlbekannter, ehedem kerngesunder junger Mensch nun dahinsiecht, während du selber gesund bist und keinerlei Leiden hast?‘ Und noch vieles andere brachte er dem Agathon in Erinnerung; dann sagte er schließlich: ‚Wisse denn, wegen deines geringen Gebetes wurde durch den Schutz der allerheiligsten Gottesmutter alles Unheil von dir ferngehalten, wegen des Gebetes, in dem du täglich deine Seele mit Gott vereinigt hast. Sieh denn zu, setze es auch jetzt wieder fort, unterlasse es nicht, die Gottesmutter, die Himmelskönigin, so lange zu benedeien, als sie dich nicht verlassen hat!'

Nach Beendigung dieser Lesung wurden wir zum Mittagbrot gerufen; wir stärkten uns, dankten dem Hausherrn für seine Gastfreundschaft und begaben uns auf die Wanderschaft; ein jeder ging seines Weges.

Hierauf wanderte ich fünf Tage und ergötzte mich in der Erinnerung an die Erzählungen, die ich vom frommen Kaufmann aus Bjélaja Zérkwoj gehört hatte. Nun war ich schon ganz nahe von Kijew, als ich plötzlich ohne besonderen Grund gleichsam eine schwere Last verspürte, ein Schwachwerden, und es überkamen mich trübe Gedanken; mein Gebet konnte ich nur mit Mühe sprechen; ich fühlte mich sehr träge werden! Ich hatte das Verlangen, mich etwas zu erholen, und da ich nicht weitab vom Wege ein Wäldchen erblickte und dichtes Gestrüpp, begab ich mich dorthin, um irgendwo, hinter einem Busch, ein stilles Plätzchen zu finden, wo ich mich niedersetzen wollte, um in meiner ‚Tugendliebe' zu lesen, um so der schwach gewordenen Seele neue Kräfte zuzuführen und meinen Kleinmut zu überwinden. Nachdem ich ein solches stilles Plätzchen gefunden hatte, las ich im Kapitel vom ehrwürdigen Cassian, dem Römer [11], im vierten Teil der ‚Tugendliebe'. Als ich eine halbe Stunde lang voller Freude gelesen hatte, erblickte ich unvermutet, etwa fünfzig Klafter von mir entfernt, im dichten Walde einen Menschen, der dort bewegungslos kniete. Das rührte mich sehr, und ich dachte bei mir: Was gibt es doch für wahrhaft fromme Knechte Gottes! Indem ich so darüber nachdachte, fiel dieser Mensch plötzlich auf die Erde nieder und blieb still liegen. Das setzte mich in Erstaunen, und da ich ihn von Angesicht zu Angesicht nicht gesehen hatte, weil er beim Knien mir den Rücken zukehrte, überkam mich die Neugierde; ich wollte hingehen und sehen, was das für ein Mensch sei. Da ich auf ihn zutrat, merkte ich, daß ihn ein leichter Schlaf befallen hatte. Es war ein junger Bauer von etwa fünfundzwanzig, mit einem reinen, wohlgebildeten, aber bleichen Gesicht; er trug einen Bauernkaftan und war mit einem Bastseil gegürtet; außerdem hatte er aber nichts bei sich, weder einen Beutel noch einen Stab. Als er meine Schritte hörte, wachte er auf und erhob sich. Ich fragte, wer er sei. Er sagte, er wäre Reichsbauer, aus dem Gouvernement Smolensk gebürtig; und er käme geradenwegs aus Kijew.

‚Und wohin willst du jetzt?' fragte ich.

‚Das weiß ich selber nicht', erwiderte er. ‚Gott mag mich führen!'

‚Bist du schon lange unterwegs?'

‚Ja, schon fünf Jahre!'

‚Wo hast du denn die ganze Zeit gelebt?'

‚Ich habe verschiedene heilige Stätten, Klöster und Kirchen aufgesucht, denn es ist niemand da, bei dem ich leben könnte. Ich bin völlig verwaist, zudem lahme ich auf einem Bein, und so pilgere ich denn durch die weite Welt.'

‚Das wird dich wohl irgendein frommer Mensch gelehrt haben, nicht als Bettler durch das Land zu ziehen, sondern heilige Stätten aufzusuchen', sagte ich.

‚Schau mal', erwiderte er, ‚von Kind auf bin ich, weil ich doch verwaist war, als Hirt herumgezogen, und zehn Jahre lang ist das gut gegangen. Einmal beim Heimtreiben der Herde war es mir entgangen, daß das beste Schaf des Ortsvorstehers fehlte. Unser Dorfstarost war aber ein böser, unmenschlicher Bauer. Als er gegen Abend heimkam und gewahrte, daß sein Schaf fehlte, kam er gleich gerannt, schimpfte mich und verlangte, ich solle sofort auf die Suche gehen, ansonsten ›will ich dich totprügeln, und kein Knochen wird dir im Leibe heil bleiben‹. Da ich wohl wußte, wie bös er war, suchte ich nach dem Schaf überall dort, wo ich die Herde auf die Weide getrieben hatte. Ich suchte und suchte bis nach Mitternacht, konnte es aber nirgends entdecken. Die Nacht war gar finster, denn es war schon Herbst. Als ich nun im tiefsten Walde war, die Wälder in unserem Gouvernement sind aber undurchdringlich, erhob sich plötzlich ein großer Sturm. Es war, als würden alle Bäume bis in die Wurzeln getroffen! In der Ferne hörte man Wölfe heulen, und mich befiel eine solche Angst, daß mir die Haare zu Berge standen; je länger es währte, desto furchtbarer wurde es, und man hätte sich vor lauter Angst und Graus am liebsten platt auf den Boden geworfen. Da bin ich auf die Knie gefallen, habe mich bekreuzigt und habe, sosehr ich konnte, gebetet: ›Herr Jesus Christus, erbarme dich über mich!‹ Kaum hatte ich das gesagt, als mir plötzlich leicht ums Herz wurde, als hätte es überhaupt nie ein Leid gegeben; alle Bangigkeit war fort, und im Herzen hatte ich ein so gutes Gefühl, als wäre ich auf gen Himmel geflogen. Darüber empfand ich eine große Freude, und nun gab ich mich daran, das Gebet unablässig zu sprechen. Ich kann mich nicht mehr daran erinnern, ob der Sturm noch lange dauerte und wie die Nacht verging; aber wie ich aufblicke, ist es schon heller Tag; ich aber, ich liege noch immer an derselben Stelle auf den Knien! Da bin ich denn ruhig aufgestanden, überlegte mir, daß ich kein Schaf mehr finden würde, und begab mich also nach Hause; aber mein Herz war ruhig, und ich hatte nur das eine Verlangen, das Gebet zu sprechen. Als ich im Dorf anlangte und der Starost sah, daß ich das Schaf nicht zurückbrachte, hat er mich wirklich halbtot geprügelt; auch das Bein hat er mir verrenkt. Nach den Schlägen habe ich an sechs Wochen, fast ohne mich zu rühren, dagelegen; nur eines hatte ich im Sinn, das Gebet zu sprechen, und das Gebet tröstete mich. Dann begann ich mich zu erholen, und als ich einigermaßen hergestellt war, zog ich als Bettler durchs Land; da es mir aber nicht behagte, immerzu unter Menschen zu sein, machte ich mich auf die Pilgerschaft nach heiligen Wallfahrtsorten und durch die Wälder. So ist es denn jetzt fünf Jahre her, daß ich durch die Welt ziehe.‘

Da ich solches vernahm, freute ich mich im Herzen, daß Gott mich für wert befand, einen so gesegneten Menschen zu treffen, und ich fragte ihn: ‚So befaßt du dich denn auch jetzt mit jenem Gebet?‘

‚Ich vermöchte ohne es nicht mehr zu leben‘, gab er zur Antwort. ‚Wenn ich nur daran denke, wie wohl mir damals im Walde war, so als hätte mir irgendwer einen Stoß versetzt, so daß ich in die Knie fiel und beten mußte! Ich weiß nicht, ob mein sündhaftes Gebet Gnade vor Gott gefunden hat, aber ich verspüre mitunter, wenn ich gebetet habe, eine große Freude in mir, und ich weiß selber nicht, woher das kommt – diese Leichtigkeit, diese heitere Ruhe, mitunter aber auch – die Schwere, das Weh, die Verdrossenheit! Doch bei alledem ist das Verlangen nach dem Gebet immer groß.‘

‚Laß es dich nicht verdrießen, lieber Bruder; alles – so wie es Gott wohlgefällt, und alles gereicht zum Heil, was immer sich während des Gebetes ereignen mag, so sagen die heiligen Väter – ob man Leichtigkeit verspürt oder drückende Schwere –, alles ist gut; kein einziges Gebet, weder ein gutes noch ein schlechtes, geht vor Gott verloren. Die Leichtigkeit, die Wärme, die Süßigkeit zeigen uns an, daß Gott einen für sein frommes Tun lohnen und trösten will, die Schwere aber, die Düsternis, die Trockenheit besagen, daß Gott die Seele reinigt und festigt und durch diese nutzbringende Geduld sie rettet, indem er sie mittels der Demut zum Schmecken der künftigen gnadenreichen süßen Freuden bereitet. Zum Beweise des Gesagten möchte ich dir gleich hier aus Johannes Klimakos etwas vorlesen.‘

Ich schlug den betreffenden Absatz auf und las vor. Er hörte mir aufmerksam zu und dankte vielmals für das Gelesene. So nahmen wir denn Abschied voneinander. Er begab sich tief in den Wald, ich aber ging auf den Weg hinaus und setzte meine Wanderung fort, voll Dank gegen Gott, der mich, den Sünder, gewürdigt hatte, eine solche Erbauung zu empfangen.

Tags darauf gelangte ich mit Gottes Hilfe nach Kijew. Mein erster und vornehmster Wunsch war, mich durch Fasten und Beten zur Beichte und zum Empfang der heiligen Sakramente vorzubereiten, und zwar gerade hier, an dieser von Gott gesegneten Stätte; darum suchte ich nach einem Unterkommen möglichst nahe von den frommen Knechten Gottes, damit ich es bequemer hätte, das Haus Gottes aufzusuchen. Ein freundlicher alter Kosak nahm mich in seiner Hütte auf, und da er allein war, hatte ich es ruhig und still bei ihm. Im Lauf der Woche, da ich mich zur Beichte vorbereitete, kam mir der Gedanke, meine Beichte so ausführlich als möglich zu gestalten. So begann ich denn, mir alles ins Gedächtnis zurückzurufen – von Jugend auf, alle meine Sünden, so genau als irgend möglich, um auch nichts zu vergessen; ich begann damit, alles, was mir einfiel, niederzuschreiben, bis in die geringsten Kleinigkeiten, und füllte damit einen großen Bogen an. Ich ließ mir sagen, es gäbe sieben Werst von Kijew, in der Kitaj-Einöde, einen Beichtvater, der selber nach dem vollkommenen Leben trachtete – ein ebenso weiser als einsichtiger Mann; gleichviel, wer bei ihm beichtete, alle wußte er zu rühren, und sie kehrten mit heilsamer Belehrung und in der Seele beschwingt wieder zurück. Dieses erfreute mich gar sehr, und alsbald begab ich mich zu ihm. Nachdem ich ihn um seinen Rat gebeten, überreichte ich ihm meinen Bogen zur Beurteilung. Nachdem er ihn gelesen, sagte er mir: ‚Mein lieber Freund, du hast da viel Unnützes geschrieben. Hör mich an: 1. Man soll in der Beichte keine Sünden bekennen, die man bereits gebeichtet und für die man Lossprechung empfangen hat, falls man diese Sünden nicht wieder beging – sonst nämlich wäre das ein mangelndes Vertrauen in die Kraft des heiligen Sakraments der Beichte. 2. Man soll keine anderen Personen nennen, die zu deinen Sünden in Beziehung stehen, sondern nur sich selber anklagen. 3. Die heiligen Väter verbieten es, die Sünden mit allen Nebenumständen zu nennen, sondern man soll sie nur allgemein bekennen, damit man durch allzu genaue Beschreibung derselben weder sich selber noch den Beichtvater in Versuchung führt. 4. Du bist gekommen, um zu beichten; du beichtest mir aber *nicht,* daß du nicht zu beichten verstehst, das heißt, kalt und nachlässig trägst du deine Beichte vor! 5. Alle Kleinigkeiten hast du hergezählt, die Hauptsache aber ließest du außer acht – die schwersten Sünden hast du nicht genannt, nicht bekannt und nicht niedergeschrieben – daß du Gott *nicht liebst;* daß du den Nächsten hassest; daß du an das Wort Gottes nicht glaubst und daß du voller Stolz und Vermessenheit bist. Diese vier Sünden enthalten den Abgrund alles Bösen und die ganze Verderbtheit unserer Seele. Sie sind die eigentlichen Wurzeln, denen alle Keime unserer erneuten Sündenfälle entsprießen.‘

Nachdem ich das gehört hatte, staunte ich sehr und fing an zu reden: ‚Verzeihung, ehrwürdiger Vater, wie ist es möglich, Gott, meinen Schöpfer und Beschützer, nicht zu lieben? Auf was sollte man das Vertrauen dann setzen, wenn nicht auf das Wort Gottes, an dem doch alles wahrhaftig und heilig ist! Meinem Nächsten aber wünsche ich Gutes; und weshalb sollte ich ihn hassen? Auch habe ich nichts, worauf ich stolz sein könnte. Außer meinen unzähligen Sünden habe ich nichts Lobenswertes an mir... Und wie sollte ich angesichts meiner Armut und Kränklichkeit Gedanken der Wollust und der Sinnlichkeit hegen? Natürlich, wäre ich ein gebildeter oder reicher Mann, so wäre ich zweifellos schuldig in bezug auf das, was Sie sagten.‘

‚Es ist bedauerlich, mein Lieber, daß du so wenig von dem verstanden hast, was ich dir gesagt habe. Damit ich dich besser zur Einsicht bringen kann, gebe ich dir einen Gewissensspiegel, den ich selbst immer beim Beichten benütze. Lies ihn durch, und du wirst klare Beweise für all das finden, wovon ich dir bis jetzt sprach.‘

Der geistliche Vater gab mir seinen Gewissensspiegel, und ich begann zu lesen.

BEKENNTNIS, DAS DEN INNEREN MENSCHEN ZUR DEMUT FÜHRT

‚Wenn ich mich selbst aufmerksam betrachtet und meinen inneren Zustand erkannt habe, muß ich wirklich feststellen, daß ich Gott nicht liebe, auch keine Liebe zum Nächsten habe, keinen religiösen Glauben besitze und überaus erfüllt bin von Stolz und Sinnlichkeit. Das alles finde ich in mir tatsächlich vor, und zwar aufgrund einer eingehenden Prüfung meiner Gefühle und Handlungen:

1. Ich liebe Gott nicht. Denn hätte ich ihn geliebt, so hätte ich ununterbrochen und mit innerer Freude über ihn nachgesonnen. Jeder Gedanke an Gott hätte mir ein inneres Entzücken bereitet.

Ich dagegen denke viel häufiger und viel lieber an weltliche Dinge. Das Denken an Gott ist für mich mit Anstrengung und Trockenheit verbunden. Wenn ich ihn geliebt hätte, so wäre das Zwiegespräch mit ihm im Gebet mir Nahrung gewesen, hätte mir Freude bereitet und mich zur ununterbrochenen Verbundenheit mit Ihm geführt. Ich dagegen empfinde nicht nur keine Freude beim Gebet, sondern wenn ich mich damit abgebe, spüre ich nur die Anstrengung, nur das Mühsame und habe mit Unlustgefühlen zu kämpfen. Die Trägheit lähmt mich, und ich bin gern bereit, mich mit etwas Nebensächlichem zu beschäftigen, nur um das Gebet abzukürzen oder gar ganz aufzugeben. Während der eitlen Beschäftigungen verfliegt die Zeit für mich unmerklich, aber wenn ich mich mit Gott beschäftige, beim Wandel in seiner Gegenwart, kommt mir jede Stunde wie ein Jahr vor. Wer jemanden liebt, der denkt im Laufe des Tages ununterbrochen an ihn, stellt ihn sich vor Augen, ist um ihn besorgt und bei all seinen Beschäftigungen weicht der geliebte Freund nicht aus seinen Gedanken. Ich aber nehme mir im Laufe des Tages kaum eine volle Stunde Zeit, um mich tiefer in die Betrachtung Gottes zu versenken und mich an seiner Liebe zu entzünden. Dreiundzwanzig Stunden lang dagegen opfere ich gern und eifrig den Götzen meiner Leidenschaft! Bei den Unterhaltungen über nichtige Gegenstände, über die Gegenstände, die für den Geist eigentlich zu niedrig sind, bin ich munter und habe mein Vergnügen; bei Unterhaltungen über Gott aber bin ich trokken, gelangweilt und träge. Wenn ich unwillkürlich von anderen in ein Gespräch über göttliche Dinge verwickelt werde, trachte ich danach, bald das Gespräch auf Themen zu lenken, die meinen Leidenschaften schmeicheln. Ununterbrochen bin ich auf Neuigkeiten erpicht, auf Anordnungen der Behörden, auf politische Ereignisse. Gierig suche ich die Befriedigung meiner Wißbegierde in weltlichen Wissenschaften, Künsten und Erfindungen. Die Belehrung über die Gebote des Herrn dagegen, über die Gotteserkenntnis, über die Religion überhaupt, macht auf mich keinen Eindruck; sie nährt meine Seele nicht. Ich betrachte diese Beschäftigung nicht nur als unwesentlich für einen Christenmenschen, sondern als einen so abseitigen und nebensächlichen Gegenstand, daß ich mich damit nur in der freien Zeit, in Mußestunden also befassen sollte. Kurz zusammengefaßt: Wenn die Liebe zu Gott sich in der Erfüllung seiner Gebote zeigt – ›Wenn ihr mich liebt, so haltet meine Gebote‹, – spricht Jesus Christus – und ich seine Gebote nicht nur nicht erfülle, sondern mich darum überhaupt nur sehr wenig kümmere, so muß man wahrhaftig den Schluß ziehen, daß ich Gott nicht liebe.

Das behauptet auch Basilios der Große, wenn er sagt: ›Ein Beweis dafür, daß der Mensch Gott und seinen Christus nicht liebt, besteht darin, daß er seine Gebote nicht beachtet.‹

2. *Ich habe keine Liebe zu meinem Nächsten;* ich bin nicht nur nicht bereit, für das Wohl meines Nächsten mein Leben hinzugeben (gemäß dem Evangelium), sondern ich will nicht einmal meine Ehre, mein Wohlergehen und meine Ruhe zum Wohl des Nächsten opfern. Wenn ich ihn – nach Maßgabe des Evangeliums – wie mich selbst liebte, so würde sein Unglück mich treffen, sein Wohlergehen mich in Entzücken versetzen. Ich dagegen höre lieber mit Neugier Unglücksnachrichten über meinen Nächsten, werde aber davon nicht erschüttert, sondern bleibe gleichgültig, oder was noch verwerflicher ist, ich finde darin irgendwie ein Vergnügen. Und die schlechten Taten meines Bruders decke ich nicht mit dem Mantel der Liebe zu, sondern posaune sie aus und spreche dabei über ihn das Urteil. Sein Wohlstand, seine Ehre und sein Glück entzücken mich nicht, wie meine eigenen es täten, sondern rufen in mir – wie alles Fremde – absolut kein Gefühl der Freude hervor, sondern im Gegenteil: sie erwecken in mir auch noch irgendwie Neid und Verachtung.

3. *Ich glaube an nichts Religiöses;* weder an die Unsterblichkeit noch an das Evangelium. Wenn ich fest überzeugt wäre und ohne Zweifel daran geglaubt hätte, daß es jenseits des Grabes ein ewiges Leben gibt, ein Leben mit der Vergeltung für die irdischen Taten, dann hätte ich ununterbrochen darüber nachgedacht. Schon der Gedanke an die Unsterblichkeit würde mich erschreckt haben, und ich hätte ein Leben wie ein Pilger geführt, der sich bereitet, in sein Vaterland heimzukehren. Ich dagegen denke nicht an die Ewigkeit, und das Ende des gegenwärtigen Lebens halte ich für die

Endstation meiner Existenz. Ein geheimer Gedanke nistet in mir: wer weiß, was nach dem Tode sein wird? Wenn ich auch sage, daß ich an die Unsterblichkeit glaube, so sage ich das lediglich mit dem Verstand; mein Herz aber ist weit entfernt von einer festen Überzeugung hiervon; das bezeugen offenkundig meine Handlungen und meine ständige Sorge um mein irdisches Wohlbefinden. Wenn mein Herz das heilige Evangelium gläubig als Gottes Wort aufgenommen hätte, so würde ich mich ununterbrochen mit ihm befaßt haben. Ich hätte es mir eingeprägt, hätte mich daran erfreut, ja hätte es mit größter Ehrfurcht und Andacht meditiert: Die Weisheit, die Güte und die Liebe, die in ihm verborgen sind, hätten mich in Entzücken versetzt, ich hätte mich mit Freuden im Gesetz Gottes Tag und Nacht unterweisen lassen; ich hätte es zu mir genommen wie das tägliche Brot und hätte mich zur Erfüllung seiner Vorschriften von Herzen hingezogen gefühlt. Nichts Irdisches wäre imstande gewesen, mich von ihm abzulenken. Im Gegenteil jedoch, wenn ich, was selten vorkommt, das Wort Gottes lese oder höre, so geschieht das nur aus dieser oder jener Notwendigkeit heraus oder einfach aus Wißbegierde; und ohne größere Aufmerksamkeit aufzubringen, empfinde ich nur Trockenheit, Langeweile, und wie bei irgendeiner gewöhnlichen Lektüre lege ich es ohne jede Bereicherung beiseite und lese dafür lieber etwas Weltliches, was mehr Vergnügen bereitet und worin ich interessantere Dinge finde.

4. Ich bin überaus erfüllt von Stolz und sinnlicher Eigenliebe; alle meine Handlungen bestätigen das: wenn ich in mir etwas Gutes sehe, habe ich das Verlangen, es herauszustellen, sei es um mich dadurch vor anderen zu rühmen oder innerlich mich selbst zu bewundern. Obwohl ich nach außen Demut zeige, schreibe ich alles meinen eigenen Kräften zu und halte mich für vortrefflicher als die anderen oder wenigstens nicht für schlechter. Stelle ich bei mir einen Fehler fest, so bemühe ich mich, ihn zu entschuldigen, ihn als naturgegeben oder harmlos zu bemänteln. Ich bin aufgebracht über Menschen, die mich nicht respektieren, und halte sie für unfähig, ihre Mitmenschen richtig einzuschätzen. Ich bin eitel in bezug auf meine Begabungen; Versager in meinen Unternehmungen empfinde ich als persönliche Beleidigung. Ich murre darüber, freue mich aber über das Mißgeschick meiner Feinde. Sogar wenn ich etwas Gutes anstrebe, habe ich dabei Eigenlob, geistlichen Egoismus oder weltlichen Trost im Auge.

Mit einem Wort: ich mache aus mir beständig meinen eigenen Götzen, dem ich ununterbrochen diene, indem ich in allem die Befriedigung meiner Sinne und Nahrung für meine Leidenschaften und Begierden suche.

Auf Grund von all dem, was ich aufgezählt habe, sehe ich mich als einen stolzen und ungläubigen Menschen, der Gott nicht liebt und den Nächsten haßt. Welcher Zustand könnte sündiger sein? Der Zustand der Geister der Finsternis ist besser als meiner; zwar lieben sie Gott nicht, hassen den Menschen, nähren sich vom Stolz, aber wenigstens glauben sie und zittern wegen ihres Glaubens. Aber ich? Kann es ein traurigeres Los geben als jenes, welches mich erwartet? Wofür könnte mich ein härteres Gerichtsurteil erwarten als für eine solche Gleichgültigkeit und solch sinnentleertes Leben, wie ich es in mir selbst wahrnehme?‘

Nachdem ich diesen Gewissensspiegel, der mir vom geistlichen Vater übergeben worden war, gelesen hatte, war ich zutiefst erschrocken und dachte in meinem Inneren:

‚Mein Gott, welch fürchterliche Sünden verbergen sich in mir, und ich habe sie bis jetzt nicht einmal bemerkt.‘ Dann aber führte der Wunsch, von ihnen gereinigt zu werden, mich dazu, mir bei diesem großen geistlichen Vater Belehrung darüber zu erbitten, auf welche Weise ich denn die Wurzel allen Übels erkennen und den Weg zur Besserung finden könnte.

So fing er denn an, mir das zu erklären: ‚Siehst du, geliebter Bruder: die Ursache der Nicht-Liebe zu Gott ist der Unglaube; die Ursache des Unglaubens ist das Nicht-Überzeugtsein; die Ursache des Nicht-Überzeugtseins ist das Nicht-Suchen der lichten, wahren Erkenntnisse, das heißt die Vernachlässigung der geistlichen Bildung!

Mit einem Wort: ohne Glauben kann man nicht lieben; ohne überzeugt zu sein, kann man nicht glauben. Aber um überzeugt zu sein, ist es notwendig, volle und begründete Erkenntnis in bezug auf den behandelten Gegenstand zu finden. Folglich ist es unumgänglich, durch Betrachtung, durch das Sich-Einprägen des Wortes Gottes und – mittels bestimmter Erfahrungen – in der Seele Durst und Sehnsucht, oder wie manche sich ausdrücken, ›das Staunen‹ zu wecken, das ein unstillbares Verlangen hervorruft, die Dinge näher und vollkommener zu erkennen, tiefer in ihr Wesen einzudringen.

Ein geistlicher Schriftsteller setzt sich damit in folgender Weise auseinander: ›Die Liebe‹, sagt er, ›wächst gewöhnlich mit der Erkenntnis; je tiefer und weiter die Erkenntnis reicht, desto größer wird die Liebe sein, desto leichter löst sich die Seele aus ihrer Verhärtung und wird gestimmt zur Gottes-Liebe, indem sie die allvollkommene und allschöne Wesenheit Gottes und seine grenzenlose Liebe zum Menschen anhaltend betrachtet.‹

Jetzt siehst du, daß die Ursache der von dir verlesenen Sünden die Trägheit im Nachdenken über geistliche Dinge ist, die Trägheit, die das Bewußtsein der Notwendigkeit solchen Nachdenkens auslöscht. Wenn du wünschest die Wege zur Überwindung dieses Übels zu erfahren, so trachte mit allen Mitteln nach geistlicher Bildung. Erwirb sie durch das aufmerksame Studium des Wortes Gottes und der heiligen Väter, durch Betrachtung und durch geistliche Beratung oder die Unterhaltung mit denen, die da weise sind in Christus.

Ach, lieber Bruder, wieviel Unheil widerfährt uns deshalb, weil wir zu träge sind, unsere Seele durch das Wort der Wahrheit erleuchten zu lassen, weil wir nicht Tag und Nacht nachsinnen über das Gesetz des Herrn und nicht eifrig und unablässig darum beten. Deswegen hungert und friert auch unser innerer Mensch und leidet an Erschöpfung, er hat keine Kraft zum wachsamen Voranschreiten auf dem Wege der Wahrheit und des Heiles.

Also, Geliebter, entschließen wir uns, diese Mittel zu benutzen, indem wir so häufig wie möglich unseren Geist mit der Meditation himmlischer Dinge beschäftigen; und die Liebe, die von oben her ausgegossen ist in unsere Herzen, wird sich in uns entzünden und wachsen. Gleichzeitig damit aber laß uns noch häufiger beten, weil das Gebet das wichtigste und stärkste Mittel unserer Erneuerung und unseres inneren Fortschritts ist. Laß uns beten mit den Worten, mit denen die heilige Kirche uns beten lehrt: ›Herr, würdige mich, dich so zu lieben, wie ich einst die Sünde geliebt!‹'

Nachdem ich dieses alles aufmerksam angehört, bat ich voller Rührung den heiligen Vater, bei ihm beichten zu dürfen und mich alsdann am Mysterium Christi, der heiligen Eucharistie, teilnehmen zu lassen. Nachdem ich am nächstfolgenden Morgen die heilige Kommunion empfangen durfte, wollte ich mit dieser gnadenvollen Wegzehrung nach Kijew zurückkehren; doch mein lieber Vater hatte selber die Absicht, sich in diesen Tagen in die Kijewer Lawra zu begeben, und ließ mich für diese Zeit in seiner Klause wohnen, auf daß ich mich ungestört, in dieser Stille, dem Gebet hingeben könne. Und wirklich, ich verbrachte alle diese Tage wie im Himmel: die Gebete meines Starez bewirkten, daß ich Unwürdiger vollkommener Beruhigung teilhaft wurde. Das Gebet kam mir so leicht und so erquickend in das Herz geströmt, daß ich in dieser Zeit, so wollte mir scheinen, alles, auch mich selber vergaß, denn nur an ihn allein dachte ich – an Jesus Christus!

Endlich kehrte mein Beichtvater zurück, und ich bat um seinen Rat, wohin ich nun meine Schritte richten solle. Er gab mir folgendermaßen den heiligen Segen auf den Weg: ‚Pilgere jetzt nach Potschajew, verneige dich dort andächtig vor der wundertätigen Fußspur der allerreinsten Mutter Gottes, und sie wird deine Schritte auf den Weg des Friedens lenken.‘ So nahm ich denn voller Glauben seinen Rat an und pilgerte drei Tage später nach Potschajew.

Die zweihundert Werst setzten mir wohl zu, denn es führte der Weg an Schenken vorbei und durch jüdische Siedlungen; nur selten kam ich auf meinem Wege an christlichen Wohnstätten vorbei. In einem ‚Chutor‘ [12] war eine christliche Herberge; darüber freute ich mich, trat ein, um dort zu übernachten und mir Brot für unterwegs zu erbitten, denn mein Hartbrot ging auf die Neige. Da sah ich denn den Hausherrn, einen alten, allem Anschein nach wohlhabenden Mann, und hörte, daß er aus demselben Gouvernement gebürtig war wie ich selber, nämlich aus Orjol. Kaum hatte ich die Wohnstube betreten, lautete seine erste Frage: ‚Welchen Glauben hast du?‘

Ich gab zur Antwort, ich bin rechtgläubig.

‚Was habt ihr schon für einen rechten Glauben!‘ sagte er höhnisch. ‚Ihr führt euren rechten Glauben nur auf den Lippen, eure Werke jedoch sind Heidenwerke. Ich kenne euren Glauben, Freund! Ein gelehrter Pope hat mich selber in Versuchung geführt, und ich bin in eure Kirche gegangen; aber nachdem ich dort ein Halbjahr zugebracht, bin ich wieder zu unserer Gemeinschaft zurückgekehrt. Es ist verlockend, in eure Kirche zu kommen: den Gottesdienst holpern die Mesner irgendwie herunter, mit vielen Auslassungen und unverständlichem Zeug; die Kirchensänger in den Kirchdörfern sind um nichts besser als in den Schenken; das Volk steht herum, wie es gerade jedem einfällt – die Männer stehen mit den Weibern zusammen, sie schwatzen während des Gottesdienstes, drehen sich rechts und links, schauen umher, gehen hin und her, so daß man nicht in Ruhe still für sich beten kann. Was ist das überhaupt für ein Gottesdienst! Das ist nichts als lauter Sünde! Bei uns aber geht es ganz anders zu; unser Gottesdienst ist wahrlich fromm! Alles wird vernehmlich gesprochen, ohne Kürzungen; der Gesang ist rührend, das Volk steht andächtig da, die Männer gesondert für sich und die Weiber gesondert, und alle wissen genau, was für eine Verbeugung nach den Regeln der Kirche ein jeder zu machen hat. Kommt man nämlich in unsere Kirche, so fühlt man, daß man einem Gottesdienst beiwohnt; kommt man aber in eure Kirche, so wird man nicht klug daraus, wohin man geraten ist, ob in einen Tempel Gottes oder auf den Markt! ...‘

Da ich diese Worte hörte, verstand ich sogleich – der Alte gehörte zu den Altgläubigen; da er aber die Wahrheit sagte, mochte ich nicht mit ihm streiten und Bekehrungsversuche vornehmen; nur bei mir selber dachte ich, man wird die Altgläubigen so lange nicht zur wahren Kirche bekehren können, als bei uns der kirchliche Gottesdienst nicht in Ordnung gebracht sein wird und vor allem die Geistlichen selber mit dem Beispiel vorangehen. Ein Altgläubiger weiß gar nichts vom Innenleben; er stützt sich nur auf äußere Dinge; diese werden aber bei uns nicht sonderlich beachtet.

So war ich denn auf und dran, das Haus zu verlassen, und hatte mich bereits in den Flur begeben, als ich unvermutet durch die offenstehende Tür in einem Kämmerlein einen Menschen erblickte, allem Anschein nach keinen Russen, der im Bett lag und in einem Buch las. Er winkte mich heran und fragte, wer ich sei. Ich gab ihm Antwort. Dann begann er: ‚Hör einmal, mein Bester, wärest du vielleicht gewillt, mir – dem Kranken – eine Woche lang zu dienen, bis ich mit Gottes Hilfe wieder genesen bin? Ich bin Grieche, ich bin Mönch vom heiligen Athos, habe in Rußland gelebt, um dort für ein Kloster zu sammeln. Und nun, da ich heimkehre, bin ich erkrankt; die Beine tun mir weh, daß ich nicht gehen kann vor lauter Schmerzen; darum habe ich hier diese Wohnung gemietet. Sage nicht nein, Knecht Gottes! Ich will es dir bezahlen.' ,Einer Zahlung bedarf es nicht; ich will Euch eifrig dienen, so gut ich kann, um des Namens Gottes willen.' Und so blieb ich denn bei ihm. Da habe ich so mancherlei über seelenrettende Dinge zu hören bekommen. Er erzählte vom heiligen Athos, von den frommen Gebetshelden, von vielen Klausnern und Eremiten. Er hatte auch die ,Tugendliebe' bei sich, aber in griechischer Sprache, und das Buch Isaaks des Syrers. Wir lasen zusammen und verglichen die slawische Übersetzung des Paissij Veličkowskij mit dem griechischen Original, und er meinte, man könne gar nicht genauer und richtiger aus dem Griechischen übersetzen, als Paissij die ,Tugendliebe' ins Slawische übersetzt habe. Als ich merkte, daß er unablässig betete und im inneren Herzensgebet wohl erfahren war (auch sprach er ein reines Russisch), befragte ich ihn dieserhalb. Er gab mir gern und bereitwillig Antwort, und ich hörte ihm aufmerksam zu, und so manches seiner Worte habe ich mir auch aufgeschrieben. Beispielsweise sprach er folgendermaßen über

DIE ÜBERLEGENHEIT UND ERHABENHEIT DES JESUSGEBETS

,Die Erhabenheit des Jesusgebets wird bereits durch die Gebetsform enthüllt, besteht doch diese aus zwei Teilen; im ersteren, das heißt mit den Worten: *Herr Jesus Christus, Sohn Gottes* – führt es die Vernunft in die Geschichte des Lebens Jesu Christi ein, oder, um mit den heiligen Vätern zu sprechen – es bringt das ganze Evangelium auf eine kurze Formel, während im zweiten Teil, das heißt mit den Worten ›*erbarme dich über mich Sünder*‹, die Geschichte unserer Ohnmacht und Sündhaftigkeit dargestellt ist. Dabei ist bemerkenswert, daß es unmöglich wäre, weiser, wesentlicher und deutlicher das Verlangen und das Flehen der armen, sündigen und demütigen Seele auszudrücken, als mit diesen Worten: *Erbarme dich meiner!* Jeder andere Ausdruck reichte nicht hin und wäre nicht so vollständig wie dieser. Wollte man nämlich sagen: Vergib mir!, Vergib mir meine Sünden!, Vergib meine Missetaten!, Tilge meine Vergehungen!, so würde das alles nur die Bitte um Nachlaß der Strafe, als Folge der Angst der schüchternen und zu wenig eifrigen Seele bedeuten. Allein der Ausspruch: *Erbarme dich meiner!* bringt ja nicht nur den von Angst eingegebenen Wunsch um Vergebung zum Ausdruck, sondern er ist ein wahrhaftiger Aufschrei der Sohnesliebe, die auf Gottes Barmherzigkeit hofft und voller Demut die eigene Ohnmacht erkennt, den eigenen Willen brechen will, um im Geiste die Oberhand über sich selber zu gewinnen; ein Aufschrei nach Gnade, das heißt nach Barmherzigkeit, die in der Gabe der Geisteskraft, die von Gott kommt, ihren Ausdruck findet, der Geisteskraft, die den Widerstand gegen Versuchungen festigt, um siegreich sündige Neigungen zu überwinden. Gleich wie der Schuldner als Bettler den gnädigen Geber nicht nur darum bittet, ihm die Schuld zu erlassen, sondern darüber hinaus ihm auch ein Almosen zu geben, und dieser sich wegen der äußersten Armut jenes erbarmt, so bringt auch dieses tiefe Wort: *Erbarme dich meiner!* sozusagen zum Ausdruck: Gnädiger Herr! Verzeih mir meine Sünden und hilf mir, mein Leben bessern, erschließe meiner Seele das eifrige Streben, deinen Befehlen zu folgen; sei gnädig und vergib mir die begangenen Sünden, und lenke meinen zerstreuten Sinn, Willen und Herz zu dir – dem einzigen – hin.‘

Erstaunt über seine weisen Worte, dankte ich ihm für die Erbauung meiner sündigen Seele; er aber brachte dann noch eine bedeutsame Sache:

‚Wenn du willst‘, sagte er, ‚will ich dir noch etwas sagen‘ (er drückte es irgendwie gelehrt aus, denn er sagte, er habe an der Akademie in Athen studiert)

VON DER INTONATION DES JESUSGEBETS

‚Merke auf: Wie oft habe ich es hören müssen, daß viele unter den gottesfürchtigen Christenmenschen das mündliche Jesusgebet verrichten nach dem Gebot des Wortes Gottes und auf Grund der Überlieferung der heiligen Kirche und daß sie es nicht nur im Hause verrichten, sondern auch im Tempel Gottes. Wenn man nun aufmerksam und wohlmeinend auf dieses still gesprochene Gebet hinhorcht, kann man um des Seelenheiles willen beobachten, daß der Ton dieser betenden Stimme bei vielen jeweils ein anderer ist, und zwar: manche pflegen den Ton auf das erste Wort des Gebetes zu verlegen, das heißt, sie sagen *Herr* und sprechen dann alle darauffolgenden Worte mit gesenkter, gleichförmiger Stimme. Andere wieder beginnen das Gebet in gesenktem Tonfall, erheben die Stimme in der Mitte des Gebets, so daß der Ton auf das Wort *Jesus* fällt und gleichsam als ein Ausruf, um dann die anderen Worte wieder mit gesenkter Stimme zu sprechen, wie bei Beginn des Gebets. Wieder andere beginnen die einleitenden Worte des Gebets im tiefen, gleichförmigen Tonfall, um die Stimme frohlokkend auf den letzten Worten, das heißt *erbarme dich meiner,* zu heben. Andere wieder sprechen das ganze Gebet in gleichförmigem Ton, das heißt, *Herr Jesus Christus, Sohn Gottes, erbarme dich über mich Sünder,* betonen aber nur die Worte: *Sohn Gottes.*

Nun beachte folgendes: Es ist ein und dasselbe Gebet; die rechtgläubigen Christen glauben alle ein und dasselbe; die allgemeine Vorstellung, daß dieses allerwichtigste und höchste unter allen Gebeten zwei Dinge in sich enthält, einmal die Anrufung ›*Herr Jesus*‹ und dann sein Erbarmen – ist allen wohlbekannt. Warum nicht mit gleicher Intonation, ein Wort betonend, sondern an Stellen, wie sie jedem einzelnen vertraut sind? Als würde die Seele gleichsam ergriffen und brächte das nun in gespanntem, gehobenem Ton zum Ausdruck! Vielleicht wird so mancher sagen, das käme von der Gewohnheit, oder man habe es so vom Beispiel anderer übernommen, oder einer Vorstellung folgend, die den verschiedenen Auffassungen eines jeden entsprechen mag; oder endlich, jeder spräche so, wie es ihm am leichtesten erscheint, je nachdem, was das Wort in ihm auslöst... Ich aber bin hierin ganz anderer Meinung. Ich möchte hier nach etwas Höherem, nicht nur dem Hinhorchenden, sondern auch dem Betenden selber wahrhaft Unbekanntem suchen – sollte nicht hier am Ende des Heiligen Geistes geheime Regung zu verspüren sein, der da fleht in ›Unaussprechlichem Seufzen‹ (Röm 8,26) und es den Nichtwissenden kundtut, wie und worum sie zu beten haben? Und wenn auch ein jeder, getrieben vom Heiligen Geiste, im Namen Jesu Christi betet, so kann doch, wie der Apostel sagt, der im geheimen wirkende Heilige Geist ›den Betenden das Gebet eingeben‹ und kann zugleich, entgegen dem Vermögen, seine gnadenspendenden Gaben verleihen: dem einen andächtige Gottesfurcht, dem anderen – die Liebe; einem dritten Festigkeit im Glauben; wieder einem anderen – rührende Demut usw. Aus diesem Grunde wird jener, der die Gabe empfing, mit andächtigem Herzen die Majestät des Allerhalters zu lobpreisen, das in seinem Gebet mit besonderem Empfinden zum Ausdruck bringen, indem er beseligt das Wort ›Herr‹ spricht, weil er darunter die Majestät und Erhabenheit des Weltschöpfers versteht. Jener, der das geheimnisvolle Überströmen der Liebe in sein Herz wahrnimmt, wird vornehmlich ob der Süßigkeit des Ausrufs ›Jesus Christus‹ in Verzückung geraten, ähnlich jenem Starez, der den Namen ›Jesus‹, selbst im einfachen Gespräch gesprochen, nicht ohne Liebesverzückung und Süßigkeit anhören konnte. Einer, der unerschütterlich an die Gottheit Jesu Christi glaubt, die gleichen Wesens mit Gott dem Vater ist, wird beim Aussprechen der Worte ›Sohn Gottes‹ zu noch festerem Glauben entflammt werden. Wer aber die Gabe der Demut empfing und im tiefsten Innern seine eigene Ohnmacht empfindet, wird bei den Worten ›erbarme dich meiner‹ in demütige Reue versinken und mit ausnehmender Anspannung bei diesen letzten Worten des Jesusgebets die Hoffnung auf Gottes Barmherzigkeit in sich erwecken und vor dem eigenen Sündenfall erschauern. Das mögen wohl, so meine ich, die Ursachen für die verschiedenen Hervorhebungen und Intonationen beim Sprechen des Gebets im Namen des Herrn Jesu Christi sein! Dieser Beobachtung aber mag man zum höheren Ruhme Gottes und zur eigenen Erbauung entnehmen, welche Empfindungen den einen oder den anderen beseelen und über welche Gabe des Geistes dieser oder jener verfügt. Mir haben etliche hierauf entgegengehalten: ›Warum erscheinen denn alle diese Merkmale der geheimen Geistesgaben nicht gleichzeitig und zusammen? Alsdann würde nicht ein einzelnes Gebetswort, sondern jedes Wort dieses Gebets von gleichartiger begeisterter Intonation des Betenden getragen sein ...‹ Ich habe hierauf folgendermaßen geantwortet: ›Da die göttliche Gnade die Gaben in ihrer Weisheit einem jeden verschieden zuteilt, entgegen seinem Vermögen, wie man der Heiligen Schrift entnehmen kann – wer vermöchte denn das alles zu empfinden und mit seinem beschränkten Verstande die Verteilung der Gnaden an sich vornehmen? Ist denn der Ton nicht in der vollen Gewalt des Töpfers? Und hat er nicht die Macht, das eine oder das andere aus dem Ton nach seinem Belieben zu bilden?‹‘

An fünf Tage verbrachte ich mit diesem Starez, und allgemach wurde es wieder besser mit ihm. Diese Zeit war derart erbaulich für mich, daß ich überhaupt nicht merkte, wie sie dahinflog; denn wir befaßten uns im Kämmerlein, so als befänden wir uns in strenger Klausur, mit nichts anderem als damit, heimlich zu beten, den Namen Jesu Christi anzurufen, oder wir unterredeten uns nur über den einen Gegenstand, das heißt über das innere Gebet.

Einmal kam irgendein Pilger zu uns und redete voller Unwillen über die Juden; er hatte sich weidlich beim Passieren ihrer Dörfer über sie geärgert, war auch von ihnen verschiedentlich betrogen worden, um von anderen Unannehmlichkeiten zu schweigen. Er war in eine derartige Erbitterung geraten, daß er sie verfluchte und sie für unwürdig erklärte, überhaupt auf Erden zu leben, ob ihrer Hartnäckigkeit und ihres Unglaubens, und schließlich sagte er, er empfände einen unüberwindlichen Widerwillen gegen sie. Mein Starez ließ ihn reden, begann dann aber, ihn zur Vernunft zu mahnen:

,Was hat das für einen Zweck, mein Freund, daß du die Hebräer so schiltst und verfluchst? Sind sie nicht genau solche Geschöpfe aus Gottes Hand wie auch wir? Bedauern muß man sie und für sie beten, man darf sie aber nicht verfluchen. Glaube mir, dein Widerwille gegen die Juden rührt daher, daß du in der Liebe Gottes nicht befestigt bist und kein innerliches Gebetsunterpfand in dir selber hast, darum fehlt dir auch der innere Friede. Ich will dir einen Abschnitt aus den heiligen Vätern vorlesen. Höre, was Markos der Eremit hierüber sagt: ›Eine Seele, die sich mit Gott vereinigt weiß, wird aus überschwenglicher Freude gleichsam zu einem nicht bösgearteten und einfältigen Herzenskind und wird keinen verurteilen, weder den Griechen noch den Heiden, weder den Juden noch den Sünder, wird aber sie allesamt und ohne Unterschied, reinen Auges, vor sich sehen und sich gleichermaßen der ganzen Welt erfreuen und nichts anderes wünschen, als daß Griechen und Juden und Heiden Gott den Herrn lobpreisen.‹ Der große Makarios von Ägypten aber sagt, daß die innerlich Schauenden ›von einer solchen Liebe entflammt werden, daß sie, wenn es nur möglich wäre, jeden Menschen in ihrem Schoß aufnehmen wollten, ohne den Guten vom Bösen zu unterscheiden‹. Hast du nun verstanden, mein lieber Bruder, wie die heiligen Väter das beurteilen? Darum rate ich dir, lege alles Wüten ab, und betrachte alles so unter der Vorsehung des allwissenden Gottes stehend, und wenn du Argem begegnest, dann klage dich selber an, vornehmlich wegen deines Mangels an Geduld und an Demut.‘

Schließlich war eine Woche vergangen. Der Starez war genesen, und ich bedankte mich von ganzem Herzen bei ihm für alle guten Belehrungen und nahm Abschied. Er reiste an den Ort seiner Zuständigkeit, ich aber setzte meinen Weg fort.

Schon hatte ich mich Potschajew genähert.

Etwa hundert Werst davor holte mich irgendein Soldat ein. Ich fragte ihn, wohin er gehe; er sagte mir, er gehe in seine Heimat, in das Gouvernement von Kamenec-Podolsk. Als ich mit ihm gemeinsam etwa zehn Werst schweigend gegangen war, merkte ich, daß er schwer seufzte und über irgend etwas traurig und finster gestimmt war. Ich fragte ihn: ‚Weshalb bist du so traurig?‘ Da fing er an, mich zu bedrängen und zu sprechen: ‚Du guter Mensch! Da du schon meine Traurigkeit gemerkt hast, so schwöre mir bei Gott und verpflichte dich durch einen Eid, niemandem zu berichten, was ich dir über mich erzählen werde; denn mein Tod ist nahe, und ich habe niemand, mit dem ich mich beraten könnte.‘ Ich beteuerte ihm auf deutliche Weise, daß ich gar keine Notwendigkeit sähe, jemandem über ihn zu berichten, und daß ich froh wäre, ihm aus brüderlicher Liebe einen Rat zu geben, wenn ich dazu imstande wäre.

‚Siehst du‘, sagte er, ‚ich wurde zum Soldatendienst geschickt aus den leibeigenen Bauern. Nachdem ich fünf Jahre lang gedient hatte, wurde es mir unerträglich; man hatte mich oft geschlagen wegen meiner Nachlässigkeit und Trunksucht. Ich kam auf den Gedanken zu fliehen; und jetzt bin ich schon fünfzehn Jahre lang flüchtig. Sechs Jahre lang versteckte ich mich irgendwo; ich stahl aus den Schuppen und Gerätekammern, stahl auch Pferde, erbrach Geschäfte; ich versorgte dadurch mich selbst. Das Gestohlene aber verkaufte ich an verschiedene Gauner, und das erhaltene Geld gab ich für Schnaps aus; ich führte auch ein unzüchtiges Leben und beging sämtliche Sünden, nur gemordet habe ich nicht. Alles ging reibungslos. Schließlich wurde ich eingekerkert wegen Landstreicherei, weil ich keinen Paß hatte. Aber auch von dort konnte ich bei einer passenden Gelegenheit entfliehen.

Zufällig traf ich einen Soldaten, der, vom Militärdienst entlassen, in ein entferntes Gouvernement nach Hause ging. Da er krank war und kaum gehen konnte, bat er mich, ihn bis zum nächsten Dorf zu begleiten, damit er dort eine günstigere Wohnung finden könnte. Ich habe ihn dahin begleitet. Der dortige Dorfaufseher ließ uns in einer leeren Scheune auf Heu übernachten. Als ich in der Frühe aufwachte, schaute ich ihn an und merkte, daß mein Soldat schon gestorben und gänzlich erstarrt war. Ich fing schleunigst an, ihn zu durchsuchen, um seinen Ausweis, das heißt seine Entlassungsurkunde zu finden; als ich sie gefunden hatte und dazu noch genug Geld, schlich ich eilig, solange noch alles schlief, aus der Scheune weg, durch die Hinterhöfe und dann in den Wald ... So bin ich weggekommen. Ich las seinen Ausweis und sah, daß sowohl sein Alter als auch seine Kennzeichen fast genau den meinigen entsprachen.

Ich freute mich darüber und ging tapfer in das entlegene Gouvernement von Astrachan. Dort begann ich ein ruhigeres Leben zu führen und fing an, mich als Bauernknecht zu verdingen. So kam ich zu einem alten Kleinbürger, der sein eigenes Haus hatte und einen Viehhandel betrieb. Er war alleinstehend; mit ihm wohnte nur seine Tochter, eine

Witwe. Nach einem Jahr heiratete ich diese seine Tochter; danach starb der Alte. Handel zu treiben verstanden wir nicht; später fing ich wieder an zu trinken, meine Frau auch; und in einem Jahr verbrauchten wir alles, was nach dem Tode des Alten übriggeblieben war. Schließlich wurde meine Frau krank und starb. Ich verkaufte alles, auch das Haus. Das Geld war bald verschwendet. Ich hatte nichts mehr zu leben, nichts zu essen. So kehrte ich wieder zu meinem alten Beruf zurück: ich fing an zu stehlen, sogar noch kühner als früher, weil ich ja jetzt einen Paß hatte. So lebte ich in aller Schlechtigkeit, etwa ein Jahr. Einmal gelang mir lange Zeit nichts; dann stahl ich bei einem alleinstehenden Bauern eine alte Schindmähre und verkaufte sie für einen halben Rubel an die Abdeckerei. Nachdem ich das Geld erhalten hatte, ging ich in eine Kneipe, trank dort Schnaps und beschloß in ein Dorf zu gehen, wo eine Hochzeit war, um dort etwas Besseres zu stehlen, wenn alle nach dem Hochzeitsschmaus schlafen würden. Die Sonne war noch nicht ganz untergegangen, als ich in den Wald ging, um die Mitternacht abzuwarten. Nachdem ich mich dort hingelegt habe, schlief ich fest ein. Und siehe da, im Traum sehe ich, daß ich auf einer schönen, breiten Wiese stehe. Plötzlich begann eine drohende Gewitterwolke sich zu nähern. Bald ertönte ein so fürchterlicher Donnerschlag, daß die Erde sich unter mir spaltete und mir war, als ob etwas mich bis zu den Schultern in die Erde hineinstieß; die Erde drückte mich von allen Seiten, nur mein Kopf und die Arme blieben draußen. Danach schien es so, als ob diese Gewitterwolke sich auf die Erde herabsenkte, und mein alter Großvater, der vor etwa zwanzig Jahren gestorben war, stieg aus ihr heraus. Er war ein frommer Mann gewesen und bekleidete dreißig Jahre lang das Amt des Kirchenältesten in unserem Dorf. Mit einem bösen und zornigen Aussehen trat er an mich heran; ich erbebte vor Angst. Als ich mich umschaute, sah ich in der Nähe einen Haufen von Gegenständen, die ich zu verschiedenen Zeiten gestohlen hatte. Ich erschrak noch mehr. Mein Großvater, an mich herantretend und auf den ersten Haufen zeigend, sagte streng: ›Was ist das? Würgt ihn!‹ Plötzlich begann die Erde mich von allen Seiten so stark zusammenzudrücken und zu quetschen, daß ich vor unerträglichem Schmerz, Qual und Traurigkeit stöhnte und schrie: ›Erbarmung!‹ Aber meine Qual dauerte weiter. Danach zeigte der Großvater auf einen anderen Haufen und sagte ebenfalls: ›Und was ist das? Würgt ihn noch stärker!‹ Ich verspürte dabei einen solchen Schmerz und eine solche Traurigkeit, mit der keine Pein auf dieser Erde sich vergleichen könnte. Schließlich hat derselbe Großvater jenen Gaul zu mir ganz nahe herangeführt, den ich gestern gestohlen hatte, und schrie: ›Was ist das? Würgt ihn so schmerzhaft, wie es nur möglich ist!‹ Es hat mich so qualvoll von allen Seiten gedrückt, daß ich gar nicht wiedergeben kann, wie grausam das war, wie schrecklich und ermattend; es war so, als hätte man aus mir die Sehnen herausgezogen; es würgte mich mit solch schrecklichem Schmerz, daß es nicht möglich war, dies zu ertragen; ich hätte in Ohnmacht fallen müssen, hätte diese Qual noch etwas länger gedauert. Aber der herbeigeführte Gaul schlug aus und traf mich in die Wange, die er dabei zerfetzte. In demselben Augenblick, bei diesem Schlag, wachte ich auf, voller Schrecken und am ganzen Körper bebend. Ich war wie gelähmt. Ich schaute um mich – es war schon der helle Tag; die Sonne stieg am Horizont empor. Ich griff nach meiner Wange und merkte, daß sie blutete; jene Stellen aber meines Körpers, die im Traum in der Erde sich befunden hatten, waren alle wie taub; es war so, als ob Ameisen über sie kröchen. In dieser Angst habe ich mich mit großer Mühe erhoben und ging, so wie es möglich war, nach Hause. Die Wange hat lange geschmerzt; du siehst auch jetzt noch die Schramme. Sie war früher nicht da. Nach dieser Traumvision überfielen mich oft Schrecken und Angst. Jedesmal, wenn ich an jene Qual denke, von der ich träumte, empfinde ich die Traurigkeit und die Mattigkeit so schmerzlich, daß ich nicht weiß, wie ich mich vor ihr verstecken kann. Was weiter? Daß ich anfing, mich vor den Leuten zu fürchten und mich zu schämen, als ob alle von meinen früheren Gaunereien schon wüßten! Wegen dieser Traurigkeit konnte ich später weder essen noch trinken, noch schlafen; ich schwankte wie ein Schatten.

Ich habe auch daran gedacht, in mein Regiment zurückzukehren und dort ein Geständnis abzulegen: vielleicht hätte Gott mir verziehen, wenn ich die Strafe erduldet hätte. Aber da wurde ich ängstlich, weil ich fürchtete, daß man mich zum Spießrutenlaufen verurteilen würde. Fast wollte ich schon die Geduld verlieren und mich erhängen. Aber da kam mir der Gedanke, daß ich sowieso nur noch wenig zu leben hätte und bald sterben würde, da meine Kräfte völlig verfielen. So beschloß ich in die Heimat zu gehen, um mich von ihr zu verabschieden und dort zu sterben. In meiner Heimat habe ich einen Neffen; und jetzt gehe ich dahin, schon ein halbes Jahr; aber die Traurigkeit und die Angst quälen mich immer noch. Was denkst du, guter Mensch, was soll ich tun? Meine Geduld reicht nicht mehr weit!‘

Als ich das alles angehört hatte, staunte ich innerlich und pries die Weisheit und Gnade Gottes, weil ich sah, wie sie auf verschiedenste Weise die Sünder auf den Weg der Buße führt, und so fing ich an, zu ihm zu sprechen: ‚Lieber Bruder! Hättest du doch in den Zeiten der Angst und der Traurigkeit zu Gott gebetet! Das ist das beste Heilmittel gegen alle unsere Trübsale.‘ – ‚Auf keinen Fall kann ich das‘, sagte er zu mir; ‚es dünkt mich, sobald ich anfange zu beten, wird Gott mich sofort vernichten.‘ – ‚Das ist Unsinn, Bruder. Diese Gedanken gibt dir der Teufel ein. Gott ist unendlich barmherzig und hat Mitleid mit den Sündern; den Reumütigen verzeiht er bald. Du kennst doch das Jesus-Gebet, das heißt: Herr Jesus Christus, erbarme dich über mich Sünder. Sprich dieses Gebet immerzu!‘ – ‚Wie sollte ich dieses Gebet nicht kennen! Als ich zum Stehlen ging, habe ich manchmal dieses Gebet verrichtet, um mehr Mut zu haben.' – ‚Nun schau jetzt selbst; damals hat dich Gott nicht vernichtet, als du dieses Gebet sprachst, während du auf böse Taten ausgingst; wird er dich jetzt vernichten, da du auf dem Wege der Buße stehst und beten willst? Siehst du jetzt, daß diese Gedanken vom bösen Feinde sind!

Glaube mir, mein Teurer, wenn du dieses Gebet verrichten wirst, ohne das zu beachten, was dir durch den Kopf geht, wirst du bald Trost verspüren, deine ganze Angst und deine Belastungen werden vergehen; zum Schluß wirst du dich ganz beruhigen; wirst ein gottesfürchtiger Mann werden, und all deine sündhaften Leidenschaften werden verschwinden. Ich beteuere es dir, weil ich das auf Grund der Erfahrung mehrmals beobachtet habe.'

Dabei erzählte ich ihm eine Reihe von Beispielen, wie das Jesus-Gebet auf Sünder eine Wunderkraft ausgeübt hat. Schließlich begann ich ihn zu überreden, daß er, statt nach Hause zu gehen, mit mir zur Mutter Gottes von Potschajew, der Zuflucht der Sünder, pilgern und dort beichten und kommunizieren solle. Das alles hörte mein Soldat mit Aufmerksamkeit und, wie zu merken war, mit viel Freude an. So war er mit allem einverstanden. Wir gingen gemeinsam nach Potschajew unter der Bedingung, unterwegs miteinander nichts zu reden, sondern ununterbrochen das Jesus-Gebet zu verrichten. In diesem Stillschweigen gingen wir einen Tag und eine Nacht. Am nächsten Tage sagte er zu mir, daß er sich leichter fühle. Es schien, daß er auch ruhiger geworden war.

Am dritten Tage kamen wir nach Potschajew, und wieder bestärkte ich ihn, weder am Tage noch bei Nacht, solange er noch wache, das Gebet zu unterbrechen! Ich versicherte ihm, daß der allerheiligste Name Jesu für den bösen Feind unerträglich sei; dieser Name habe die Macht, ihn zu retten. Dabei las ich ihm aus der ‚Tugendliebe' vor, daß man zwar zu jeder Zeit das Jesus-Gebet verrichten müsse, ganz besonders eifrig aber, wenn wir uns zum Empfang der heiligen Mysterien Christi vorbereiten. – So hat er das auch gemacht und ohne Verzug gebeichtet und kommuniziert. Obwohl verkehrte Gedanken gelegentlich ihn noch belästigten, so hat er sie doch durch das Jesus-Gebet leicht vertrieben.

Um am nächsten Tag unbeschwerlich zum Morgengottesdienst aufstehen zu können, legte er sich vor dem Sonntag schon am frühen Abend hin und verrichtete ununterbrochen das Jesus-Gebet; ich aber saß vor einer Nachtlampe und las in meiner ‚Tugendliebe'. Es war etwa eine Stunde vergangen, und er schlief ein; ich aber fing an zu beten. Plötzlich, etwa zwanzig Minuten danach, bewegte er sich rasch, und nachdem er erwacht war, sprang er schnell auf, lief auf mich zu mit tränenfeuchtem Gesicht und rief in übergroßer Freude: ‚Ach, Bruder, was ich jetzt gesehen habe! Wie leicht ist mir, und wie froh bin ich! Jetzt glaube ich, daß Gott die Sünder nicht quält, sondern Erbarmen mit ihnen übt. Ehre sei dir, Herr, Ehre sei dir!' Erstaunt und erfreut darüber bat ich ihn, mir ausführlicher zu schildern, was ihm widerfahren sei.

‚Folgendes: Kaum war ich eingeschlafen, da sah ich mich auf derselben Wiese, auf der man mich gepeinigt hatte. Ich war zuerst erschrocken, aber dann sehe ich, daß an Stelle dunkler Wolken eine helle Sonne aufsteigt; ein wunderbares Licht überstrahlt die ganze Wiese; ich sah auf ihr rote Blumen und Gräser. Plötzlich kam mein Großvater in meine Nähe, so wundervoll anzuschauen, daß man sich an ihm nicht satt sehen konnte; sanftmütig und freundlich sagte er leise zu mir: ›Gehe nach Žitomir in die Kirche des heiligen Georg des Siegreichen. Dort wird man dich als einen Kirchenwächter anstellen; bleibe dort bis zu deinem Lebensende und bete unablässig; Gott wird sich deiner erbarmen!‹ Als er das gesprochen hatte, segnete er mich und verschwand im gleichen Augenblick. Ich empfand eine solche Freude, daß es unmöglich ist, sie in Worten auszudrücken;

mir war, als ob eine Riesenlast von mir genommen und ich zum Himmel emporgeflogen sei. So bin ich aufgewacht und fühle mich so leicht; das Herz aber weiß nicht, was es vor Freude tun soll. Was soll ich jetzt tun? Ich werde sofort nach Žitomir gehen, wie mir mein Großvater befohlen hat. Es wird mir mit dem Gebete leicht sein, dahin zu gehen!' – ‚Aber bitte, lieber Bruder, wie willst du jetzt um Mitternacht losgehen? Besuche morgen den Morgengottesdienst, und dann gehe mit Gott!' So haben wir denn gar nicht mehr geschlafen und sind gleich nach diesem Gespräch in die Kirche gegangen. Im Laufe des ganzen Morgengottesdienstes betete er eifrig unter Tränen und sagte, daß es ihm leicht und sehr freudig ums Herz sei, so daß er das Jesus-Gebet voll Wonne verrichtete. Danach hat er bei der Liturgie nochmals kommuniziert; nachdem wir zu Mittag gegessen hatten, begleitete ich ihn bis zum Weg nach Žitomir; dort haben wir uns unter Freudentränen verabschiedet.

Danach begann ich zu überlegen, was ich tun sollte; wohin ich jetzt gehen sollte. Endlich entschloß ich mich, wieder nach Kijew zurückzukehren. Mich zogen dahin die weisen Belehrungen meines dortigen geistlichen Vaters, aber auch die Überlegung, ob er nicht, nachdem ich bei ihm gewohnt hätte, irgendwelche christusliebende Wohltäter fände, die für mich eine Reise nach Jerusalem oder wenigstens zum Berge Athos ermöglichen könnten. Ich lebte noch eine Woche in Potschajew und verbrachte diese Zeit in der Erinnerung an jene lehrreichen Begegnungen, die ich auf meinem Wege erlebt hatte, und mit dem Aufzeichnen mancher erbaulichen Dinge. Danach rüstete ich mich für den Weg, nahm meinen Rucksack auf den Rücken und ging in die Kirche, um meine Reise der Mutter Gottes zu empfehlen.

Ich betete noch während der Liturgie, um danach aufzubrechen. Ich stand ziemlich hinten am Eingang der Kirche. Da kam ein Mensch aus der Kirche gegangen, der zwar nicht gerade sehr reich gekleidet war, aber dem Anschein nach dem Adel angehörte; der erkundigte sich bei mir, wo man hier in der Kirche Kerzen kaufen könne. Ich sagte es ihm. Die Liturgie ging ihrem Ende entgegen. Ich verweilte noch ein weniges an der ‚Fußspur' der Mutter Gottes; dann betete ich und begann meine Wanderung. Ich war noch nicht weit gegangen, da sah ich in einem Hause an der Straße ein geöffnetes Fenster, an welchem ein Herr saß und in einem Buche las. Ich mußte an diesem Fenster vorüber, und da gewahrte ich, daß es eben jener Herr war, der mich in der Kirche nach dem Kerzenstande gefragt hatte. Beim Vorübergehen lupfte ich die Kappe; er aber winkte mich zu sich heran und fragte: ‚Du bist doch sicher ein Pilger?' Und dann fragte er mich aus, wer ich sei und wohin ich jetzt ginge; dann brachte er mir Tee und sprach: ‚Hör mich an, mein Bester! Ich möchte dir raten, pilgere doch zum Ssolowézker Kloster[13]; dort gibt es eine ganz einsame und völlig stille Einsiedelei, die sogenannte ›Anserskij Skit‹. Das ist ein Ort, gleichsam ein zweiter Athos, und es findet ein jeder dort Aufnahme; die ganze Regel besteht darin, daß man in bestimmter Reihenfolge, abwechselnd an je vier Stunden des Tages, in der Kirche den Psalter liest. Ich habe selber vor, dorthin zu pilgern, und habe das Gelübde getan, zu Fuß zu gehen. Wir würden zusammen wandern, und es wäre für mich, gemeinsam mit dir, nicht so gefährlich; wie es heißt, ist der Weg nicht sehr sicher, zudem habe ich Geld bei mir, und ich würde deine Verköstigung für die ganze Pilgerzeit übernehmen. Wir müßten an drei Klafter voneinander entfernt wandern, damit wir einander bei der Verrichtung des Gebets nicht stören. Überleg es dir, Bruder, und stimme mir zu! Auch für dich wird es von Nutzen sein.'

Diese Einladung schien mir wie eine Wegweisung der Mutter Gottes zu sein, die ich ja darum gebeten hatte, mich den rechten Weg zu lehren, und so unerwartet die Einladung kam, habe ich doch vom Fleck weg ja gesagt.

Also machten wir uns tags darauf auf den Weg. Drei Tage gingen wir, wie verabredet, hintereinander her; er las unentwegt in seinem Buch, das er weder bei Tage noch bei Nacht aus den Händen legte; mitunter meditierte er über irgend etwas. Schließlich rasteten wir an einem Ort, um dort zu Mittag zu speisen. Während er aß, hatte er das aufgeschlagene Buch neben sich liegen, und er blickte oft hinein. Ich sah, dieses Buch war das Evangelium; da sagte ich: ‚Darf ich wagen, Väterchen, zu fragen, warum Ihr unentwegt weder bei Tage noch bei Nacht das Evangelium aus der Hand legt und es immer immer haltet und bei Euch tragt?'

‚Darum', erwiderte er, ‚weil ich fast unablässig aus ihm allein Belehrung schöpfe.'

‚Was ist das für eine Belehrung?' fragte ich weiter.

ÜBER DAS CHRISTENLEBEN, WELCHES IM GEBET BESCHLOSSEN LIEGT

‚Das Gebet halte ich für die erste Stufe und für die Krönung des frommen Lebens, denn das Gebet ist die allerwichtigste und unerläßlichste Art zur Rettung der Seele und des Christen allererste Pflicht. Darum lehrt uns auch das Evangelium unentwegt, immer zu beten. Für andere fromme Werke gibt es bestimmte Zeiten, für das Gebet jedoch gibt es keine müßige Zeit; ohne Gebet vermag man nichts Gutes zu tun, doch ohne das Evangelium ist es unmöglich, das gebührende Gebet zu erlernen. Darum haben alle, die auf dem Wege des inneren Lebens zum Heil gelangt sind, so die heiligen Prediger des Wortes Gottes, so die Wüstenväter und Eremiten und auch sogar alle nach Frömmigkeit trachtenden Christenmenschen, als unerläßliche und immerwährende Beschäftigung in der Tiefe des Wortes Gottes geforscht, und es bildete das Lesen des Evangeliums ihr eigentliches Hauptwerk. Viele von ihnen haben unablässig das Evangelium in ihren Händen gehalten und haben denen, die darum baten, diesen Rat erteilt: Sitze in der stillen Klause und lies, und lies wieder und wieder im Evangelium.‘

Diese seine Erwägungen und das Streben zum Gebet wollten mir recht wohl gefallen, und so fragte ich denn wieder: ‚Welcher evangelischen Belehrung entnehmt Ihr wohl insbesondere die Lehre vom Gebet?‘

‚Allen vier Evangelisten‘, gab er zur Antwort, ‚und mit einem Wort – dem ganzen Neuen Testament, der Reihe nach gelesen. Ich habe darin lange Zeit gelesen und habe mich hineingelesen, und da hat es sich mir geoffenbart, was für eine Folgerichtigkeit und welch richtiger Zusammenhang in der Lehre vom Gebet im ganzen Evangelium enthalten ist, beginnend mit dem ersten Evangelisten und alsdann der Reihe nach weiter. So ist beispielsweise gleich zu Beginn der Auftakt oder die Einführung zur Lehre vom Gebet dargelegt; alsdann die Form oder der äußere Ausdruck in Worten; ferner – die Bedingungen, die fürs Beten unerläßlich sind; das Mittel, wie dasselbe erlernt werden muß, und Beispiele. Endlich die geheimnisvolle Lehre vom inneren, geistigen, unablässigen Gebet im Namen Jesu Christi, das weiterhin dargelegt wird und wohltuender ist denn das formale Gebet; dann – dessen Notwendigkeit, die guten Früchte u.a. Mit einem Wort, alles ausführlich – die volle Erkenntnis der Gebetsübung in systematischer Ordnung oder Folgerichtigkeit dargelegt im Evangelium gleich von Anfang und bis zu Ende.‘

Da ich dieses vernahm, beabsichtigte ich alsbald, ihn zu bitten, mir das alles ausführlich darzulegen, und darum sagte ich: ‚Da ich nichts so sehr liebe, als über das Gebet unterwiesen zu werden und mich darüber zu unterreden, so wäre es mir sehr erwünscht, diesen geheimen Zusammenhang der Lehre vom Gebet in allen Einzelheiten kennenzulernen. So zeiget mir das alles, um Gottes willen, am Evangelium selber auf.‘

Er erklärte sich gerne dazu bereit und sagte: ‚Schlag dein Evangelium auf, blicke hinein und merke dir an, was ich sagen werde' (er gab mir einen Bleistift). – ‚Schlage nun im Evangelium des heiligen Matthäus das sechste Kapitel auf und lies vom fünften bis zum neunten Verse. Gewahrst du nun hier die Vorbereitung zum Gebet oder die Einführung, die darin unterweist, daß man nicht um des Ehrgeizes willen und nicht im Lärm des Alltages, sondern an einsamem Ort und in Ruhe das Gebet beginnen müsse und nur um Vergebung der Sünden bitten solle und um Vereinigung mit Gott, nicht aber zahlreiche und überflüssige Bitten in verschiedenen irdischen Nöten, gleich den Heiden, vortragen solle. Dann lies gleich weiter in demselben Kapitel vom neunten bis zum vierzehnten Verse. Hier ist von der Form des Gebets die Rede, das heißt, mit welchen Worten es gesprochen werden soll. Darin ist in höchster Weisheit alles zusammengefaßt, wessen wir für unser Leben notwendigerweise bedürfen. Fahre dann noch fort, Vers vierzehn und fünfzehn zu lesen, im nämlichen Kapitel, und du wirst die Bedingung finden, die einzuhalten ist, damit das Gebet wirksam werde; denn wenn wir denen, die uns beleidigen, nicht verzeihen, so wird uns Gott der Herr auch unsere Sünden nicht vergeben. Gehen wir nun auf das siebente Kapitel über, so finden wir dort, vom siebenten bis zum zwölften Verse, die Mittel für ein Fortschreiten im Gebet und für ein Wachsen in Hoffnung: ›bitten, suchen, anklopfen‹; dieser gesteigerte Ausdruck bezeichnet die Häufigkeit des Gebets und dessen vornehmliche Übung derart, daß das Gebet nicht allein jede Art von Beschäftigung begleite, sondern dieselben auch der Zeit nach überträfe. Es ist das hauptsächlichste Anliegen im Gebet überhaupt. Ein Beispiel hierfür findest du im Evangelisten Markus, im vierzehnten Kapitel, vom zweiunddreißigsten bis zum vierzigsten Vers, wo Jesus Christus selber vielfach dasselbe Gebet wiederholt. Ein ähnliches Beispiel für die Häufigkeit des Gebets bringt der Evangelist Lukas im elften Kapitel, Vers fünf bis vierzehn, im Gleichnis vom unentwegten Bitten des Freundes, auch in dem immerwährenden Zusetzen der Witwe beim Richter (Lk 18, 1–15), was auf das Gebot Christi Bezug nimmt, man solle zu jeder Zeit und überall beten und nicht nachlassen, das heißt nicht in Trägheit verfallen.

Nach dieser ausführlichen Belehrung enthüllt auch noch der Evangelist Johannes die wesentliche Lehre vom mystischen inneren Beten des Herzens, und zwar erstens in der weisen Unterredung Jesu Christi mit der Samariterin, woselbst die innere Anbetung Gottes im Geist und in der Wahrheit, wie Gott es wünscht, vorgetragen wird, und dies ist das unablässige innere Beten, das wie lebendiges Wasser in das ewige Leben einmündet (Joh 4, 5–25). Ferner wird in Kapitel fünfzehn, vom vierten bis zum achten Verse, noch deutlicher die Kraft, die Fülle und die Notwendigkeit des inneren Gebets dargetan, das heißt des Verbleibens der Seele in Christus, in dem nie aussetzenden Gedächtnis Gottes. Lies dann noch bei demselben Evangelisten im sechzehnten Kapitel, Vers dreiundzwanzig bis fünfundzwanzig. Schau nur her, welch ein Geheimnis dort offenbart wird! Siehst du nun, daß das Gebet im Namen Jesu Christi, das sogenannte Jesusgebet, das heißt die Worte *Herr Jesus Christus, erbarme dich meiner,* oft und vielfach wiederholt, eine gewaltige Kraft darstellt und mit großer Leichtigkeit das Herz erschließt und heiligt. Das läßt sich mit Sicherheit am Beispiel der Apostel entnehmen, die, wenn sie auch nicht nur ein Jahr lang des Herrn Jesu Jünger waren und von ihm bereits das Vaterunser gelernt hatten, das sie uns überliefert haben, von Jesus Christus beim Abschluß seines irdischen Lebens das Geheimnis offenbart bekamen, was ihrem Gebet noch fehlte, damit es unter allen Umständen erfolgreich wäre. Er sagte ihnen: ›Bisher habt ihr um nichts in meinem Namen gebeten. Wenn ihr den Vater in meinem Namen um etwas bitten werdet, so wird er es euch geben‹ (Joh 16, 24).

Also geschah ihnen auch; denn in der Folgezeit, als die Apostel es gelernt hatten, das Gebet im Namen Christi darzubringen, was haben sie da an unerhörten Wundern gewirkt, und wie überreich wurden sie selber erleuchtet! Siehst du nun den Zusammenhang und die ganze Fülle der Lehre vom Gebet, wie sie so weise im heiligen Evangelium dargelegt ist? Wenn man alsdann sich an die apostolischen Briefe macht, so wird man auch dort eine folgerichtige Gebetslehre finden.

Um in den voraufgegangenen Bemerkungen fortzufahren, will ich dir etliche Stellen nachweisen, deren Bezugnahme aufs Gebet offenkundig ist. So wird in der Apostelgeschichte die Praxis geschildert, das heißt das eifrige und unablässige Sichüben im Beten unter den ersten Christen, die durch den Glauben an Jesus Christus erleuchtet wurden (Apg 4, 31); es wird berichtet von den Früchten oder Folgen dieses beständigen Verharrens im Gebet, das heißt der Ausgießung des Heiligen Geistes und seiner Gaben auf die Betenden. Ähnliches wirst du auch im sechzehnten Kapitel, Vers fünfundzwanzig und sechsundzwanzig, finden. Alsdann gehe der Reihe nach die Briefe der Apostel durch, und du wirst gewahr werden: erstens, wie unerläßlich das Gebet in allen Fällen des Lebens ist (Jak 5, 13–16); zweitens, wie der Heilige Geist beim Beten hilfreich ist (Jud 1, 20–21 und Röm 8,26); drittens, wie man immerdar im Geiste beten soll (Eph 6, 18); viertens, wie unerläßlich Ruhe oder innerer Friede beim Beten ist (Phil 4, 6–7); fünftens, wie notwendig es ist, unablässig zu beten (1 Thess 5, 17), und endlich, sechstens, bemerken wir, daß man nicht nur für sich selber, sondern auch für alle beten solle (1 Tim 2, 1–5).

Auf diese Weise könnte man bei anhaltendem und aufmerksamem Lesen noch viele Entdeckungen eines geheimnisvollen Wissens machen, wie es im Worte Gottes verborgen liegt und das dem gelegentlichen oder flüchtigen Leser desselben entgleitet. Konntest du nun auf Grund des von mir

Ausgeführten merken, wie weise und folgerichtig, das heißt, in wie geheimnisvollem systematischem Zusammenhang das Neue Testament unseres Herrn Jesus Christus die Belehrung über diesen Gegenstand, wie wir es soeben durchgesprochen haben, vornimmt? In wie bewundernswerter Ordnung und Folgerichtigkeit eben dieses von allen vier Evangelisten durchgeführt wird? So sehen wir beispielsweise beim heiligen Matthäus den Auftakt oder die Einführung ins Gebet, die eigentliche Form, die Bedingungen und ähnliches; weiterschreitend, finden wir beim heiligen Markus Beispiele angeführt; beim heiligen Lukas – Gleichnisse; beim heiligen Johannes aber geheime Übungen im inneren Gebet, obschon sich dieses alles bei allen Evangelisten in kürzerer oder ausführlicherer Darlegung findet. In der Apostelgeschichte sind Praxis und Folgen des Gebetes dargestellt; in den Apostelbriefen, wie auch in der Geheimen Offenbarung, ist so manches Wesentliche in engster Verknüpfung mit dem Gebet aufgezeigt! Das aber ist auch der Grund, warum ich mich ausschließlich mit dem Evangelium beschäftige bei der Erforschung aller Wege zur Seelenrettung.‘ Ich habe, während er so sprach und ausführte, alle von ihm genannten Stellen in meinem Evangelium, wie ich es in meiner Bibel habe, angemerkt. Alles das ist mir höchst bedeutsam und lehrreich erschienen, und so habe ich ihm denn von Herzen gedankt.

Hierauf sind wir noch weitere fünf Tage in völligem Schweigen weitergewandert. Meinem Weggefährten begannen die Füße sehr zu schmerzen, vermutlich weil er an lange Wanderungen nicht gewöhnt war; er mietete also einen Wagen mit zwei Pferden und nahm mich mit. So kamen wir denn bis in Eure Gegend und haben hier für drei Tage haltgemacht, um uns nach kurzer Erholung unmittelbar nach Ansery zu begeben, denn danach verlangte ihn gar sehr.“

STAREZ: „Dieser dein Weggenosse muß ein gar bedeutender Mensch sein! Er muß wohl bei aller Frömmigkeit auch ein hochgebildeter Mann sein. Ich würde ihn gern kennenlernen."

PILGER: „Wir haben uns hier in einer Privatwohnung eingerichtet; ich könnte ihn vielleicht morgen zu Euch bringen. Nun ist es schon zu spät. Ihr mögt mir vergeben!"

Ein Bruder, dem der Bruder hilft, ist einer festen, hohen Stadt vergleichbar, gegründet fest als wie ein Königreich.

Sprüche 18, 19

Zweite Begegnung

PILGER: „Wie ich Euch gestern versprochen, erscheine ich hier bei Euch mit meinem verehrten Reisegefährten, der durch seine heilsamen Gespräche meine Pilgerfahrt erleichterte, derselbe, den Ihr zu sehen wünschtet."

STAREZ: „Es wird außerordentlich angenehm für mich sein und, wie ich hoffe, auch für meine Freunde, Euch beide hier zu sehen und von euch ein nutzbringendes Wort über eure Erfahrungen zu hören. Das hier ist ein ehrwürdiger Skhimnik[14], und jener – ein hochwürdiger Priester. Und nun, da zwei oder drei im Namen Jesu Christi sich versammeln, da ist er selber unter ihnen, wie er verheißen hat. Nun sind wir unserer fünf beisammen – in seinem Namen, desto reichlicher wird seine Gnade über uns kommen! Die gestrige Erzählung deines Gefährten, geliebter Bruder, von deiner Liebe zum heiligen Evangelium, ist sehr bedeutsam. Wie könnten wir wohl erfahren, auf welche Weise sich dir dieses große Geheimnis erschlossen hat?"

Professor: „Der Herr, welcher will, daß alle gerettet werden und zum Verständnis der Wahrheit gelangen, hat mir in seiner großen Barmherzigkeit diese Erkenntnis auf wunderbare Weise, ohne jedes menschliche Dazutun, erschlossen. Fünf Jahre lang war ich Professor an einer Hochschule, und ich durchmaß des Lebens Pfade in des Lasters Spuren einherschreitend; ich befaßte mich mit den leeren Philosophien dieser Welt, nicht aber im Namen Christi, und vielleicht wäre ich zugrunde gegangen, wenn ich nicht dadurch aufrecht gehalten worden wäre, daß ich mit meiner frommen Mutter und mit meiner Schwester zusammen lebte.

Als ich eines Tages auf einem der städtischen Boulevards spazierte, machte ich die Bekanntschaft eines jungen Menschen, eines Franzosen, wie er sagte, der als Student einen wissenschaftlichen Grad erlangt hatte, erst kürzlich aus Paris hier eingetroffen war und nun nach einer Anstellung als Erzieher in einem Hause suchte. Seine ganz ausgezeichnete Bildung gefiel mir ausnehmend, und ich lud ihn als zugereisten Ausländer zu mir ein, und so wurden wir Freunde. Im Verlauf von zwei Monaten hat er mich häufig besucht; manchmal gingen wir miteinander spazieren, lebten sehr lustig, suchten Gesellschaften auf, und zwar, wie sich versteht, gefährliche! Einmal kam er mit der Einladung zu einer solchen Gesellschaft zu mir; und um mich schnell zu überreden, lobte er ganz besonders die Heiterkeit und Unterhaltsamkeit jener, zu denen wir geladen waren. Nachdem er ein paar Worte hierüber gesagt, bat er, ich möge mit ihm in ein anderes Zimmer kommen, also nicht in meinem Arbeitszimmer bleiben, sondern etwa in den Salon gehen. Das schien mir merkwürdig zu sein, und ich sagte, ich hätte schon mehrfach bemerkt, daß er sich nicht gern in meinem Arbeitszimmer aufhielte, und fragte, warum das so sei. Und ich hielt ihn noch länger zurück, und zwar darum, weil der Salon neben dem Zimmer meiner Mutter und meiner Schwester gelegen war, daher wäre es wenig angebracht gewesen, dort lose Gespräche zu führen. Er brachte allerhand Ausflüchte, um seinen Wunsch glaubhaft zu machen, sagte mir aber schließlich in aller Aufrichtigkeit folgendes: ‚Unter den Büchern auf deinem Regal steht auch ein Evangelium; ich habe eine solche Hochachtung vor diesem Buch, daß es mir schwerfällt, unsere nichtigen Dinge in seinem Beisein zu besprechen. Bringe es hinaus, ich bitte dich, dann können wir frei miteinander reden.‘ In meiner Leichtfertigkeit lächelte ich über diese Worte, nahm das Evangelium vom Regal und sagte: ‚Das hättest du mir längst sagen sollen!‘ Und ich reichte ihm das Buch mit den Worten: ‚Nimm es, trag's selber hinaus! Leg es in das Zimmer nebenan.‘ Doch kaum hatte ich ihn mit dem Evangelium berührt, da erbebte er am ganzen Leibe und verschwand. Ich war darob so bestürzt, daß ich vor Angst ohnmächtig zusammenbrach. Meine Hausangehörigen hatten wohl den Fall gehört, sie eilten herbei und brauchten gut eine halbe Stunde, um mich wieder zur Besinnung zu bringen. Endlich hatte ich mich wieder gefaßt, aber mich befiel eine solche Angst, ein Zittern, eine unsagbare Unruhe, auch versagten ein Arm und ein Bein völlig den Dienst; ich konnte sie nicht mehr rühren. Der herbeigerufene Arzt sprach von einer Paralyse, also von einem Schlaganfall infolge irgendeiner gewaltigen Erschütterung oder eines Schreckens. Ein rundes Jahr habe ich, trotz sorgfältigster Behandlung zahlreicher Ärzte, ohne die geringste Besserung dagelegen; diese Krankheit war auch ein Grund, warum ich meine gelehrte Laufbahn habe aufgeben müssen. Meine Mutter war damals schon sehr alt; sie starb; meine Schwester beabsichtigte, in ein Kloster zu gehen. Das alles erschwerte noch meine Krankheit. Nur eine Freude hatte ich während dieses meines Krankseins: die Lektüre des Evangeliums, das ich seit Beginn meiner Erkrankung nicht aus der Hand gab, als ein Pfand jener wunderlichen Begebenheit.

Unerwartet erschien eines Tages ein unbekannter Eremit bei mir, um für sein Kloster zu sammeln. Mit Nachdruck sagte er, ich möge mich nicht nur auf Arzneien verlassen, die ohne Gottes Beistand keine Hilfe gewähren könnten, ich sollte Gott anrufen und eifrig beten, denn das Gebet sei das mächtigste Mittel zur Heilung aller Krankheiten, sowohl des Leibes als auch der Seele. ‚Aber wie kann ich denn in dieser Verfassung beten, wenn ich doch keine Verneigung machen kann, nicht die Hand zu heben vermag, um mich mit dem Zeichen des heiligen Kreuzes zu bezeichnen?' hielt ich ihm in meiner Zerstreutheit entgegen. Er sagte aber: ‚Dann bete eben irgendwie!' Und er konnte mir nichts weiter darüber sagen, *wie* ich beten solle. Nachdem dieser Besucher gegangen war, habe ich gleichsam unwillkürlich über das Gebet nachdenken müssen, über seine Kraft und seine Wirkung, wobei ich mich auf theologische Vorlesungen besann, die ich vor Jahren als Student gehört hatte. Diese Beschäftigung freute mich; ich frischte in meinem Gedächtnis die lichten religiösen Erkenntnisse von ehedem auf, und ich fühlte meine Seele davon warm werden; auch empfand ich bei meinen Anfällen eine gewisse Erleichterung. Da ich das Evangelium immer bei mir hatte, hielt ich es für das beste, dieweil ich so sehr wegen des Wunders an dasselbe glaubte, aber auch in Erinnerung an den ganzen Aufbau des Traktats über das Gebet in den Vorlesungen, die sich ausschließlich auf das Evangelium gründeten, das Beten und das christliche Verhalten lediglich nach den Lehren des Evangeliums zu erlernen. Ich schöpfte nun aus ihm, nachdem ich mich hereingelesen hatte, als wie aus einem mächtigen Quell, das volle System des wahrhaft inneren Gebetes und eines Lebens, das einen zur Rettung führt. Voller Andacht vermerkte ich alle Stellen und Texte, die hierauf Bezug nahmen, und seither befasse ich mich nur damit, diese göttlichen Weisungen zu studieren und sie nach Maßgabe meiner Kräfte in die Praxis umzusetzen. Im Verlauf dieser meiner Beschäftigung trat eine merkliche Besserung meiner Krankheit ein, und wie Sie ja sehen, bin ich schließlich ganz genesen. Da ich nun allein geblieben war, habe ich aus Dank für Gottes väterliche Güte, sowohl betreffs meiner Heilung, wie auch meiner Umkehr, mich dazu entschlossen, dem Beispiel meiner Schwester zu folgen und Mönch zu werden, um unbehindert jene beseligenden Worte des ewigen Lebens, wie sie in der Heiligen Schrift leuchten, in mich aufzunehmen und sie mir anzueignen.

Gegenwärtig bin ich unterwegs, um in einer einsamen Einsiedelei, in der Nähe des Ssolowezker Klosters im Weißen Meer, ein Unterkommen zu suchen; ich habe ganz zuverlässige Nachrichten, dieses Ansérsk sei der geeignetste Ort für ein kontemplatives Leben. Und dann möchte ich noch sagen: es ist wahr, wenn mich auch das heilige Evangelium auf meiner Wanderung tröstet und meinen unreifen Geist erleuchtet, auch das kalte Herz erwärmt – so muß ich doch, meine Ohnmacht erkennend, aufrichtig sagen, daß die Bedingungen zur Durchführung der Werke der Frömmigkeit und der Erlangung der Erlösung, was doch, wie das vom Evangelium vorgeschrieben wird, völlige Selbstentsagung, heroische Askese, allertiefste Demut voraussetzt, mich erschüttern wegen der Erhabenheit des zu Erreichenden und wegen der mangelnden Herzenskraft. So stehe ich denn jetzt zwischen Verzweiflung und Hoffnung da und weiß nicht, was mit mir sein wird!“

Skhimnik: „Angesichts eines so besonderen Unterpfandes der wunderbaren Barmherzigkeit Gottes und im Hinblick auf Ihre wissenschaftliche Bildung wäre es nicht nur unverzeihlich, in Kleinmut zu fallen, sondern es dürfte nicht einmal der Schatten eines Zweifels an Gottes Schutz und Beistand Ihre Seele befallen! Wissen Sie, was der von Gott erleuchtete Chrysostomos hierüber sagt? ‚Keiner soll in Kleinmut verfallen‘ – so lehrt er –, und verleumderisch behaupten, die Gebote des Evangeliums seien nicht durchführbar oder ungeeignet zur Durchführung! Gott, der die Erlösung des Menschen von Anbeginn gewollt hat, hat ihm die Gebote sicherlich nicht in der Absicht gegeben, um ihn wegen der geringen Durchführungsmöglichkeiten derselben zum Verbrecher werden zu lassen. Nein! Sondern durch ihre Heiligkeit und ihre Vortrefflichkeit sollen wir der göttlichen Gnaden sowohl in diesem Leben wie auch in der Ewigkeit teilhaft werden.‘

Gewiß stellt sich die regelmäßige und unabänderliche Durchführung der göttlichen Gebote unserer Natur als überaus schwierig dar, folglich glauben wir auch an die geringe Ausführungsmöglichkeit der Erlösung: aber dasselbe Wort Gottes, das die Gebote als Grundstein gesetzt hat, gewährt in sich selber auch die Mittel nicht nur zu deren Erfüllung, sondern auch zu freudiger Erfüllung, im Falle man sie einzuhalten gewillt ist. Wenn das auch beim ersten Hinsehen durch einen Vorhang des Geheimnisses unserem Auge entzogen zu sein scheint, so nur darum, damit wir nur desto dringlicher der Demut leben, um desto leichter die Vereinigung mit Gott suchen, indem wir im Gebet unsere Zuflucht zu ihm nehmen und ihn um seine väterliche Huld anflehen. Darin besteht das ganze Geheimnis der Erlösung, nicht aber in der Hoffnung auf eigenes Vermögen."

Pilger: „Wie sehr verlangt mich, den Kraftlosen und Ohnmächtigen, danach, dieses Geheimnis kennenzulernen, damit ich durch dieses Mittel nur in einigem mein träges Leben zum Ruhme Gottes und zur Rettung meiner Seele ändern könnte!"

Skhimnik: „Das Geheimnis ist dir bekannt, geliebter Bruder! Es ist dir bekannt aus deinem Buch, aus der ‚Philokalia‘. Es besteht im unablässigen Gebet, wie du es für immer erlernt hast und so eifrig pflegst, um darin Trost zu finden."

Pilger: „Ich falle dir zu Füßen, ehrwürdiger Vater! Um Gottes willen, lasse mich aus deinem Munde Nutzbringendes über dieses heilsame Geheimnis vernehmen und über das geheiligte Gebet, von welchem mehr zu hören ich das größte Verlangen habe; zur Kräftigung und Tröstung meiner sündhaften Seele lese ich auch gerne darüber."

SKHIMNIK: „Obwohl ich deinem Wunsch nicht durch eigene Betrachtungen über diesen erhabenen Gegenstand genügen kann, weil ich noch geringe Erfahrung darin habe, so will ich dir doch aus einem gar lehrreichen Heft eines geistlichen Schriftstellers über diesen Gegenstand vorlesen. Wenn es den Anwesenden angenehm ist, will ich es gleich holen und, wofern Sie wünschen, auch vorlesen. Ich erbitte mir Ihre Erlaubnis!"

ALLE: „Tun Sie uns den Gefallen, ehrwürdiger Vater! Enthaltet uns eine so heilsame Erkenntnis nicht vor!"

DAS GEHEIMNIS DES HEILES – GEOFFENBART DURCH DAS UNABLÄSSIGE GEBET

„Wie kann man vollkommen werden? Diese christliche Frage muß naturnotwendig für einen jeden von Wichtigkeit sein, der ein Empfinden hat für die geschwächte und schwer getroffene Menschennatur und auch für die Überreste in ihr eines ursprünglichen Sehnens nach Wahrheit und Gerechtigkeit. Ein jeder, der sich auch nur ein weniges vom Glauben an die Unsterblichkeit und an Vergeltung im Jenseits erhalten hat, stößt unwillkürlich auf die Frage, wie seine Seele gerettet werden könne, wenn er seinen Blick gen Himmel richtet … Diese Aufgabe zu lösen erscheint ihm schwierig; er forscht bei vernünftigen und erfahrenen Menschen danach; dann liest er, ihren Weisungen folgend, lehrreiche Bücher geistlicher Autoren über diesen Gegenstand; er gibt sich Mühe, das Gehörte und Gelesene sich anzueignen und den Wahrheiten und Regeln zu folgen. In allen diesen Unterweisungen hört er unabänderlich von unerläßlichen Vorbedingungen für die Rettung der Seele: frommes Leben, frommes Tun und fromme Werke und Arbeit an sich selbst zwecks Erlangung unbedingter Selbstentsagung; einen Seelenführer, der zu guten Werken anleitet, zu ständiger Einhaltung aller Gebote Gottes, wodurch die Standhaftigkeit und Glaubensfestigkeit geprüft werden kann. Des weiteren wird ihm kundgetan, es müßten alle diese Bedingungen für die Seelenrettung in tiefster Demut eingehalten werden, und zwar in ihrer Gesamtheit, denn wie alle Tugenden voneinander abhängen, so auch hier: eine hängt mit der anderen auf das engste zusammen; eine muß die andere stützen; eine die andere vervollkommnen und beflügeln, ähnlich wie die Sonnenstrahlen ihre Kraft nur dann zeigen und zur Flamme werden, wenn man sie durch das Glas auf einen Punkt sammelt. Ansonsten ‚bleibt man im Großen wie im Kleinsten ungerecht' (Lk 16, 10).

Um aber noch stärker von der Notwendigkeit eines so komplexen und zusammengefaßten Wirkens zu überzeugen, vernimmt er noch zusätzlich ein hohes Loblied auf alle glänzenden Tugenden und die Verurteilung der Gemeinheit und Armseligkeit der Laster. Alles das wird dann besiegelt durch die wahrhaftige Verheißung, sei es nun einer großartigen Belohnung und der ewigen Seligkeit, sei es einer qualvollen Strafe und Pein im ewigen Leben.

Das alles ist besonders bezeichnend für die Predigten der neueren Zeit!

Der nun von flammender Sehnsucht nach Vollkommenheit Erfüllte macht sich voller Freuden an die Durchführung der Belehrungen und an eine Nachprüfung des Gehörten und Gelesenen durch die Erfahrung. Aber wehe! Gleich beim ersten Schritt in seinem Streben findet er keine Möglichkeit, sein Ziel zu erreichen; denn er erfährt es an sich und weiß es ja doch, daß seine geschwächte und armselige Natur die Oberhand gewinnen wird über die Überzeugungen der gläubigen Vernunft, daß sein freier Wille gebunden ist, daß seine Neigungen Schaden genommen haben, daß seine Seelenkraft am Erliegen ist. Wenn er nun, der Erfahrung seiner Erkenntnis folgend, sich seiner Ohnmacht bewußt wird, stößt er notwendigerweise auf den Gedanken, ob es nicht irgendwelche Mittel gäbe zur Ausführung all dessen, was die Gebote Gottes vorschreiben, zur Ausführung auch, was die christliche Lebenshaltung vorschreibt und was ja alle jene verwirklicht haben, die Erlösung und die ewige Seligkeit erlangten.

Infolgedessen und um in sich selber die Forderungen des Gewissens mit der Ohnmacht der ausführenden Kräfte auszusöhnen, wendet er sich nun noch an die Prediger der Seelenrettung mit der Frage: ‚Wie soll ich meine Seele retten? Wie die unerreichbaren Vorbedingungen der Rettung ausführen? Ja, und wäre denn schließlich der Predigende selber imstande, alles das, was er in seinen Lehren verkündet, auch wirklich ständig auszuführen ...?' Flehe zu Gott, bete zu ihm, er möge dir helfen! Wäre es denn alsdann nicht weit angemessener, daß man zu Anfang, oder immer und in allem, *das Gebet* lehrt als *ursächlichen Träger* der Ausführung dessen, was die christliche Frömmigkeit fordert und wodurch das Heil erlangt wird? So denkt der Fragende bei sich selber und beginnt damit zugleich das Gebet zu erlernen – er liest, was darüber geschrieben wurde; er denkt darüber nach, er überlegt. In der Tat, man findet dort viele lichte Gedanken, tiefe Erkenntnisse und mächtige Worte. Der eine weiß wunderbar über die Notwendigkeit des Gebets zu sprechen, der andere über seine Kraft, seine gute, heilsame Wirkung, über die Verpflichtung zu beten, darüber, daß man beim Beten des rechten Eifers bedürfe, der Aufmerksamkeit, der Wärme des Geistes, der Reinheit der Gedanken, der Versöhnung mit allen Feinden, der Demut, der Reue usw., was eben alles mit dem Gebet verbunden sein müsse.

Was aber ist das Gebet an sich, und wie hat man wesentlich zu beten? Da man nun auf diese vordringlichen und notwendigsten Fragen selten genug wirklich ausführliche und allgemeinverständliche Antworten zu hören bekommt, so bleibt der eifrige Beter wieder unter dem Schleier des Geheimnisses. Es wird ihm von seiner Lektüre im allgemeinen nur das in Erinnerung geblieben sein, was die zwar fromme, aber doch eben nur äußere Seite des Gebetes betrifft, und so wird er zu folgender Schlußfolgerung gelangen: Um zu beten, muß man zur Kirche gehen, muß sich bekreuzigen, die vorgeschriebenen Verneigungen machen, knien, den Psalter lesen, den Akathistos, die Kanones.

Das ist die allgemeine Vorstellung jener vom Gebet, die mit den Schriften über das innere Gebet und mit dem kontemplativen Werk der heiligen Väter nicht vertraut sind. Schließlich stößt der Suchende auf die ‚Philokalia', jenes Buch, in welchem fünfundzwanzig heilige Väter die Wissenschaft vom wahrhaften und wesenhaften inneren Gebet des Herzens in verständlicher Form darlegten. Hier nun hebt sich der geheimnisvolle Vorhang von der Erlösung und vom Gebet, und er wird gewahr, daß wahrhaft beten soviel bedeutet wie: Geist und Erinnerung zum unablässigen Gedenken Gottes anhalten, in seiner göttlichen Allgegenwart wandeln, sich selber zu seiner Liebe bereiten durch Gottdenken und die Anrufung des Namens Gottes mit dem Atem und mit der Regung des Herzens verbinden, wobei man bei alldem sich daran halten soll, mit den Lippen den heiligsten Namen Jesu Christi anzurufen und das Jesusgebet zu jeder Zeit, an jedem Ort und bei einer jeden Beschäftigung unablässig zu üben.

Obwohl nun diese lichten Wahrheiten, nachdem sie des Suchenden Erkenntnisse erleuchteten und ihm den Pfad zur Erforschung und Erlangung des Gebets erschlossen, ihn davon überzeugten, sich sofort an die Durchführung dieser weisen Lehren zu geben, wird er dennoch bei seinen Versuchen, in periodischen Ansätzen sich ergehend, gewisse

Schwierigkeiten haben, bis ihm ein erfahrener Meister, eben auf Grund der ‚Philokalia', die Mysterien in der ganzen Fülle erschließen wird, daß nur die *Häufigkeit* oder Unablässigkeit des Gebets (gleichviel, *wie* man es auch anfangs sprechen möge) das einzige, wirklich mächtige Mittel für die Vollkommenheit des inneren Gebets, so auch der Rettung der Seele, darstellt. Die Häufigkeit des Gebets ist die Grundlage oder das Fundament, auf dem der ganze Kreis des Heilswirkens ruht, wie das vom hl. Symeon dem Neuen Theologen auch gesagt wird: ‚Jener, der unablässig betet, hat in diesem *einen* alles Gute vereint.'

Um nun die Wahrheit dieser Entdeckung in ihrer ganzen Fülle darzustellen, wird sie vom Meister folgendermaßen entwickelt werden:

Für die Rettung der Seele ist erstens wahrhaftiger Glaube erforderlich. Die Heilige Schrift sagt: ‚Ohne Glauben ist es unmöglich, Gott zu gefallen' (Hebr 11,6). Wer aber keinen Glauben hat, wird gerichtet.

Aber derselben Heiligen Schrift ist zu entnehmen, daß der Mensch nicht durch sich selber in sich den Glauben, sei er auch noch so gering wie ein Senfkorn, erzeugen kann; daß der Glaube nicht von uns kommt, sondern Gottes Gabe ist; daß der Glaube als geistige Gabe vom Heiligen Geist geschenkt wird.

Was ist nun in einem solchen Falle zu tun? Wie soll man das Verlangen des Menschen nach Glauben mit der Unmöglichkeit, denselben seitens des Menschen zu erzeugen, aussöhnen? In der nämlichen Heiligen Schrift ist das Mittel hierfür gegeben, und es werden auch Beispiele gezeigt: Bittet, so wird euch gegeben (Mt 7,7). Die Apostel vermochten nicht, in sich selber die Vollkommenheiten des Glaubens zu erwecken, darum flehten sie zu Jesus Christus: ‚Herr, mehre unseren Glauben.' Das ist ein Beispiel für die Erlangung des Glaubens. Hieraus kann man ersehen, daß der Glaube durch das Gebet erlangt werden kann.

Zur Rettung der Seele werden bei wahrhaftem Glauben auch gute Werke erfordert, denn ‚der Glaube ohne Werke ist tot' (Jak 2,17), und ‚wegen seiner Werke wird der Mensch gerechtfertigt, nicht aber nur wegen seines Glaubens' (Jak 2,24), und willst du ins Leben eingehen, so halte die Gebote. Damit du nicht tötest, nicht die Ehe brichst, nicht stiehlst, kein falsch Zeugnis ablegst, deinen Vater und deine Mutter ehrst und deinen Nächsten liebst, wie dich selbst. Und alle diese Gebote müssen in der Gesamtheit gehalten werden. ‚Denn wer das ganze Gesetz hält, aber nur *ein* Gebot übertritt, der verschuldet sich an allen.' So lehrt der heilige Apostel Jakobus (Jak 2,10).

Indem der heilige Apostel Paulus aber die Schwäche des Menschen darstellt, sagt er: ‚Kein Fleisch wird durch des Gesetzes Werk gerecht' (Röm 3,20). ‚Wir wissen aber, daß das Gesetz geistlich ist, ich aber bin fleischlich, verkauft unter die Sünde. Das Gute zu wollen liegt mir nahe, jedoch es zu vollbringen nicht. Ich tue, was ich nicht will, das Böse. Ich diene dem Gesetz Gottes nach meinem inneren Menschen, mit meinem Fleisch dem Gesetz der Sünde' (nach Röm 7).

Auf welche Weise können wir die notwendigen Werke des Gesetzes Gottes vollbringen, wenn der Mensch schwach ist und keine Möglichkeit in sich hat, die Gebote zu befolgen? Diese Möglichkeit hat er aber nur solange nicht, wie er nicht darum bittet. ‚Ihr habt nicht, weil ihr nicht bittet' nennt uns der Apostel als Ursache (Jak 4,2).

Und Jesus Christus selber hat gesagt: ‚Ohne mich könnet ihr nichts tun.' Wie man aber mit ihm ‚tun' soll, lehrt er so: ‚Bleibt in mir und ich in euch.' ‚Wer in mir bleibet, wird viele Frucht tragen' (Joh 15,5ff.). In ihm sein bedeutet aber soviel wie unablässig seine Gegenwart zu spüren, unablässig in seinem Namen zu beten: ‚Worum ihr in meinem Namen bittet, das will ich euch geben.' Somit wird die Möglichkeit der Ausführung guter Werke ebenfalls durch das Gebet erworben. Ein Beispiel hierfür ist der heilige Apostel Paulus selber, der dreimal um Überwindung der Versuchungen flehte, der vor Gott dem Vater kniete, er möge seinen inneren Menschen befestigen, und der endlich dazu verpflichtete, vor allem zu beten, und man solle sogar um alles *ohne Unterlaß* beten. Aus allem Gesagten geht hervor, daß die ganze Rettung der Seele des Menschen vom Gebet abhängt; darum ist es auch vor allem anderen notwendig, wird doch durch das Gebet der Glaube gestärkt, und durch das Gebet werden alle Tugenden erfüllt. Mit einem Wort, beim Beten wird alles von Erfolg gekrönt; ohne Gebet jedoch läßt sich kein einziges Werk des christlich-frommen Lebens vollbringen.

Darum wird das Unablässige, das Immerwährende in ausnehmender Weise nur dem Gebet zuerkannt; alle anderen Tugenden haben die ihnen zugemessene Zeit, im Beten aber wird ununterbrochene Übung erwartet –, ‚betet ohne Unterlaß'. Es gebührt sich immer zu beten, allezeit zu beten, allerorten.

Das wahre Gebet hat seine eigenen Bedingungen: es muß reinen Herzens und reinen Sinnes dargebracht werden, voll flammenden Eifers, mit größter Aufmerksamkeit, in bebender Andacht und in tiefster Demut. Wer aber würde nicht bei gewissenhafter Prüfung damit einverstanden sein, zugeben müssen, daß er weit entfernt ist von den oben geschilderten Vorbedingungen für ein wahrhaftes Gebet, daß er sein Gebet eher der Not gehorchend verrichtet, eher sich selber zwingend als aus Neigung, aus Liebe zum Gebet? Das wird auch von der Heiligen Schrift bezeugt: es fehle dem Menschen an Kraft im Festhalten, und er könne seinen Geist nicht ganz frei erhalten von abwegigen Gedanken: ‚Der Menschen Sinnen und Trachten ist böse von Jugend auf', Gott allein könne uns ein neues Herz schaffen und einen neuen gewissen Geist geben. Beides, das Wollen und das Vollbringen, ist Gottes. Und Paulus bestätigt dasselbe mit den Worten: ‚Mein Geist betet, aber mein Verstehen bleibt ohne Frucht‘ (1 Kor 14,14) und: ‚Wir wissen nicht, was und worum wir beten‘ (Röm 8,26). Daraus folgt, daß wir in unserem Gebet die wesentlichen dazugehörigen Eigenschaften nicht entdecken können!

Was ist nun angesichts der Ohnmacht eines jeden Menschen, aus eigenem Willen und eigener Kraft die Seele zu retten, überhaupt noch möglich? Ohne Gebet kann er keinen rechten Glauben erwerben, und ebenso steht es um die guten Werke; schließlich ist er außerstande, wahrhaft zu beten. Was verbleibt dann noch, was wäre seiner Freiheit und seinen Kräften vorbehalten, damit er nicht zugrunde geht, sondern sich errette? Da jedes Tun seine Eigenschaft hat, so hat der Herr dieselbe seinem Willen und seiner Gnade vorbehalten. Aber um deutlicher zu zeigen, daß der Mensch vom Willen Gottes abhängt, und um ihn tiefer in die Gesinnung der Demut zu versenken, überließ Gott dem Willen und den Kräften des Menschen lediglich die Quantität des Gebetes, indem er ihm auftrug, unablässig zu beten: zu jeder Zeit, an jedem Ort. Dadurch wird auch die geheimnisvolle Art und Weise offenbart, das wahre Gebet zu erlangen und damit auch den Glauben und die Erfüllung der Gebote und das Heil überhaupt. Also ist der Anteil des Menschen die Quantität. Seinem Willen ist die Häufigkeit des Gebetes überlassen ... Genauso lehren darüber auch die Kirchenväter. Der heilige Makarios der Große sagt: ‚Irgendwie zu beten (aber häufig) liegt in unserem Willen, aber wahrhaftig zu beten ist ein Gnadengeschenk.‘ Der ehrwürdige Hesychios sagt: ‚Die Häufigkeit des Gebetes wird zur Gewohnheit und dann zur zweiten Natur des Menschen, und ohne eine häufige Anrufung des Namens Jesu Christi ist es unmöglich, das Herz zu reinigen.‘

Die ehrwürdigen Kallistos und Ignatios raten vor allem anderen frommen Tun und vor allen anderen Tugenden, mit dem Gebet im Namen Jesu Christi zu beginnen, und zwar häufig zu beten, ohne Unterlaß, denn die Häufigkeit des Gebets würde auch das unreine Gebet zur Reinheit hinführen. Der selige Diadochos stellt fest, wenn nur der Mensch so oft als möglich den Namen Gottes anriefe (betete), so könne er nicht in Sünden verfallen. Wie wohlerfahren, wie weise und herzensnahe sind doch diese praktischen Anleitungen der Väter! In wohlerfahrener Schlichtheit werfen sie ein helles Licht auf die Art und Weise und auf die Mittel, die zur seelischen Vervollkommnung hinführen. Welch Gegensatz zur rein theoretischen Vernunft und deren sittlichen Anleitungen! Die Vernunft überzeugt: tue dieses Gute und jenes, wappne dich mit kühnem Mannesmut, spanne an die Kräfte des Willens, überzeuge dich von der Tugend an deren guten Folgen; reinige dein Herz und deinen Geist von Träumereien, setze an deren Stelle lehrreiche Überlegungen, tue Gutes, und du wirst geachtet sein und Ruhe finden, lebe so, wie es Vernunft und Gewissen verlangen. Doch wehe! Das alles führt trotz aller Anstrengung nicht zum Ziel ohne häufiges Gebet, ohne die durch Gebet herbeigerufene Hilfe Gottes. Dann wollen wir noch die Lehren der Väter einsehen und merken, was sie beispielsweise über die Reinigung der Seele sagen.

Der heilige Johannes Klimakos schreibt: ‚Bei Verfinsterung der Seele durch unsaubere Gedanken sollst du durch Jesu Namen die Widersacher überwinden, indem du denselben Namen häufig wiederholst. Eine stärkere und erfolgreichere Waffe als diese wirst du weder im Himmel noch auf Erden finden.' Der heilige Gregor vom Sinai lehrt: ‚Wisse, daß niemand seinen Verstand selber zurückzuhalten vermag, darum sollst du bei unsauberen Gedanken öfter und immer wieder den Namen Jesu Christi anrufen, und die üblen Gedanken werden von selbst schwinden ...' Welch einfache und bequeme, aber auch erprobte Methode und dem Anraten der theoretischen Vernunft entgegengesetzt, die immer nur danach strebt, durch eigenes Wirken die Reinheit zu erlangen! Hält man diese erprobten Lehren der heiligen Väter zusammen, so gelangen wir zu folgender wahrhafter Schlußfolgerung, daß die hauptsächlichste, einzige und bequemste Methode zur Erlangung der Werke der Seelenrettung und der geistigen Vollendung die *Häufigkeit,* die Unablässigkeit des Gebetes ist, so ohnmächtig es auch immer sei.

Findest du in dir selber die Kraft nicht, Gott im Geist und in der Wahrheit anzubeten, hat dein Herz die Wärme und die ganze Süße im geistlichen und inneren Gebet noch nicht geschmeckt, so bringe du als Gebetsopfer dar, was du kannst, was deinem Willen entspricht, was deinen Kräften gemäß ist. Mögen die niederen Organe deines Mundes sich eher mit dem häufigen unabänderlichen Gebetsanruf in Einklang befinden als dein Herz, mögen dieselben oft, unablässig den mächtigen Namen Jesu Christi anrufen! Das macht keine große Mühe und entspricht jedermanns Können. Zudem wird das ja auch im wohlerprobten Gebot des heiligen Apostels verlangt: ‚Durch ihn also laßt uns Gott allzeit darbringen das Opfer des Lobes, das ist die Frucht der Lippen, welche seinen Namen bekennen.‘ (Hebr 13, 15.)

Die Häufigkeit des Gebetes wird gewiß zur Könnerschaft hinführen und zur zweiten Natur werden und wird mit der Zeit auch Geist und Herz in die entsprechende Stimmung versetzen. Stelle dir dabei vor, wenn der Mensch regelmäßig dieses eine Gebot Gottes vom unablässigen Gebet erfüllte, so hätte er mit dem einen auch alle anderen Gebote erfüllt, denn wenn er ohne Unterlaß zu jeder Zeit und bei jeglichem Tun oder bei jeder Beschäftigung betet, im Innern den göttlichen Namen Jesu Christi anruft, wenn auch anfangs ohne warmes Herzensempfinden und ohne Eifer, ja, selbst wenn er sich nur dazu zwingen müßte, so hätte er dann eben doch keine Zeit für sinnliche sündhafte Zerstreuungen. Jeder freventliche Gedanke würde auf Widerstand in ihm selber stoßen und könnte sich nimmer verbreiten. Jedes sündhafte Tun würde nicht so überlegt werden, als wenn der Geist müßig umherirrt: alles Geschwätz und Gerede würde beschränkt werden oder gänzlich aufhören, ein jedes Tun würde sogleich durch die gnadenreiche Kraft des so häufig angerufenen Namens Gottes gereinigt sein. Die häufige Übung des Gebets würde die Seele oft von sündigem Tun weglocken und dich hinführen zum wesentlichen Wissen, zu der Vereinigung mit Gott! Siehst du nun, wie wichtig und notwendig die Quantität beim Gebet ist? Die Häufigkeit des Gebets ist der einzige Weg, um zu reinem und wahrhaftem Beten zu gelangen; es ist die allerbeste, allerwirksamste Vorbereitung zum Gebet, ja, der zuverlässige Weg zur Erreichung des Gebetszieles und der Rettung!

Zwecks weiterer Befestigung deiner Überzeugung betreffs der Notwendigkeit und Fruchtbarkeit des häufigen Gebets merke dir so fest als nur möglich: 1. Jegliche Wallung, jeder Gedanke an das Gebet ist Wirkung des Heiligen Geistes und Stimme deines Schutzengels. 2. Der Name Jesu Christi, im Gebet angerufen, enthält in sich selber die selbstseiende und selbstwirkende Kraft der Gnade, und darum 3. lasse dich nicht beirren, wenn dein Gebet trocken oder unrein ist, und warte mit Geduld auf die Frucht der häufigen Anrufung des Namens Gottes. Höre nicht auf sinnlose, ja kindische Einflüsterungen der eitlen Welt, so, als wäre ein unablässiges, aber kaltes Anrufen ein unnützliches Geschwätz. Nein! Die Kraft des Namens Gottes und die Häufigkeit der Anrufung werden zur rechten Zeit Frucht tragen!

Ganz wunderbar redet hiervon einer der Autoren: ‚Ich weiß', so sagt er, ‚daß zahlreichen, pseudogeistigen, pseudoweisen Philosophen (die allüberall nur nach erlogener Erhabenheit und nach gleichsam in den Augen der Vernunft und der Hoffart edlen Geistesübungen fragen) die schlichte, mit dem Munde gesprochene und immer einförmige, wiederholte Gebetsübung als unbedeutend oder als eine niedere Beschäftigungsart oder gar als ein müßiger Zeitvertreib erscheinen mag. Doch sie belügen sich selbst, die Unglückseligen, sie vergessen Jesu Christi Anweisung: ›So ihr nicht werdet wie die Kinder, werdet ihr nicht in das Reich Gottes kommen.‹ Sie erfinden sich eine Art Wissenschaft des Betens, gegründet auf dem sandigen Grunde des natürlichen Verstandes. Bedarf es da eines langen Lernens, des Verstehens oder des Wissens, um reinen Herzens zu sagen: ›Jesus, Sohn Gottes, erbarme dich meiner!‹ Waren das nicht die häufigen Gebete, die unser göttlicher Lehrmeister selber gepriesen hat? Waren etwa nicht durch solch kurze, aber häufige Stoßgebete so viele Wunder erbeten und auch geschehen?! Sei also wachsam und verstumme nicht mit dem unablässigen Anrufen und Sprechen des Jesusgebetes! Wenn dieser Ruf auch aus einem zerstreuten und von den Eitelkeiten der Welt halberfüllten Herzen herrühren mag – das macht nichts! Man muß es nur fortsetzen, nicht verstummen! Und ängstige dich nicht: dieser Aufschrei wird sich von selber durch die häufige Wiederholung reinigen! Vergiß es niemals: ›Der in euch ist, ist größer als der in der Welt‹, (1 Joh 4, 4). ›Gott ist größer als unser Herz‹ (1 Joh 3, 20).‘

Nach allen diesen Ausführungen, daß die Häufigkeit des Gebetes trotz aller Schwäche so mächtig ist, daß sie ohne Zweifel dem Menschen zugänglich ist und völlig in seinem Willen liegt, entschließe dich denn, wenn auch zum erstenmal und nur für einen Tag, es an dir selber zu versuchen und dich selber zu beobachten, die Häufigkeit deines Gebetes zu überwachen, so jedenfalls, daß auf die Anrufung des Namens Jesu Christi im Gebet viel mehr Zeit im Lauf von vierundzwanzig Stunden verwandt wird als auf andere Beschäftigungen; und diese Überlegenheit des Gebets über die Anliegen des Tages wird dir unweigerlich beweisen, daß dieser Tag kein verlorener Tag war, sondern erworben zur

Rettung deiner Seele; daß auf der Waage der göttlichen Gerechtigkeit das häufige Gebet die Waagschale deiner Schwachheiten und sonstigen Unzulänglichkeiten überwiegt und die Sünden eines Tages im Buche des Gewissens tilgt, dich in den Stand der Gerechtigkeit setzt und dir die Hoffnung schenkt, Heiligung für das ewige Leben zu gewinnen."

PILGER: „Von ganzem Herzen danken wir Euch, ehrwürdiger Vater! Ihr habt durch das Gelesene meine Seele erquickt. Erteilt mir um Gottes willen Euren Segen, das hier Gelesene abschreiben zu dürfen. In ein paar Stunden habe ich es geschafft. Alles, was Ihr gelesen habt, ist so wundervoll und erfreulich und so einleuchtend für meinen Verstand und just so, wie die heiligen Väter in der ‚Tugendliebe' darüber reden. Da heißt es im vierten Teil der ‚Tugendliebe' bei Johannes von Karpathos auch, daß man, wenn einem die Kraft zur Enthaltsamkeit fehlte und desgleichen die Kraft für fromme Werke, doch allzeit wissen müsse, daß Gott dich durch das Gebet retten will. Und wie klar und verständlich ist das in Eurem Aufsatz dargelegt! Ich danke erstens Gott dem Herrn, und dann Euch, daß Ihr mich gewürdigt habt, dies anzuhören!"

PROFESSOR: „Auch ich habe mir mit großer Aufmerksamkeit und Befriedigung Ihre Vorlesung, verehrtester Vater, angehört! Alle Ihre Begründungen halten den strengsten Anforderungen stand; sie erscheinen mir hochbeachtlich; doch will mir scheinen, daß die Möglichkeit unablässigen Betens vornehmlich durch hierfür besonders geeignete Umstände und durch vollkommene Abgeschiedenheit begünstigt wird. Denn ich bin damit einverstanden, daß das häufige oder unablässige Gebet ein machtvolles, ja das einzige Mittel ist, um die gnadenreiche Hilfe in allen Dingen, die die Frömmigkeit und die Heiligung der Seele betreffen, zu erlangen, und daß es der Kraft des Menschen auch angemessen ist; dieses Mittel läßt sich aber nur dann anwenden, wenn dem Menschen die Gelegenheit zur Abgeschiedenheit und Ruhe geboten wird: hält er sich von Arbeiten, vom täglichen Hin und Her, von Zerstreungen fern, so kann er häufig oder unablässig beten, nur *einen* Kampf hat er dann zu bestehen, den gegen geistige Trägheit oder das Andrängen zerstreuender Gedanken oder Absichten. Wenn aber dienstliche Pflichten vorliegen, Arbeiten, die keine Unterbrechung dulden, wenn der Betreffende dauernd im lärmenden Kreise von Menschen sich bewegen muß und wenn ihn dann noch sehr danach verlangte zu beten, so könnte er es doch nicht in Anbetracht dauernder Ablenkungen. Somit kann das einzige Mittel für häufiges Beten nur unter günstigen Umständen und jedenfalls nicht von allen benutzt werden, weil es eben nicht allen zur Verfügung steht."

SKHIMNIK: „Ihr Schluß ist nicht zutreffend. Um davon zu schweigen, daß ein Herz, das im inneren Gebet bewandert ist, immer, bei allen Beschäftigungen (sei es in physischer oder geistiger Art), bei jedem Alltagslärm unbehindert beten und Gottes Namen anrufen kann (der es betreibt, wird es aus Erfahrung kennen, der es aber nicht kennt, müßte es allmählich erlernen), läßt sich positiv sagen, daß überhaupt keine abseitige Zerstreuung das Gebet eines Menschen, der beten will, zu unterbrechen imstande wäre, denn das geheime Denken unterliegt weniger äußerer Bindung, zu jeder Zeit kann es empfunden und in Gebet umgesetzt werden, ja selbst die Zunge kann im Verborgenen, ohne nach außen dringenden Laut, das Gebet in Anwesenheit vieler, auch bei äußeren Beschäftigungen, zum Ausdruck bringen. Zudem sind unsere Beschäftigungen gar nicht so wichtig und unsere Gespräche nicht so interessant, daß sich nicht eine Gelegenheit wahrnehmen ließe, zeitweise und oft während dieser Beschäftigung oder der Gespräche den Namen Jesu Christi anzurufen, selbst wenn der Geist im unablässigen Gebet noch nicht geübt ist. Obwohl gewiß die Abgeschiedenheit von Menschen und zerstreuenden Dingen

Hauptvoraussetzung für aufmerksames und unablässiges Beten ist, soll man dennoch nicht – im Falle der Unmöglichkeit es zu üben – für sich selber nach einer Entschuldigung suchen, daß man es nur selten übt – sofern die Quantität, die Häufigkeit in den Möglichkeiten eines jeden gelegen ist, sowohl des Gesunden wie des Kranken –, es hängt von dem Willen ab! Das wird durch Beispiele bewiesen, und zwar jener, die mit Verpflichtungen überhäuft, durch ihre Arbeiten, Sorgen, Geschäfte und andere Beschäftigungen in Anspruch genommen, nicht nur *immer* den göttlichen Namen Jesu Christi angerufen haben, sondern auch gerade hierdurch das unablässige innere Gebet des Herzens erlernt und sich zu eigen gemacht haben. So verharrte der Patriarch Photius, der als Senator zum Patriarchen erhoben wurde, bei der Verwaltung seines gewaltigen Konstantinopeler Patriarchats unablässig in der Anrufung des Namens Gottes und erreichte sogar hierdurch das sich von selber betätigende Herzensgebet. So hat Kallistos auf dem Athos – der durch das Gehorsamsgelübde gebunden war, sich als Koch zu betätigen – das unablässige Gebet erlernt. So hat der herzensschlichte Lazarus, der unentwegt mit Arbeiten für die Bruderschaft belastet war, trotz des lauten Arbeitsgetriebes um ihn her unablässig das Jesusgebet gesprochen und seine Ruhe darin gefunden. Und so gibt es noch viele andere, die sich in ähnlicher Weise im unablässigen Anrufen des Namens Gottes geübt haben. Wäre es unmöglich, bei ablenkenden Arbeiten oder in der Gesellschaft von Menschen zu beten, so würde dies sicherlich nicht vorgeschrieben werden. Der hl. Johannes Chrysostomos sagt aber in seiner Belehrung über das Gebet folgendes: ‚Es möge doch keiner sagen, es wäre für einen, der sich mit des Lebens Notwendigkeiten befaßt oder der nicht die Kirche besuchen könne, unmöglich, immer zu beten. Wo du auch sein magst, überall kannst du in deinem Geist Gott einen Opferaltar durch dein Gebet errichten.‘ So ist es den auf der Wanderung und unterwegs auf der Reise Befindlichen, dem, der am Kaufstand steht und der auf dem Handwerksschemel sitzt, durchaus möglich zu beten; überall und an jedem Ort kann man beten. Und tatsächlich, wenn der Mensch sich selber aufmerksam in Obacht nimmt, so wird er überall die Gelegenheit zum Beten wahrnehmen, wofern er nur davon überzeugt ist, daß das Gebet allen seinen anderen Pflichten voraufgeht und seine Hauptbeschäftigung bildet. Täte er also, dann würde er natürlich in seinen Geschäften entschlossener sein, er würde bei notwendigen Gesprächen mit anderen sich kurz fassen, schweigsam sein und sich vor unnötiger Vielrederei hüten; er würde nicht überflüssigerweise sich dauernd zu schaffen machen und auf diese Weise mehr freie Zeit für sein stilles Gebet gewinnen. Bei solcher Gestimmtheit würde alles, was er tut, kraft der Anrufung des Namens Gottes durch Erfolge ausgezeichnet sein, und schließlich würde er sich an die unablässige Anrufung des Namens Jesu Christi im Gebet gewöhnt haben und es aus eigenster Erfahrung wissen, daß die Häufigkeit des Gebets, dieses für die Rettung der Seele einzigen Mittels, den Möglichkeiten und dem Willen des Menschen angepaßt ist und daß man zu jeder Zeit, in jeder Lage, an jedem Ort beten kann und es leichtfällt, vom häufigen mündlichen Gebet zum geistigen Gebet aufzusteigen und von diesem zum immerwährenden Herzensgebet, welches das Reich Gottes in uns erschließt."

PROFESSOR: „Ich bin damit einverstanden, daß es bei allen mechanischen Verrichtungen möglich, ja sogar bequem ist, das häufige und sogar das unablässige Gebet zu üben, denn ein mechanisches Handwerk erfordert keine angespannte Vertiefung und keine besondere Überlegung, darum kann sich auch mein Geist hierbei in das unablässige Gebet versenken, und die Lippen würden demselben folgen. Wenn ich aber einer rein geistigen Beschäftigung nachgehe, also etwa mit einer viel Aufmerksamkeit erfordernden Lektüre oder mit Nachdenken über einen tieferen Gegenstand oder mit Schreiben eines Aufsatzes oder eines Buches beschäftigt bin – wie könnte ich da gleichzeitig mit dem Verstande und mit dem Munde beten? Da nun aber das Gebet vornehmlich Sache des Verstandes ist – auf welche Weise sollte ich dann dem einen Verstande gleichzeitig verschieden geartete Beschäftigungen zumuten?“

Skhimnik: „Die Lösung dieser Ihrer Frage dürfte gar nicht schwerhalten, wenn wir bedenken, daß die unablässigen Beter in drei Kategorien zerfallen: 1. Anfänger, 2. Fortgeschrittene und 3. solche, die das Gebet bereits erlernt haben. Demzufolge können die Anfänger auch bei geistiger Arbeit einen zeitweisen Aufflug des Verstandes und Herzens zu Gott empfinden und zugleich das kurze mündliche Gebet sprechen; die Fortgeschrittenen aber oder jene, die zu einer ständigen Gebetshaltung des Geistes gelangten, können sich recht wohl mit gedanklicher Arbeit in der ununterbrochenen Gegenwart Gottes, als der Grundlage des Gebets, abgeben. Das ließe sich an folgendem Beispiel klarmachen: Stell dir einmal vor, ein strenger und viel fordernder Herrscher habe dir geboten, eine Untersuchung über ein von ihm gestelltes schwieriges Thema auszuarbeiten – in seiner Gegenwart, an den Stufen des Thrones! Nun könntest du mit deinem Gegenstand noch so sehr beschäftigt sein, allein des Herrschers Gegenwart, in dessen Hand dein Leben liegt, wird so spürbar sein, daß du auch keinen Augenblick lang vergessen wirst – nicht für dich allein zu denken, zu überlegen, zu schreiben, sondern an einem Ort zu sein, der ganz besondere Andacht, Achtung, Ehrfurcht von dir verlangt. Diese Empfindung und das lebendige Gefühl der Nähe des Herrschers bringen klar die Möglichkeit zum Ausdruck, sich unablässig mit dem inneren Gebet abzugeben und zugleich mit einer geistigen Arbeit beschäftigt zu sein. Was nun jene betrifft, die durch lange Übung oder durch Gottes Gnade den Weg vom geistigen Gebet zum geistlichen Herzensgebet gefunden haben, so dürften dieselben nicht nur bei intensiver, geistiger Arbeit, sondern sogar im Schlaf mit dem unablässigen Gebet nicht aussetzen, wie es auch im Hohenliede heißt: ‚Ich schlafe, jedoch mein Herze wacht' (5, 2). Bei den Fortgeschrittenen erlangt die Rhythmik des Herzens eine solche Fähigkeit im Anrufen des Namens Gottes, daß es, sich von selbst zum Gebet anfeuernd, auch Geist und Seele zu unablässigen Gebetsergießungen entflammt, gleichviel in was für einer Stimmung der Betende sich befinden mag oder ob er mit abstrakten oder rein geistigen Dingen befaßt ist."

Priester: „Erlauben Sie auch mir, ehrwürdigster Herr, meine Gedanken auszusprechen. In dem verlesenen Aufsatz fand sich die treffliche Bemerkung, der einzige Weg zum Heil und zur Vollendung wäre die Häufigkeit des Gebets, ‚gleichviel wie es sei'. Mir geht das nicht ganz ein, und mir kommt der Gedanke: Was hat es für einen Nutzen, wenn ich unablässig bete und nur mit der Zunge den Namen Gottes anrufe, aber weder Aufmerksamkeit noch Verständnis für das von mir Gesprochene aufbringe? Das kommt doch einem müßigen Gerede gleich! Die Folge davon könnte nur sein, daß sich die Zunge ‚überschwätzt', der Geist aber, im Gedankenfluge gehemmt, in seinen Befähigungen benachteiligt wird. Gott verlangt keine Worte von uns, sondern einen aufnehmenden, willigen Geist und ein reines Herz. Wäre es nicht besser, wenn auch nur selten, oder zu festgesetzten Stunden, ein wenn auch nur kurzes Gebet, aber mit Aufmerksamkeit, mit Inbrunst, mit Herzenswärme und mit gebührendem Verständnis, zu sprechen? Andernfalls könnte man zwar Tag und Nacht beten – fehlt einem aber die Seelenreinheit und fehlen die guten Werke, so würde man ja durch dieses Tun nichts erlangen, was zum Heil hinführt; man bliebe dann beim rein äußerlichen Hinschwatzen, würde schließlich müde und matt werden, würde sich langweilen, und die Folge könnte nur sein, daß man für den Glauben und fürs Gebet erkaltet, um dann die müßige

Übung glatt aufzugeben. Des weiteren kann man das Unnütze eines nur mündlichen Betens auch in den bezichtigenden Worten der Heiligen Schrift nachlesen: ‚Diese Menschen ehren mich mit den Lippen; ihr Herz aber ist ferne von mir‘ (Mk 7,6); ‚Nicht jeder, der zu mir sagt: Herr, Herr!, wird in das Himmelreich eingehen‘ (Mt 7,21); ‚Ich wollte lieber fünf Worte mit meinem Geiste sagen, als eine Unmenge von Worten, nur mit der Zunge gesprochen‘ (1 Kor 14,19) und ähnliches. Das alles beweist die Fruchtlosigkeit des äußeren, unaufmerksamen Lippengebets.“

Skhimnik: „Die von Ihnen gebrachte Schlußfolgerung wäre nicht unbegründet, wenn nicht mit dem Rat zu mündlichem Gebet *Unablässigkeit* oder *immerwährendes Tun* verbunden wäre, wenn das Gebet im Namen Jesu Christi nicht eine selbsttätige Kraft darstellte und wenn man nicht durch die Übung Aufmerksamkeit und Gebetseifer erlangte! Da es hier aber um die Häufigkeit geht, um das lang andauernde, unablässige Gebet (wenn dasselbe auch im Anfang als Begleiterscheinung Unaufmerksamkeit oder Trockenheit zeitigt), so dürften damit Ihre nicht richtigen Schlußfolgerungen widerlegt sein. Wollen wir das genauer betrachten. Ein geistlicher Autor, der den außergewöhnlichen Nutzen und die Fruchtbarkeit des häufigen Betens, in gleichförmigen Worten zum Ausdruck gebracht, herausstellen will, sagt zum Schluß: ‚Obschon viele Scheingebildete dieses mündliche und häufige Beten ein und desselben Gebets für unnütz, ja gar für kleinlich halten, indem sie es als eine mechanische und sinnlose Beschäftigung einfacher Leute abtun, so kennen sie zum Unglück das Geheimnis nicht, das sich später durch diese mechanische Übung offenbart; sie wissen nicht, wie dieses mündliche, aber häufige Seufzen unmerklich auch vom Herzen mitgetan, nach innen herein vertieft, wie es mit Wonnen erfüllt, wie es gleichsam zur zweiten Natur der Seele wird, sie erleuchtend, sie nährend und zu Gott, zur Vereinigung mit ihm hinführend. Diese Tadler scheinen mir kleinen Kindern zu gleichen, denen man das Alphabet und das Lesen hat beibringen wollen; das Lernen hat sie eines Tages gelangweilt, und da haben sie geschrien: Wäre es denn nicht hundertmal besser, auf Fischfang zu gehen, wie unsere Väter taten, als den ganzen Tag damit zu verbringen, unaufhörlich das Abc zu wiederholen oder mit Gänsefedern auf dem Papier herumzukratzen!? Der Nutzen und die Aufklärung, die ihnen in spätere Folge, nach dem langweiligen Einprägen der Buchstaben, bevorsteht, ist für sie ein Geheimnis. Ähnlich ist das schlichte, aber häufige Anrufen des Namens Gottes ein unerklärliches Geheimnis für jene, die weder Kenntnis noch das Überzeugtsein von dessen späterem unermeßlichem Nutzen haben. Indem sie ein Anliegen des Glaubens mit der Stärke ihres unerfahrenen und kurzsichtigen Verstandes zu bemessen trachten, vergessen sie dabei ganz, daß der Mensch aus Leib und Seele besteht, die sich gegenseitig beeinflussen. Warum säuberst du denn beispielsweise vorher deinen Leib, wenn dich danach verlangt, deine Seele zu reinigen? Du fastest, du entziehst dem Körper nahrhafte und aufreizende Kost. Gewiß tust du das, damit der Leib die Reinheit der Seele und die Erleuchtung der Vernunft nicht beeinträchtige, oder besser gesagt, damit die Seele gefördert werde; damit das immerwährende Hungergefühl im Körper dich an deine Entschlossenheit gemahne, nach innerer Vervollkommnung zu streben und Gott Wohlgefälliges zu tun, was du so leicht vergißt. Aus der Erfahrung merkst du es, daß du durch äußeres Fasten eine innere Verfeinerung deiner Vernunft, Ruhe des Herzens, ein Werkzeug zum Niederhalten deiner Leidenschaften und eine Mahnung an die geistliche Übung erlangst. So erwirbst du denn mittels der äußeren Materie inneren geistigen Gewinn und Förderung. Genauso mußt du das mündliche unablässige Beten auffassen, das mittels der lang anhaltenden Dauer das innere Beten deines Herzens entfaltet: es fördert und sichert die geistige Vereinigung mit Gott. Vergebens meint man, dank der Häufigkeit würde man den Zungenschlag bekommen und man würde, gelangweilt von der trokkenen Unvernünftigkeit, diese unnütze äußere Gebetsübung überhaupt ganz aufgeben. O nein! Die Erfahrung lehrt etwas ganz anderes: Jene, die praktisch das unablässige Gebet üben, versichern, daß folgendes geschieht: Einer, der sich entschlossen hat, den Namen Jesu Christi unablässig anzurufen oder, was dasselbe ist, ununterbrochen das Jesusgebet zu sprechen, wird natürlich anfangs Mühe haben und gegen Anwandlungen von Trägheit ankämpfen müssen; doch je länger, je mehr er sich übt, desto sinnenbefreiter verwächst er mit seinem Tun derart, daß in der Folge sein Mund und seine Zunge sich ganz von selber so bewegen, daß sie ganz von selbst, ohne jede Anstrengung, sich unaufhaltsam bewegen und ohne Stimme das Gebet sprechen. Hiermit zugleich wird der Mechanismus der Kehlkopfmuskeln so eingestellt, daß der Betende zu fühlen beginnt, daß das unablässige Sprechen des Gebetes für ihn zu einer immerwährenden, wesentlichen Angelegenheit geworden ist; und wenn er nun etwa damit aussetzt, so empfindet er es sogleich, daß ihm etwas abgeht; dieses aber ist auch der Grund dafür, daß auch der Verstand von selber dazu übergeht, auf diese unwillkürliche Betätigung des Mundes hinzuhorchen, wodurch er zur Aufmerksamkeit angeregt wird, die dann schließlich zum Quell der Herzenswonne und zum wahrhaften Gebet wird.‘

Das eben ist die wahre und wohltuende Folge des unablässigen oder häufigen mündlichen Gebets – also ganz entgegengesetzt der Schlußfolgerung jener, die keine Erfahrung haben und von dieser Sache gar nichts verstehen! Was nun die Schriftstellen betrifft, die Sie hier als Beweis für Ihre Entgegnung anführten, so findet man bei genauerer Betrachtung dieser Stellen auch die Erklärung. Ein heuchlerisches Ehren Gottes, ein Sich-dessen-Rühmen oder ein hinterlistiges Rufen: Herr, Herr! wird von Jesus Christus darum getadelt, weil die vermessenen Pharisäer ihren Glauben an Gott nur auf der Lippe trugen und weil sie denselben nicht im mindesten in die Tat umsetzten und ihn nicht mit dem Herzen bekannten. *Ihnen* gilt das; also bezieht es sich nicht auf das Sprechen des Gebets, von dem Jesus Christus ausdrücklich lehrt, daß man allzeit beten und nicht nachlassen müsse (das heißt nicht müde werden dürfe). So gibt denn auch der heilige Apostel Paulus den Vorzug den kurzen, verständlich gesprochenen Worten, nicht einer Unmenge von Worten, die entweder sinnlos hingesprochen oder in der Kirche in einer fremden Sprache vorgetragen werden, was sich auf die Unterweisung der Gemeinde bezieht, nicht aber auf das eigentliche Gebet, wovon er positiv sagt: ‚Betet ohne Unterlaß!‘ (1 Thess 5, 17.) Seht Ihr nun, wie das häufige Gebet bei aller Einfachheit Frucht bringt? Und wie streng darauf zu achten ist, daß die Heilige Schrift auch richtig verstanden wird!“

Pilger: „So ist es wahrhaftig, hochwürdiger Herr! Ich habe viele gesehen, die ganz einfach, ohne jegliche aufklärende Belehrung und ohne zu wissen, was Aufmerksamkeit ist, ganz von selbst das unablässige Jesusgebot verrichteten und damit erreichten, daß ihre Lippen und ihre Zunge nicht davon abgehalten werden konnten, das Gebet zu sprechen, das sie späterhin mit einer solchen Wonne erfüllte und erleuchtete und aus ihnen, den Schwachen und Trägen, Vorkämpfer und Helden der Tugend machte.“

Skhimnik: „Ja, so ist es! Durch das Gebet wird der Mensch gleichsam wiedergeboren. Seine Kraft ist so gewaltig, daß nichts in der Welt, auch keine Macht der Leidenschaft ihm zu widerstehen vermöchte. Wenn es Euch genehm ist, so möchte ich noch zum Abschied einen kurzen, interessanten Aufsatz vorlesen, den ich hier bei mir habe.“

Alle: „Wir wollen mit andächtiger Freude hören!“

„Das Gebet ist so stark, so mächtig, daß du ‚beten und tun kannst, was du willst', und das Gebet wird dich zum rechten und wahrhaften Wirken hinführen.

Um Gott wohlzugefallen, bedarf es nur der Liebe. ‚Habe nur Liebe und tue, was du willst', sagt der heilige Augustinus – denn wer wahrhaft liebt, der kann es nicht einmal wollen, dem Geliebten etwas anzutun, was ihm nicht angenehm wäre. Da das Gebet Liebeserguß und Wirkung der Liebe ist, so kann man von ihm tatsächlich ähnliches sagen: Für die Errettung der Seele bedarf es nur des immerwährenden Gebets: Bete und tue, was du willst, und du wirst das Ziel des Gebets erreichen; du wirst durch es geheiligt werden!

Um die Vorstellung von diesem Gegenstand deutlicher zu machen, greifen wir zu Beispielen:

1. Bete und denke alles, was du nur willst, und dein Denken wird durchs Gebet geläutert werden. Das Gebet wird deinen Geist erleuchten; es wird alle abwegigen Gedanken vertreiben und dich beruhigen. Der heilige Gregorios, der Sinaite, bestätigt dieses: ‚Willst du Gedanken vertreiben und den Geist reinigen, so vertreibe sie durchs Gebet, denn außer durch das Gebet lassen sich die Gedanken nicht zügeln.' Auch der heilige Johannes Klimakos sagt desgleichen: ‚Besiege durch Jesu Namen die geistigen Feinde. Du wirst keine andere Waffe finden als diese!'

2. Bete und tue, was du willst, und deine Werke werden Gott wohlgefällig sein, dir selber aber nützlich und heilbringend!

Häufiges Beten, gleichviel worum es geht, bleibt nicht ohne Frucht, denn in ihm selber ist eine heilbringende Kraft beschlossen. ‚Heilig ist sein Name, und jeder, der den Namen des Herrn anruft, wird gerettet' (Apg 2,21). So wird beispielsweise einer, der ohne Erfolg in Sünden betet, durch dieses Gebet erleuchtet und zur Reue gerufen. Ein lockeres Mädchen betete, und das Gebet wies ihm den Weg zum jungfräulichen Leben und zum Hören und Vernehmen der Lehren Jesu Christi.

3. Bete und bemühe dich nicht, aus eigener Kraft deiner Leidenschaften Herr zu werden. Das Gebet wird sie in dir zunichte machen. ‚Denn der in euch ist, ist größer als der in der Welt', sagt die Heilige Schrift. Der heilige Johannes von Karpathos lehrt: ‚Wenn du die Gabe der Enthaltsamkeit nicht hast, so trauere nicht darum; wisse aber, daß Gott von dir Eifer fürs Gebet fordert, und das Gebet wird dich erretten.' Auch ein Starez möge als Beispiel dienen, der ‚fallend siegte', das heißt, er strauchelte, aber er verzweifelte nicht, sondern hielt sich ans Gebet und überwand die Versuchung.

4. Bete und fürchte nichts; fürchte dich weder vor Unglück noch vor Unheil – das Gebet wird dir zur Abwehr dienen und alles abwenden. Denke an den kleingläubigen Petrus, da er am Ertrinken war, an Paulus, als er im Gefängnis betete, an den Mönch, der durch Gebet einer Versuchung widerstehen konnte; an die Jungfrau, die durch Gebet gerettet wurde, als sie von einem Kriegsknecht arg bedrängt wurde. Hierdurch wird die Kraft, die Macht, das Allumfassende des Gebets im Namen Jesu Christi bestätigt.

5. Bete nur irgendwie, aber immer, und laß dich nicht verwirren! Sei fröhlich im Geiste und ruhig: Das Gebet wird alles machen und dich unterweisen. Denke daran, was Johannes Chrysostomos und Markos der Eremit vom Gebet sagen: ‚Wenn wir, die Sündigen und von Sünden Behafteten, unser Gebet darbringen, so werden wir durch dasselbe alsbald gereinigt.' Des anderen Wort lautet: ‚Irgendwie zu beten liegt in unserer Macht; aber rein zu beten ist ein Geschenk der Gnade.' Also, was in deiner Macht ist, das opfere Gott auf; bringe wenigstens die dir mögliche Anzahl dar – ihm als Opfer, und Gottes Kraft wird sich in deine Ohnmacht

ergießen; auch ein trockenes und zerstreutes, aber häufiges, immerwährendes Gebet wird, wenn es dir erst zur zweiten Natur geworden ist, zu einem reinen, lichten, flammenden und rechten Gebet werden.

6. Wenn du endlich die Zeit deines Wachseins mit Gebet begleitest, so ist es bekanntermaßen nur natürlich, daß für sündhafte Werke keine Zeit übrigbleibt, ja nicht einmal für Gedanken an solche.

Siehst du nun, wie viele tiefe Gedanken in dem weisen Ausspruch beschlossen sind: ‚Habe nur Liebe und tue, was du willst'? Bete und tue, was du willst! Wie beseligend und tröstend ist doch alles Gesagte für den Sünder, der an seiner Schwachheit leidet, für ihn, der unter der Last der andrängenden Leidenschaften stöhnt!

Das Gebet – es ist alles, was uns als allumfassendes Mittel zur Rettung und zur Vervollkommnung der Seele verbleibt. So ist es! Aber mit dem Wort ‚Gebet' ist hier auch die Bedingung aufs engste verknüpft: Unablässig beten! Es ist ein Gebot Gottes. Es wird folglich das Gebet dann seine alles bewirkende Kraft und Frucht zeigen, wenn es oft gesprochen, wenn es unablässig gesprochen wird, denn das häufige Gebet gehört ohne Zweifel unserem Willen an, wie Reinheit, Eifer und Vollkommenheit des Gebetes Gaben der Gnade sind.

So laßt uns denn möglichst oft beten, laßt uns unser ganzes Leben dem Gebet weihen, wenn es auch im Beginn zerstreut sein sollte! Die Häufigkeit der Übung wird uns Aufmerksamkeit lehren, die Dauer wird ohne Zweifel zur Tiefe führen. ‚Wenn wir etwas wirklich gut zu machen lernen wollen, so müssen wir es so häufig als nur möglich tun', hat ein erfahrener geistlicher Autor gesagt."

Professor: „Wahrhaftig – das Beten ist eine große Sache! Der Eifer, es häufig auszuüben, ist der Schlüssel, um uns seine gnadenreichen Schätze zu erschließen. Doch wie gar häufig finde ich in mir selber den Kampf zwischen Trägheit und Eifer! Wie wünschenswert wäre es, ein Mittel zu finden und Hilfe, um siegreich zu bestehen und zur Überzeugung durchzudringen, zum Verlangen.

ZUR ERWECKUNG DES UNABLÄSSIGEN GEBETS

Skhimnik: „Viele religiöse Schriftsteller nennen verschiedene Mittel, die auf dem gesunden Menschenverstande basierend, Eifer zum Gebet wecken, wie zum Beispiel:

1. Sie raten, man solle sich in Meditation über die Notwendigkeit, Vortrefflichkeit, Fruchtbarkeit des Gebets zum Heil der Seele vertiefen.

2. Fest davon durchdrungen sein, daß Gott von uns unbedingt das Gebet fordert und daß sein Wort dieses überall verkündet.

3. Immer des eingedenk sein, daß man wegen Trägheit und Nachlässigkeit im Gebet, in der Frömmigkeit nicht fortschreiten kann, auch weder Ruhe noch Rettung der Seele wird finden können; darum wird man unweigerlich dafür zur Rechenschaft gezogen werden sowohl durch Strafen hier auf Erden wie auch durch ewige Qualen im Jenseits.

4. An den Beispielen der Gott wohlgefälligen Menschen soll man seine Entschlossenheit entfachen, jener, die durch unablässiges Gebet Heiligung, Rettung der Seele u. a. erringen konnten.

Obwohl nun alle diese Mittel ihren besonderen Wert haben und einem wahren Verständnis entspringen, so wird eine an mangelndem Eifer krankende, wollüstige Seele, wenn sie diese Mittel sich aneignet und auch gebraucht, dennoch nur selten deren Fruchtbarkeit wahrnehmen aus dem einfachen Grunde, weil diese Heilmethoden einem verwöhnten Geschmack bitter vorkommen und für die schwergeschädigte Natur zu schwach sind. Wer von den Christenmenschen wüßte denn nicht, daß man oft und voller Eifer beten muß und daß Gott das verlangt; daß wir für Trägheit im Beten bestraft werden, daß alle Heiligen eifrig und unablässig beteten; dennoch wird all dieses Wissen nur sehr selten wohltuende Folgen zeitigen! Jeder Beobachter sieht es an sich selber, daß er diese Eingebungen der Vernunft oder des Gewissens entweder zuwenig oder überhaupt nicht durch sein Tun rechtfertigt, und wiewohl er recht häufig sich daran erinnert, beharrt er dennoch in seinem schlechten Leben und in seiner Trägheit.

Darum auch haben die erfahrenen und gottweisen heiligen Väter, die des Willens Schwachheit und des Menschen Herz sehr wohl kannten, vor allem auf eben dieses Herz eingewirkt und im Hinblick hierauf, gleich Ärzten, die eine bittere Arznei mit süßem Sirup durchsetzen und die Ränder des Arzneiglases mit Honig bestreichen, ein vollkommen leichtes und wirksames Mittel entdeckt, durch welches Trägheit und Laxheit im Gebet bekämpft werden, und dieses besteht in der Hoffnung, mit Gottes Hilfe die Vollkommenheit zu erringen und durchs Gebet in seliger Sehnsucht nach der Liebe zu Gott zu trachten. Sie geben den Rat, so sehr man kann, häufig über diesen Zustand der Seele zu meditieren und aufmerksam zu lesen, was die heiligen Väter hierüber sagen, um uns aufzumuntern. Sie beteuern, daß es leichthält, die beseligenden inneren Empfindungen im Gebet zu erlangen; und wie so ganz wunderbar dieselben sind als zum Beispiel: Wonne, die aus dem Herzen aufsteigt, süßeste Wärme und Licht, das im Innern erstrahlt, unsagbarer Jubel und Freude, Beschwingtheit, tiefe Ruhe, im innersten Wesen Seligkeit und Zufriedenheit mit dem Leben, im Herzen durch Einwirkung des Gebets erweckt. Durch Vertiefung in derlei Gedanken wird das schwache und kalte Herz erwärmt, befestigt, aufgemuntert zum Gebet durch den Erfolg und gleichsam hinverlockt zu diesen Erfahrungen der Gebetsübung, wie der heilige Isaak der Syrer hierüber sagt: ‚Ein Lockmittel für die Seele ist die Freude, die, durch Hoffnung erweckt, im Herzen erblüht; und das Wohlgedeihen des Herzens ist das Sichhineinversenken in die Hoffnung.‘ Und er fährt also fort: ‚Zu Beginn dieses Tuns und bis ans Ende ist irgendeine bestimmte Betweise vorauszusetzen und Hoffnung auf Vollendung ... dieses ist es auch, was den Geist dazu treibt, die Grundlegung des Werkes vorzunehmen und im Hinblick auf dieses Ziel Trost im Wirken selber zu suchen.‘ Ähnlich sagt auch der heilige Hesychios bei einer Schilderung der möglichen Hindernisse zum Gebet durch Trägheit, und zur Fortsetzung eben dieser Bemühungen aufmunternd, folgendes: ‚Alsdann wird man nach nichts anderem begehren als nach der sprachlosen Ruhe des Herzens.‘

Hieraus folgt aber, daß dieser heilige Vater zur Förderung des Gebetseifers lehrt: ‚dessen wonnesames Gefühl und Freudigkeit‘ ... Dementsprechend lehrt auch der große Makarios, ‚wir müßten unser geistliches Bemühen, um zu Früchten und zur Hoffnung auf Frucht, das heißt zur Erquickung unsres Herzens zu gelangen, auch wirklich ausführen‘.

Ein klares Beispiel dieses Verfahrens als eines mächtigen Mittels ist an vielen Stellen in der ‚Philokalia‘ in ausführlichen Schilderungen der Gebetsverzückungen zu finden; der Kämpfende soll dieses sooft wie möglich durch Lesen sich anzueignen suchen und das Laster der Trägheit oder die Trockenheit beim Gebet bekämpfen, indem er sich erst recht Vorwürfe darüber macht, daß er im Gebet keinen genügenden Eifer zeigt.“

Priester: „Ob ein Unerfahrener durch solche Erwägungen nicht zu geistiger Lüsternheit verführt wird, wie die Theologen jenes Sehnen des Herzens bezeichnen, das nach übergroßen Tröstungen und nach den Wohltaten der Gnade Verlangen trägt, anstatt sich damit zu begnügen, daß es die frommen Werke tun müsse, um der Pflicht willen, ohne viel an Lohn dabei zu denken?“

PROFESSOR: „Ich meine, daß die Theologen in diesem Falle zwar vor Maßlosigkeit oder Begehrlichkeit nach geistigen Genüssen warnen, aber die Wonnegefühle und Tröstungen des inneren Lebens ganz vergessen! Denn wollte man auf Belohnung warten, so wäre das keine Vollkommenheit; Gott untersagt es aber dem Menschen nicht, an Lohn oder an Tröstungen zu denken, ja er gebraucht mitunter selber den Gedanken an Belohnung, um den Menschen zur Ausführung der Gebote anzuspornen und zur Erreichung der Vollkommenheit. Du sollst Vater und Mutter ehren, lautet das Gebot, und die Belohnung folgt seiner Erfüllung unmittelbar: auf daß es dir wohlergehe. ‚Willst du vollkommen sein, so gehe hin und verkaufe dein Gut und gib den Armen‘, das ist die Forderung nach Vollkommenheit. Aber gleich darauf – die Belohnung, die den Anreiz enthält, die Vollkommenheit zu erlangen: ‚Habet euren Schatz im Himmel!‘ (Mt 1/, 27.)

‚Selig seid ihr, wenn euch die Menschen hassen und wenn sie euch ausschließen, schmähen und euren Namen als böse verwerfen um des Menschensohnes willen‘ (Lk 6, 22), das ist die große Forderung des Kampfes um Vollkommenheit, für den man ungewöhnlicher Kräfte des Geistes bedarf und unerschütterlicher Geduld. Dafür ist dann der große Lohn vorgesehen und der Trost, die dazu angetan sind, außerordentliche Kraft des Geistes zu entfachen und zu erhalten: ‚Denn euer Lohn ist groß im Himmel.‘ Darum glaube ich, daß auch ein gewisses Sehnen nach Süßigkeit beim Herzensgebet erforderlich ist, und es bildet auch das eigentliche Hauptverfahren, um ans Ziel zu gelangen ... So dürfte denn dieses alles unstreitig die praktische Erwägung des hochwürdigen Eremiten zu diesem Gegenstand, wie wir es eben gehört haben, bestätigen.“

SKHIMNIK: „Am deutlichsten spricht einer der großen

Theologen, nämlich der heilige Makarios von Ägypten, hierüber: ‚Wie man beim Pflanzen der Reben Fleiß und Mühe daran geben muß, um dann Lese zu halten, denn alles wäre vergeblich, wenn keine Trauben kämen, so ist es auch mit dem Gebet, wenn es an Früchten des Geistes, nämlich an Liebe, Friede, Freude und ähnlichem gebräche; denn unsere Mühe wäre dann umsonst! Darum sind auch unsere geistigen Bemühungen vonnöten, um die Frucht zu ernten, das heißt in unseren Herzen die Süßigkeit der Früchte auch zu schmecken.‘ Du siehst also klar, daß dieser heilige Vater die Frage nach der Notwendigkeit des Genusses beim Gebet gelöst hat ... Aber da kommt mir auch noch etwas anderes in den Sinn, was ich jüngst gelesen habe – die Meinung eines geistlichen Schriftstellers über

DIE NATÜRLICHKEIT DES GEBETES FÜR DEN MENSCHEN

Sie ist der eigentliche Grund, sich ihm zuzuwenden, darum dürfte die Betrachtung dieser Natürlichkeit ebenfalls als ein starkes Mittel zur Entfachung des Eifers im Beten gelten, welche Mittel der Herr Professor scheinbar gern herausfindet. Ich will euch in Kürze wiedergeben, was mir aus diesem Traktätlein gerade einfällt: der fromme Verfasser schreibt beispielsweise, die Vernunft und die Natur führten den Menschen zur Gotteserkenntnis. Erstere geht von der Annahme aus, daß es keine Wirkung ohne Ursache gibt, und steigt dementsprechend auf der Leiter der greifbaren Dinge empor – von den niederen hinan zu den höheren, um endlich die Ursache aller Ursachen, nämlich Gott zu finden. Die zweite aber entdeckt auf jedem Schritt eine erstaunliche Weisheit, Harmonie, Ordnung, Stetigkeit und bietet für die Leiter das grundlegende Material zum Aufstieg von den vergänglichen Ursachen zu den ewigen unvergänglichen.

Auf diese Weise kommt der natürliche Mensch auf dem natürlichen Wege zur Erkenntnis Gottes. Darum gibt es auch keine Nation, ja nicht einen einzigen wilden Volksstamm ohne Vorstellung von Gott. Infolge dieser Erkenntnis wird selbst der wildeste Insulaner, ohne äußere Beeinflussung gleichsam unwillkürlich den Blick gen Himmel richten, auf seine Knie niederfallen, einen Seufzer ausstoßen, der ihm zwar unbegreiflich, aber notwendig ist, und unmittelbar irgend etwas Besonderes spüren, etwas, was ihn nach oben emporhebt, etwas, was ihn zu einem Unbekannten hinzwingt... Aus diesem Grunde entstehen alle Naturreligionen, wobei sehr beachtlich ist, daß das geheime Gebet das Wesentliche, gewissermaßen die Seele der Religion ist, und dieses heimliche Beten bekundet sich etwa durch allerhand besondere Bewegungen, durch sichtbare Opfer, die mehr oder weniger, dank der heidnischen Vorstellungen, durch vielfache Verzerrungen entstellt sind. So wunderbar diese Erscheinung in den Augen der Vernunft ist, so verlangt sie doch je mehr und mehr danach, die geheime Ursache dieser Erscheinung zu entschleiern, nämlich das natürliche Streben nach dem Gebet, um zu Gott hinzufinden.

Die psychologische Antwort hierauf hält nicht schwer: die Wurzel, das Haupt und die Kraft aller Leidenschaften und Handlungen des Menschen, ist eingeborene Selbstliebe. Das wird bestätigt durch die eingefleischte, allgemeine Idee der Selbsterhaltung. Jeder Wunsch, jedes Unternehmen, jedes Tun des Menschen hat im letzten Befriedigung der Selbstliebe zum Zweck, oder wie man auch sagen kann, das Trachten nach dem eigenen Besten. Die Befriedigung dieses Bedürfnisses begleitet den natürlichen Menschen durch sein ganzes Leben. Aber der Geist des Menschen läßt sich durch nichts Sinnliches befriedigen, und die eingeborene Eigenliebe verstummt niemals in seinem Streben; darum übersteigern sich seine Wünsche je mehr und mehr, das Streben nach dem Guten wächst, erfüllt seine Phantasie und stellt die Gefühle darauf ein. Das Entströmen dieses inneren Empfindens und Wünschens, so wie es sich von selber erschließt, ist der natürliche Drang zum Gebet, ist das Bedürfnis der Eigenliebe, die nur mit Mühe ihr Ziel erreicht. Je weniger der Mensch vorankommt und je mehr er sein Heil im Auge hat, desto mehr wünscht er, desto stärker läßt er sein Verlangen im Gebet entströmen. Er naht mit der Bitte nach dem Ersehnten der unbekannten Ursache alles Seins. So ist denn die dem Menschen eingeborene Eigenliebe des Lebens Hauptelement, das ursächliche Prinzip, das den natürlichen Menschen zum Beten bestimmt!

Der weise Weltenschöpfer hat in die Natur des Menschen die Fähigkeit der Selbstliebe gleichsam als ein Lockmittel hereingegeben – so wird das von den Vätern ausgedrückt. Dieses Lockmittel ist aber dazu bestimmt, das gefallene Menschenwesen wieder aufzurichten und emporzuführen.

Oh, wenn doch der Mensch diese Fähigkeit in sich nicht verdürbe und sie im Hinblick auf seine Geistnatur besonders rein erhielte! Alsdann hätte er eine starke Aufmunterung in sich selber und ein Mittel, um zur sittlichen Vollkommenheit zu gelangen. Aber wehe! Wie oft macht er diese edle Fähigkeit zu einer niedrigen Leidenschaft der Selbstliebe, wenn er aus ihr ein Werkzeug seiner tierischen Natur macht!“

STAREZ: „Ich danke euch, ihr lieben Besucher, von ganzem Herzen! Diese das Seelenheil fördernde Unterredung hat mich hoch beglückt und hat mir, dem so wenig Erfahrenen, viel Lehrreiches geboten. Möge Gott mit seiner Gnade eure erbauliche Liebe reich vergelten.“

Alle nahmen Abschied voneinander.

...und betet füreinander, damit ihr geheilt werdet, denn das anhaltende Gebet des Gerechten vermag viel.

Jak 5,16

Dritte Begegnung

PILGER: „Wir, mein ehrenwerter Weggenosse, der Professor, und ich, konnten unseren gemeinsamen Wunsch nicht unbeachtet lassen – wie hätten wir uns auf die Wanderschaft begeben sollen, ohne zuvor ein letztes Mal bei Euch Abschied zu nehmen und ohne um Eure Gebete gebeten zu haben."

PROFESSOR: „Wir haben Euer Wohlwollen zu uns und jene tief in die Seele dringenden Gespräche, die wir im Kreise Eurer Freunde haben genießen dürfen, tief in uns aufgenommen. Diese Erinnerung wird uns immer erhalten bleiben als ein Unterpfand christlicher Liebe und christlichen Zusammenseins, auch im fernen Lande, wohin wir nun zu ziehen gedenken."

STAREZ: „Ich danke euch für das gute Gedenken, für eure Liebe! Aber wie sehr gelegen kommt mir auch euer Besuch! Bei mir haben gerade zwei Pilger Rast gemacht: ein Mönch aus der Moldau und ein Eremit, der zwanzig Jahre, ohne zu sprechen, im Walde gelebt hat. Die beiden wollen euch sehen. Ich gehe, sie zu rufen... Aber da sind sie schon!"

PILGER: „Oh, wie selig ist doch das Leben in der Waldeinsamkeit! Und so geschickt, um ohne Behinderung die Seele zur Vereinigung mit Gott hinzuführen! Der lautlose Wald, wie das Paradies in Eden, in dem der süße Baum des Lebens im betenden Herzen des Walderemiten emporwächst. Hätte ich nur ein weniges an Mitteln, um mich dort ernähren zu können – ich glaube, ich würde mich nie vom Einsiedlerleben trennen mögen!"

PROFESSOR: „Alles erscheint uns von ferne gesehen besonders verlockend und schön, aber jeder könnte sich, wenn er den Versuch macht, davon überzeugen, daß jeder Ort auf Erden Vorzüge und Nachteile hat. Gewiß, der Melancholiker, der sich in die Stille der Einsamkeit hingezogen fühlt, wird seine Freude am Eremitenleben haben; doch welche Gefahren lauern auch auf diesem Wege! Die Asketengeschichte kennt viele Beispiele, denen man entnehmen kann, wie viele Eremiten und Reklusen, die auf den Umgang mit Menschen ganz verzichteten, in Selbstverblendung, Hochmut und andere schwerste Versuchungen fielen."

EREMIT: „Ich muß mich wundern, wie häufig man in Rußland, nicht nur in den Klöstern, sondern auch des öfteren von gottesfürchtigen Laien hören kann, daß viele, die nach dem Leben in der Wüste Verlangen tragen oder nach Übungen des inneren Tuns im Gebet, durch die Angst von ihrem Vorhaben abgehalten werden, sie könnten den Versuchungen nicht standhalten. Auf dieser ihrer Meinung beharrend, kommen sie mit Beispielen, um ihre Schlußfolgerungen damit zu stützen; hierdurch aber halten sie, die dem inneren Leben fremd gegenüberstehen, auch andere davon ab. Ich glaube, das rührt daher: entweder haben sie kein inneres Verhältnis zu dem ‚Gebetstun', oder es gebricht ihnen an geistiger Durchbildung, oder sie sind zu träge, in der Meditation zu beharren, und sind voller Neid, sie könnten von anderen, die niedriger stehen als sie, in diesen hohen Erkenntnissen übertroffen werden ... Es ist sehr zu bedauern, daß jene, die an ihrer vorgefaßten Meinung festhalten, sich nicht mit den Äußerungen der heiligen Väter über diesen Gegenstand befassen mögen; denn sie könnten denselben klar und bestimmt entnehmen, man brauche sich vor dem Ruf Gottes nicht zu fürchten und dürfte nicht zweifeln. Wenn nun etliche auch tatsächlich in Selbstverblendung verfielen oder an Wahnsinn erkrankten, so geschah das wegen ihrer Hoffart, auch mögen sie keinen geistigen Führer gehabt haben, und sie betrachteten allerhand Blendwerk und Phantome als pure Wahrheit. Wenn nun aber auch solche Versuchungen den Menschen befallen, mögen sie weiter gehen – sie würden schließlich doch über die Erfahrung zur Glorie vordringen; denn Gott käme ihnen eilends zu Hilfe bei solchen Zulassungen. Sei mutig. ‚Ich bin mit dir, fürchte dich nicht', sagt Jesus Christus. Hieraus folgt auch, daß die Angst zwecklos ist, daß man sich vor dem inneren Leben aus Furcht vor Selbstverblendung nicht zu ängstigen braucht! Denn die demütige Erkenntnis der eignen Sünden, der Umstand, daß die Seele vor dem geistigen Führer offen daliegt, die ‚Bildlosigkeit' beim Gebet ist wie ein fester, sicherer Damm vor den Versuchungen, die von vielen so sehr gefürchtet werden, und darum trauen sie sich nicht, an das ‚geistliche Tun' zu rühren, während ja doch gerade sie sich im Stande der Versuchung befinden, wie der heilige Philotheos vom Sinai, der wohlerfahrene, sagt: ‚Viele unter den Mönchen begreifen die Versuchungen ihres Kopfes nicht, Versuchungen, die sie von den Dämonen zu erleiden haben; das heißt, sie üben nur fleißig in einem bestimmten Tun (in äußeren Tugenden), was aber ihren Geist betrifft, soll heißen das innere Schauen, so kümmern sie sich nicht darum, da sie ohne Bildung und ohne Kenntnisse sind.' – ‚Wenn sie auch von anderen hören, daß innerlich die Gnade in ihnen wirkt, so halten sie das doch aus lauter Neid für eine Versuchung' – so bestätigt auch der heilige Gregorios vom Sinai."

Professor: „Gestatten Sie bitte eine Frage: Gewiß ist die Erkenntnis der eigenen Sünden jedem zugänglich, der auf sich selber hinhorcht; wie soll man aber verfahren, wenn man keinen Führer hat, der einen auf Grund eigener Erfahrungen auf dem inneren Wege so führen könnte und, nachdem er die Enthüllungen der Seele in sich aufgenommen, einem die richtige und zuverlässige Führung des geistigen Lebens mitteilen könnte? In diesem Falle wäre es schon besser, man rührte an die innere Schauung nicht, als daß man dem eigenen Willen folgend und ohne Führer den Versuch zu machen wagte ...! Und weiter – es will mir nicht eingehen, wie man, indem man sich in Gottes Gegenwart stellt, die völlige ‚Bildlosigkeit' bewahren sollte? Das wäre nicht natürlich, denn unsere Seele oder der Geist können sich mit ihrer Einbildungskraft nichts Formloses in vollkommener ‚Bildlosigkeit' vorstellen. Warum sollte man sich auch nicht, wenn sich der Geist in Gott vertieft, in der Vorstellung Jesus Christus oder die Allerheiligste Dreifaltigkeit und anderes vorstellen können?"

EREMIT: „Obwohl die Führung eines erfahrenen und kundigen Meisters in geistlichen Dingen oder eines Starez, dem man ohne Behinderung voller Vertrauen und mit Nutzen täglich seine Seele erschließen, auch alle seine Gedanken und Begegnungen auf dem Wege der inneren Ausbildung mitteilen könnte, obwohl das also die Hauptbedingung bei der Übung des Herzensgebets wäre für den, der sich der vollkommenen Stille befleißigt, so lassen dieselben heiligen Väter, die das lehren, im Falle der Unmöglichkeit einen Meister zu finden, auch Ausnahmen gelten. Der ehrwürdige Nikephoros, der Mönch, lehrt klar und deutlich hierüber: ‚Beim Üben des inneren Herzenswirkens ist ein wahrhafter, wissender Lehrmeister erforderlich. Fehlt aber ein solcher, so muß man mit Eifer nach ihm suchen, findet man ihn auch dann nicht, so rufe man reumütig Gott um seine Hilfe an, Belehrung und Anweisung in der Lehre der heiligen Väter finden und sich selber am Worte Gottes, an der Heiligen Schrift, prüfen zu dürfen.' Dabei muß aber auch berücksichtigt werden, daß ein wirklich eifriges Wünschen des Suchenden auch von anderen schlichten Menschen vernommen werden kann: denn auch die heiligen Väter versichern, daß man, wenn man im rechten Glauben und in rechter Absicht einen Sarazenen etwa befragte, auch dieser ein nützliches Wort sprechen könnte; wenn man aber ohne Glauben und ohne rechtes Ziel selbst einen Propheten um Belehrung bäte, so würde auch dieser dich nicht befriedigen... Ein Beispiel hierfür wäre der große Makarios, der Ägypter, dem dereinst ein einfacher Bauer ins Gewissen redete und so seine Leidenschaft unterband.

Was nun aber die ‚Bildlosigkeit' betrifft, das heißt, daß man während der Kontemplation gar keine Erscheinungen in sich aufnehmen soll, weder ein Licht noch einen Engel, noch Christus oder irgendeinen Heiligen, und sich von allen Grübeleien fernhalten müsse, so wird das von den heiligen Vätern natürlich darum geboten, weil die Fähigkeit zur ‚Einbildung' ganz bequem Vorstellungen des Verstandes zu verkörpern oder gleichsam zu verlebendigen vermag; daher könne der Nichterfahrene sich leicht an diese Phantasmata verlieren, sie für himmlische Erscheinungen nehmen und so der Selbstverblendung verfallen; wie die Heilige Schrift sagt, daß Satan selbst sich in einen Engel des Lichtes verwandelt. Da der Geist aber ganz einfach und ohne Schwierigkeiten in ‚Bildlosigkeit' beharren mag, diese beibehält, auch wenn er sich Gottes Gegenwart ins Gedächtnis ruft, so kann das daraus entnommen werden, daß sich die Einbildungskraft fühlbar irgend etwas ‚bildlos' vorstellen und sich in dieser Vorstellung während des Aufmerkens auf ‚Dinge' erhalten kann, die dem Sinn des ‚Gesichtes' nicht unterliegen, die keine äußere Gestalt oder Form haben. So beispielsweise die Vorstellung und Selbstvorstellung unserer Seele, der Luft, der Kälte und Wärme; befindet man sich in der Kälte, so kann man sich recht wohl im Geiste Wärme vorstellen, obwohl diese ja der Form enträt, nicht gesehen und nicht durchs Empfinden dessen, der sich in der Kälte befindet, gemessen werden kann! In ähnlicher Weise kann man sich auch die Anwesenheit des geistigen und unfaßbaren Wesens Gottes im Geiste vorstellen und im Herzen in vollkommener Bildlosigkeit erkennen."

PILGER: „Auch ich habe im Verlauf meiner Wanderungen

von frommen und auf ihr Heil bedachten Personen gehört, daß sie sich davor fürchten, gleichsam verzaubert von der Versuchung, an das „innere Tun' zu rühren, und es als bloße Täuschung hinstellen. Einigen habe ich nicht ohne Nutzen aus der ,Tugendliebe' die Lehren des heiligen Gregorios vom Sinai vorgelesen, welcher sagt: ,Des Herzens Wirken kann nicht (im Unterschied vom Wirken des Verstandes) aus der Verführung kommen, sintemalen wenn der böse Feind die Wärme des Herzens in sein ungeordnetes Brennen verwandeln oder des Herzens Heiterkeit in irdische Wonnen verwandeln wolle, so würden die Zeit, die Erfahrung und das Gefühl selber diese seine tückischen Treibereien entlarven, selbst bei solchen, die in diesen Dingen nicht gar zu erfahren sind.' – Dann habe ich auch wieder andere getroffen, die, den Pfaden des Schweigens und des Herzensgebets folgend, zu ihrem Leidwesen, falls sie auf irgendwelche Widerstände oder sündige Schwächen stoßen, in Trübsal verfallen und das innere Wirken des Herzens, das sie ja erkannt haben, einstellen!"

PROFESSOR: „Und das ist nur zu natürlich! Ich selber empfinde das auch an mir, wenn es geschieht, daß ich, von einer inneren Stimmung abweichend, einer Zerstreuung verfalle oder irgend etwas Unangemessenes tue. Denn so wie das innere Gebet des Herzens ein heiliges Tun, Einigung mit Gott ist, wäre es denn da angemessen und nicht etwa Vermessenheit, ein heiliges Tun in das sündhafte Herz einzuführen, ehe man es durch stumme Reue, durch innere Erschütterung und durch angemessene Vorbereitung für den Umgang mit Gott vorbereitet hätte? Besser, man verstummt vor Gott, als daß man ,wahnsinnige Worte' aus dem verdüsterten und verstörten Herzen entläßt."

MÖNCH: „Sehr schade, daß Ihr so urteilt! Dieser Gedanke von der Trübsal, ärger denn jede andere Sünde, ist ja gerade die Hauptwaffe der Welt der Finsternis gegen uns... Erfahrene heilige Väter geben für diesen Fall ganz andere Anweisungen. Der ehrwürdige Niketas Stethatos sagt: ‚Bist du gefallen und tiefer gefallen, als die Hölle tief ist, so sollst du auch dann nicht verzweifeln, sondern kehre dich alsbald wieder Gott zu, und er wird dein gefallenes Herz bald wieder aufrichten und dir mehr Kraft geben, denn du ehedem hattest.‘ So muß man sich denn unverzüglich nach jedem Falle, nach jeder sündigen Herzensverwundung, wieder in die Gegenwart Gottes zur Heilung und Reinigung stellen, wie infizierte Gegenstände, nachdem sie etliche Zeit der Kraft der Sonnenstrahlen ausgesetzt waren, alsbald entgiftet und von Ansteckungskeimen gereinigt sind. Viele geistliche Lehrer wissen hierüber Positives auszusagen. Im Kampf gegen die der Erlösung feindlichen Mächte, gegen unsere Leidenschaften sollen wir aber keineswegs vom lebenspendenden Wirken, also von der Anrufung Jesu Christi, der in unseren Herzen ist, abweichen! Unsere Übertretungen sollen uns nicht nur nicht davon abhalten, in Gottes Gegenwart zu wandeln und das innere Gebet zu verrichten, weil wir uns beunruhigt fühlen, weil wir niedergeschlagen und traurig sind, vielmehr sollen sie zu unserer unverzüglichen Bekehrung zu Gott beitragen! Ein kleines Kind, das von der Mutter geführt wird, muß, wenn es selber zu gehen anfängt, gleich zu ihr zurückkehren und sich beim Stolpern fest an sie klammern.“

EREMIT: „Ich denke hierüber folgendermaßen: Der Geist der Niedergeschlagenheit und arge Gedanken, die wider uns angehen, werden zumeist durch die Zerstreutheit des Geistes geweckt, nicht aber durch Wahrung der Stille und der Versunkenheit. Die alten gottweisen Väter haben über die Niedergeschlagenheit gesiegt; sie gewannen innere Klarheit und Festigkeit in der Hoffnung auf Gott, in stillem Schweigen und in der Einsamkeit; aber auch uns haben sie für diesen Fall einen weisen und nützlichen Rat hinterlassen: ‚Bleibe, ohne ein Wort zu reden, in deiner Klause, und die Einsamkeit wird dich in allem unterweisen.‘“

Professor: „Da ich Ihnen großes Vertrauen entgegenbringe, würde ich gerne eine kritische Beurteilung meiner Gedanken betreffs der von Ihnen so gepriesenen Stille und des heilsamen Nutzens des Anachoretentums vernehmen, das ja von den Wüsteneremiten so sehr geschätzt wird. Ich denke hierüber so: Da alle Menschen, dem Gesetze der Natur gehorchend, wie es von Gott verordnet ist, in notwendiger Abhängigkeit voneinander leben, darum also auch gehalten sind, einander im Leben beizustehen, einer für den anderen zu arbeiten und nützlich zu sein, so beruht die Wohlfahrt des Menschengeschlechts auf dieser Gemeinsamkeit und auf der Nächstenliebe. Der stumme Anachoret aber, der sich von der menschlichen Gesellschaft fernhält – womit könnte er wohl in seinem Nichttun dem Nächsten dienen, und welchen Nutzen würde er der Wohlfahrt der menschlichen Gesellschaft bringen? Er zerstört in sich vollkommen das Gesetz des Schöpfers bezüglich des Bandes der Liebe zu denen, die ihm gleich sind, auch bezüglich seines wohltätigen Einflusses auf seine Mitbrüder!“

Eremit: „Insofern diese Eure Auffassung vom Schweigen nicht richtig ist, dürfte auch die Schlußfolgerung nicht zutreffen; wir wollen das genauer untersuchen:

1. Der einsam für sich lebende, stumme Mönch befindet sich nicht nur nicht in einem tatenlosen und müßigen Zustande, sondern er wirkt vornehmlich und sogar mehr als jene, die am Gemeinschaftsleben teilhaben. Unermüdlich wirkt er kraft seiner geistlichen Art; er beobachtet, überlegt, verfolgt den Zustand und Ablauf seines inneren Seins. Das ist das wahre Ziel des Schweigens! Sosehr dieses aber für seine eigene Vervollkommnung vonnöten ist, so ist es doch nicht minder für die Nächsten von Wichtigkeit, denen die Möglichkeit fehlt, sich – ohne Zerstreuung – in sich selber zur Entwicklung ihres inneren Lebens zu vertiefen; denn der beobachtende Schweiger trägt, indem er seine inneren Erfahrungen – sei es nun (in Ausnahmefällen) mündlich mit-

teilt oder solches schriftlich tut, in wohltuender Weise zum Nutzen des Seelenlebens und der Rettung seiner Mitbrüder bei; und er wirkt stärker und in höherem Sinne als ein privater Wohltäter, der im öffentlichen Leben steht, weil das private, fühlbare Wohltun der Laien immer durch die geringe Zahl der zu Betreuenden begrenzt ist; jener aber, der auf dem inneren Weg durch Erwerbung von Überzeugungen und mancherlei Erfahrung zur Vervollkommnung des geistlichen Lebens beiträgt, wird zum Wohltäter ganzer Völkerschaften; seine Erfahrungen und Erbauungen setzen sich von Geschlecht zu Geschlecht fort, wie wir ja sehen und es von alters her bis in unsere Gegenwart auch zu nützen wissen. Dieses aber ist in nichts unterschieden vom freigebigen Almosen um Christi willen, das aus christlicher Liebe gespendet wird, ja es wird dasselbige noch durch seine Auswirkungen übertroffen.

2. Der wohltätige und sehr nützliche Einfluß des Schweigers auf die Nächsten offenbart sich nicht nur in der Mitteilung seiner erbaulichen Beobachtungen des inneren Lebens, sondern es wirkt sogar das Beispiel seines der Welt abgestorbenen Lebens zum Nutzen des aufmerksamen Laien, der zur Selbstbesinnung geführt und zum Gefühl der Gottesfurcht bekehrt wird. Der Mensch dieser Welt, der vom frommen Eremiten reden hört und etwa an dessen Klause vorübergeht, empfindet eine Anregung zu frommem Leben; er denkt daran, was der Mensch hier auf Erden darstellen könnte und wie es wohl möglich sei, dem Menschen seinen ursprünglichen Zustand, wie er aus der Schöpferhand Gottes hervorging, zurückzugeben. Der stumme Eremit unterweist durch sein Schweigen; er bringt Nutzen durch sein Leben; er überzeugt und erbaut das Gemüt, Gott wahrhaft zu suchen.

3. Der hier aufgezeigte Nutzen ergibt sich aus dem Stillsein des wahrhaft Unterrichteten und vom Gnadenlichte Gottes Verklärten. Wenn der Stumme aber auch über diese

Gnadengaben, Leuchte der Welt zu sein, nicht verfügte, wenn er den Weg des Schweigens nur zu dem Zweck beschritten hätte, um sich vor der Gemeinschaft der ihm Ähnlichen zu verbergen, weil er – träge von Natur – nicht darauf bedacht ist, eifrig zu wirken und so ein schlechtes Beispiel, ein verführerisches Beispiel gibt, so brächte er selbst dann einen großen Nutzen und würde die Gesellschaft, in der er lebt, günstig beeinflussen, ähnlich einem Gärtner, der die dürren, keine Früchte tragenden Zweige wegschneidet und die für das Wachstum der besten und nützlichen Pflanzen schädlichen Wildlinge ausreißt. Das ist aber schon viel wert und wäre für die Gemeinschaft von Nutzen, wenn der Einsiedler durch sein Eremitentum die Versuchungen beseitigt, die unweigerlich sich aus seinem an Versuchungen reichen Leben inmitten der anderen ergeben müßten und die Sittlichkeit der Nächsten gefährdeten.

Über die Wichtigkeit des Schweigens äußert sich Isaak der Syrer folgendermaßen: ‚Wollten wir auf die eine Waagschale alle Werke dieses Lebens legen, auf die andere aber sein Schweigen, so würden wir finden, daß es auf dieser Waagschale schwerer wöge. Jene, die Zeichen tun und Wunder, die zu den Mächtigen dieser Welt gehören, soll man nicht mit den Schweigenden vergleichen. Die Tatenlosigkeit des Schweigens sollst du mehr lieben als die Sättigung der Hungernden in der Welt, auch mehr als die Bekehrung vieler Völker zu Gott. Besser ist es, daß du dich selber von den Banden des Bösen lösest, als daß du Sklaven von den Ketten der Knechtschaft befreist.‘

Selbst die heidnischen Weisen anerkannten den Nutzen des Schweigens: die philosophische Schule der Neuplatoniker, die unter der Leitung des Plotin viele berühmte Anhänger hatte, entwickelte ein in die Tiefe gehendes kontemplatives Leben, das hauptsächlich durch das Schweigen erlangt wurde.

Ein geistlicher Schriftsteller sagt, daß, wenn der Staat bis zur höchsten Stufe der Bildung und Moralität entwickelt wäre, immer noch die Notwendigkeit und die Sorge darum bestünde, Menschen für andere, d. h. kontemplative Aufgaben zu haben, um nämlich den Geist der Wahrheit zu stützen, diesen von den vergangenen Jahrhunderten zu übernehmen und für die kommenden Zeiten zu bewahren, um ihn dadurch den Nachkommen überliefern zu können. Solche Menschen sind in der Kirche die Eremiten, Anachoreten und Klausner."

Pilger: „Es will scheinen, daß keiner die Überlegenheit des Stillseins so richtig erkannte wie der heilige Johannes Klimakos. Er sagt: ‚Das Stillesein ist des Gebetes Mutter, Rückkehr aus der Gefangenschaft der Sünde, ein nicht fühlbarer Fortschritt in den Tugenden und ein unentwegter Aufstieg gen Himmel!'

Auch hat Jesus Christus selber, um uns den Nutzen und die Notwendigkeit der Zurückgezogenheit in der Stille zu zeigen, des öfteren die Predigt in der Gemeinschaft gemieden und sich in die Einöde zurückgezogen, um in der Wüste zu beten und Ruhe zu finden.

Die beschaulich lebenden Schweiger sind die Pfeiler, die die fromme Pracht der Kirche durch ihre unablässigen Gebete stützen: Selbst im tiefen Altertum ist wahrzunehmen, daß viele fromme Laien, sogar mächtige Herrscher und deren Große sich zu den Eremiten und zu den Schweigenden begaben, um sie um ihre Gebete zu bitten, damit sie fest im Geist und so gerettet würden. Hieraus folgt, daß auch der schweigende Eremit den Nächsten dienlich sein kann und dem Nutzen und Wohl der Gesellschaft durch sein einsames Beten mitwirkend dient."

Professor: „Es ist da noch ein Gedanke, mit dem ich nicht recht ins reine komme: Wir alle, die wir Christen sind, haben die Gewohnheit, einander um unser Gebet zu bitten, zu wünschen, daß andere für mich beten, besonders aber die mir vertrauten Mitglieder der Kirche. Sollte das nicht, schlicht gesagt, ein Akt des Geltungsbedürfnisses sein oder vielleicht gar eine überkommene Redewendung, wie man sie von anderen übernommen hat, also etwas, was man nur daherspricht, ohne sich viel dabei zu denken? Sollte Gott wirklich menschlichen Beistand fordern, er, der alles weiß und der alles mit seiner Vorsehung nicht nach unserem Willen, sondern zum besten lenkt; weiß er doch alles, noch ehe wir darum gebeten haben, wie im heiligen Evangelium geschrieben steht. Wäre es denkbar, daß seine Vorsehung durch das Gebet vieler stärker als durch das Gebet eines einzelnen beeinflußt werden könnte? Würde Gott sich in diesem Falle nicht nach der Person richten? Könnte mich das Gebet eines anderen tatsächlich retten, wenn doch jeder um seines eigenen Werkes willen gerühmt oder beschämt wird? Darum müßte die Forderung um das Gebet eines anderen, wie ich meine, nicht mehr und nicht weniger sein als die fromme Frucht geistlicher Sittsamkeit, welche die Demut zur Schau stellt und den Wunsch bekundet, es dem einen recht zu machen, indem man den anderen ihm vorzieht – nicht mehr als das!“

MÖNCH: „Von außen betrachtet und den Lehren der heidnischen Philosophie folgend könnte es so scheinen; aber die innere Vernunft, vom Lichte des Glaubens erleuchtet und aus der Erfahrung des inneren Lebens gebildet, dringt tiefer, blickt klarer und erschließt in geheimnisvoller Weise die von Ihnen geschilderten Gegensätze ...! Um das klarer und schneller zu verstehen, wollen wir es an einem Beispiel zeigen und diese Wahrheit am Worte Gottes nachprüfen. Beispielsweise: Zu einem Lehrer kommt ein Schüler und erbittet sich Unterricht. Die geringen Fähigkeiten, nicht minder aber Trägheit und Zerstreutheit hindern nun den Schüler daran, Fortschritte zu machen, und so zählt er zur Kategorie der Trägen und Zurückgebliebenen. Das bekümmert ihn; er weiß nicht, was er tun und wie er gegen seine Mängel ankämpfen soll. Da trifft er eines Tages einen anderen Schüler aus seiner Klasse, der fähiger als er, auch fleißiger und erfolgreicher war; und diesem klagte er sein Leid. Derselbe nimmt Anteil an ihm und macht ihm den Vorschlag, mit ihm zusammen zu arbeiten: ‚Laß uns zusammen lernen', sagt er, ‚das wird uns mehr Freude machen! Wir werden immer bei der Sache sein und darum auch erfolgreicher arbeiten.'

Nun begannen sie zusammen zu lernen; einer teilte dem anderen mit, wie er es verstanden habe; der Stoff, den sie bearbeiteten, war ja der gleiche. Und was stellte sich nach wenigen Tagen heraus? Der Träge wurde fleißiger, er gewann das Studium lieb, seine Nachlässigkeit wandelte sich und wurde zu einem richtigen Eifer, dieses wiederum wirkte auf seinen Charakter und auf seine Gesittung wohltuend ein. Sein guter Freund aber wurde noch fähiger und fleißiger. So haben die beiden, aufeinander einwirkend, gemeinsam Nutzen aus ihrer Arbeit gezogen. Das ist nun sehr natürlich, wird doch der Mensch in Gesellschaft von Menschen hereingeboren, woselbst er durch die Menschen vernünftige Vorstellungen in sich entwickelt; die Lebensgewohnheiten, seine Stimmungen, seine Wünsche und Bestrebungen, mit einem Worte, alles das übernimmt er nach dem Beispiel von ihm Ähnlichen. Da nun das Leben der Menschen in engster Wechselbeziehung steht, wobei das eine Leben machtvoll vom anderen angeregt wird, so werden auch die Gewohnheiten, die Sitten und die Taten sich dementsprechend gestalten. Es könnte somit der Kalte sich erwärmen, der Stumpfe an Schärfe gewinnen, der Träge sich durch lebhafte Anteilnahme eines Gefährten zur Betätigung aufraffen. Der Geist vermag sich dem Geiste mitzuteilen; ein Geist kann auf den anderen wohltätig einwirken, kann ihn zum Gebet veranlassen, seine Aufmerksamkeit anregen, ihn ermutigen, wenn Schwermut ihn befällt, ihn vom Laster abwenden und zu heiligmäßigem Tun anregen; und demgemäß kann bei gegenseitiger Hilfeleistung der eine frömmer, angeregter und gottwohlgefälliger werden. Das ist das Geheimnis des Gebets für andere, wodurch auch die fromme Gewohnheit der Christenmenschen herrührt, einer für den anderen zu beten und den Bruder um dessen Fürbitte anzugehen!

Hieraus ist aber zu entnehmen, daß nicht Gott es ist, der durch zahlreiche Bitten und durch menschliches Ansuchen (wie das bei den Großen dieser Welt zu sein pflegt) befriedigt wird, sondern daß der Geist selber und des Gebetes Kraft die Seele reinigt und beflügelt, für die gebetet wird, so daß sie als dazu befähigt dargestellt wird, sich mit Gott zu vereinigen...

Wenn nun das beiderseitige Gebet der auf Erden Lebenden so fruchtbar ist, so versteht es sich von selbst, daß das Gebet für die Verstorbenen ebenfalls beiderseits in Anbetracht der ganz engen Verbindung der irdischen Welt mit der himmlischen wohltuend wirkt; ebenso kann die Gemeinschaft der Seelen, die kämpfende Kirche, mit den Seelen der triumphierenden Kirche einbezogen sein, oder, was dasselbe wäre, mit den Entschlafenen.

Obwohl alles, was ich gesagt habe, eine psychologische Überlegung ist, so können wir doch, wenn wir die Heilige Schrift aufschlagen, uns überzeugen, daß es wahr ist:

1. Jesus Christus spricht so zum heiligen Apostel Petrus: ‚Ich habe für dich gebetet, daß dein Glaube nicht wanke' (Lk 22,32). Eben die Kraft des Gebetes Christi stärkt den Geist Petri und ermutigt ihn in den Versuchungen gegen den Glauben.

2. Als der Apostel Petrus im Kerker gefangengehalten wurde, betete die Kirche inständig für ihn (Apg 12,5). Hier offenbart sich die Hilfe des Gebetes der Brüder in den Trübsalen des Lebens.

3. Aber am deutlichsten wird das Gebot, für den Nächsten zu beten, vom heiligen Apostel Jakobus formuliert, und zwar auf folgende Weise: ‚Bekennet einander eure Sünden

und betet füreinander, damit ihr Heilung findet; viel vermag das inständige Gebet des Gerechten' (Jak 5,16). Hier wird eindeutig die oben erwähnte psychologische Schlußfolgerung bestätigt.

Was soll man aber erst vom Beispiel des Apostels Paulus sagen, das er uns selber als Muster des Gebetes füreinander gegeben hat? Ein Autor bemerkt, es müsse uns dieses Beispiel des heiligen Apostels Paulus darüber belehren, wie notwendig das Beten füreinander ist, wenn doch ein so ungemein heiliger und erprobter Kämpfer im Geiste den geistigen Gebetsbeistand für sich selber als unerläßlich bezeichnet. Im Brief an die Hebräer bringt er diese seine Bitte folgendermaßen zum Ausdruck: ,Bete für uns! Wir vertrauen wohl, ein gutes Gewissen zu haben, indem wir in allen Stücken einen guten Wandel führen wollen. Aber tut es bitte' (Hebr 13,18). Wenn wir das hören, wie unklug wäre es da, sich nur auf seine eigenen Gebete und Erfolge stützen zu wollen, wenn doch der von Demut geleitete, so hoch begnadete heilige Mann darum bittet, das Gebet der ihm nahestehenden Hebräer mit seinem eigenen zu verbinden? Mit welcher Demut, mit welcher Schlichtheit und Liebe sollten wir daher den Gebetsbeistand selbst des ohnmächtigsten Gläubigen keinesfalls verschmähen, wenn doch der Apostel Paulus mit seinem scharfen Geiste in der Unterscheidung hier in diesem Falle nicht wählerisch ist, sondern das gemeinsame Gebet aller erbittet, da er wohl weiß, daß die Kraft Gottes in den Schwachen mächtig ist; folglich könnte sie auch in den schwachen Gebeten in Erscheinung treten.

Nachdem wir uns durch diese Beispiele haben belehren lassen, bemerken wir noch, daß das Gebet füreinander den gottgebotenen Bund der christlichen Liebe unterstützt, die Demut bekundet und hierdurch das beiderseitige Gebet entflammt."

PROFESSOR: „Eure Analyse und Eure Beweise sind wundervoll und exakt, doch hörten wir nun gerne von Euch Näheres über die Art und Weise des Gebetes für den Nächsten; denn ich meine, daß – wofern die Fruchtbarkeit und die Einbezogenheit des Gebets von der lebendigen Teilnahme am Nächsten, und vornehmlich von dem beständigen Einfluß des Geistes des Betenden auf den Geist dessen abhängt, der nach Gebet verlangt, ob dann nicht eine solche Gestimmtheit der Seele zerstreuend wirken und den Menschen davon abhalten sollte, sich selber unentwegt in der unsichtbaren Gegenwart Gottes zu empfinden und seine Seele vor Gott in ihren eigenen Anliegen zu ergießen? Wenn man aber nur ein- oder zweimal am Tage des Nächsten teilnehmend gedenkt und Gottes Hilfe für ihn erfleht – ob dieses wohl hinreichte, um auch die Seele desjenigen, für den man betet, miteinzubeziehen und sie zu festigen? Oder kurz gesagt, ich wüßte gern, auf welche Weise oder *wie* man für seinen Nächsten beten soll."

MÖNCH: „Das Gott dargebrachte Gebet, gleichviel, wovon es handelt, darf und soll nicht den Menschen vom Hintreten vor Gott entbinden: sofern es sich nach Gott hin ergießt, so ist es auch seiner Gegenwart teilhaft. Was aber die Art und Weise des Betens für den Nächsten betrifft, so muß bemerkt sein, daß dieses Gebetes Kraft in der aufrichtigen christlichen Teilnahme am Nächsten besteht und demgemäß einen Einfluß auf seine Seele ausübt. Darum aber muß man, wenn man dieses Nächsten gedenkt oder zu einer bestimmten Stunde seiner gedenken will, das Auge des Geistes zu Gott emporrichten und sich folgender Gebets-Formel bedienen: ‚Barmherziger Gott, dein Wille geschehe, der du die Rettung aller willst und willst, daß sie zur Erkenntnis der Wahrheit gelangen: Rette und erbarme dich deines Knechtes N. N. Nimm dieses mein Flehen als einen Schrei jener Liebe entgegen, die du geboten hast.'

Gewöhnlich sind diese Worte je nach den Regungen der Seele zu bestimmten Zeiten zu sprechen oder beim Beten des Rosenkranzes mit dem genannten Gebet zu verbinden.

Ich weiß es aus Erfahrung, wie gar wohltätig dieses Flehen auf jenen wirkt, für den es aufgeopfert wird."

PROFESSOR: „Dieses erbauliche Gespräch und die lichten Gedanken, die wir euren Ansichten und Erwägungen entnehmen, verpflichten uns, dieselben unverbrüchlich in der Erinnerung zu bewahren, euch allen aber Ehrfurcht und Dankbarkeit aus dankerfülltem Herzen zu erhalten..."

PILGER UND PROFESSOR: „Es ist an der Zeit, daß wir aufbrechen. So bitten wir Euch denn um Eure eifrigen Gebete für das Gelingen unserer Pilgerfahrt!"

STAREZ: „Der Gott des Friedens aber, der den großen Hirten der Schafe kraft des Blutes eines ewigen Bundes von den Toten heraufgeführt hat, unseren Herrn Jesus, er rüste euch aus in allem Guten, auf daß ihr seinen Willen vollzieht, indem er in uns wirkt, was wohlgefällig ist vor ihm, durch Jesus Christus. Ihm sei die Ehre in alle Ewigkeit. Amen." (Hebr 13, 20–21.)

ANMERKUNGEN

Einleitung

[1] Vgl. Emmanuel Jungclaussen, Yoga und Herzensgebet, in: Yoga heute, hrsg. von Ursula von Mangoldt, Weilheim 1971.

[2] Deutsche Auswahl-Übersetzungen: Kleine Philokalie, ausgewählt und übersetzt von Matthias Dietz, Einsiedeln 1956. – Kleine Philokalie zum Gebet des Herzens, hrsg. von Jean Gouillard, Zürich 1957. – Auswahl aus der Philokalie und aus Texten russischer Starzen: Alla Selawry, Das immerwährende Herzensgebet, München [2]1973.

[3] Herder-Bücherei Nr. 480, Freiburg i.Br. 1973, 215f.

[4] Russische Mystik, Eine Anthologie, Düsseldorf 1957.

[5] Letzte russische Ausgabe: Paris 1973, YMCA–Press.

Erster Teil

[6] Innozenz von Irkutsk (1682–1731), erster Bischof dieser Stadt, 1805 heilig gesprochen.

[7] Ein Pud = 16 kg.

[8] Die Altgläubigen (eigentlich ‚Alt-Ritualisten") sind jene orthodoxen Russen, die sich im 17. Jahrhundert von der offiziellen Kirche trennten, weil sie die von ihr angeordnete Liturgie-Reform ablehnten. Die Altgläubigen (Raskolniki) teilten sich wieder in die Priesterlichen und Priesterlosen.

[9] In Kiew befand sich das uralte Höhlenkloster, die sog. „Petscherskaja-Lawra", ein berühmter Wallfahrtsort.

Zweiter Teil

[10] Dem Sinne nach „Sohn eines Hebräers".

[11] Johannes Cassian († 435), geboren wahrscheinlich unweit von Marseille (zwischen 350 und 360), lebte mehrere Jahre unter ägyptischen Mönchen und brachte als einer der ersten deren Gedankengut und damit auch das-

jenige der hesychastischen Bewegung nach dem Westen. Die Regel des heiligen Benedikt erwähnt seine Schriften und steht unter ihrem Einfluß.

[12] Chutor: ukrainische Siedlung.

[13] Ssolowezkij-Kloster (Solowki) ist das nördlichst gelegene Kloster der Erde, zu Anfang des 15. Jahrhunderts auf einer Inselgruppe im Weißen Meer gegründet. Als Gründer gelten die heiligen Wundertäter Ssawatij und Sossima. – Das Umschlag-Motiv dieses Buches, eine Ikone der Ustjug-Schule (16./17. Jahrhundert), zeigt das Kloster mit beiden Heiligen.

[14] Skhimniks (Singular: Skhimnik) hießen in Rußland solche Mönche, die außer der gewöhnlichen ewigen Profeß (im westlichen Sinne) später noch eine Art zweiter Profeß ablegten, die sie zu einer besonders strengen Form des monastischen Lebens und einem völligen Verzicht auf die Sorge um das Irdische verpflichtete. Solche Gelübde legten nur sehr wenige ab. Amtsträger (z. B. Bischöfe, aber auch gewöhnliche Pfarrer) verzichteten nach der Ablegung einer solchen Profeß auf alle ihre Ämter und zogen sich zu einem ganz beschaulichen Leben zurück. Solche Hierarchen hießen dann z. B. Skhi-Bischof oder Skhi-Metropolit.

Emmanuel Jungclaussen

Beten mit Franz von Assisi

Zum Beten mit Franz von Assisi, mit seinen Worten und in seinem Geist lädt dieses Buch ein. Es bietet alle als echt bezeugten Gebete des Heiligen. Die einzelnen Gebete – darunter so bekannte wie das „Sonnenlied“, aber auch nahezu unbekannte, die dennoch in ihrer Tiefe und unerhörten Aktualität nicht minder bedenkenswert sind – werden von praktischen Hinweisen zum Verständnis und zum Vollzug begleitet. Den Gebeten vorangestellt ist ein weitgehend erstmaliger Versuch, den mystisch-meditativen Grund dieses Betens zu erschließen.

5. Auflage, 128 Seiten, kart. lam., ISBN 3-451-17681-5

Emmanuel Jungclaussen

Der Meister in dir

Entdeckung der inneren Welt nach Johannes Tauler

Wie kann man heute zu sich selbst kommen und zu dem wahren Grund, der unser Leben trägt und erfüllt? Die vielen, die Wege nach innen suchen, finden in diesem Band einen Meister in der Kunst der inneren Versenkung, der Meditation. Die Begegnung mit Johannes Tauler, dem „Praktiker“ unter den Großen der Deutschen Mystik des Mittelalters, kommt einer Entdeckung gleich: Seine tiefen und so kraftvoll bildhaften Worte, seine lebenserfahrene, herzenskundige Weisung spricht mitten in unsere Suche hinein.

5. Auflage, 144 Seiten, kart. lam., ISBN 3-451-17333-6

Herder Freiburg · Basel · Wien

Emmanuel Jungclaussen

Worte der Weisung

Dieses Buch erschließt die Benedikt-Regel als Worte der Weisung für das geistliche Leben. Es bietet einen Durchblick durch den äußeren Aufbau und inneren Gehalt der Regel und erläutert die geistlich leitenden Motive, wobei alle wichtigen Regelkapitel im Wortlaut enthalten sind.
„... Wer aufmerksam sich dieser geistlichen Lesung anvertraut wird bald mit Erstaunen erkennen, wie hier das Benediktinische von innen her beseelt und ohne peinliches Pathos lebendig wird ... Schritt um Schritt werden wir in eine Spiritualität hineingezogen, die jede Verengung sprengt, ein west-östlicher Divan des Monastischen."

Christ in der Gegenwart

128 Seiten, kartoniert, ISBN 3-451-18971-2

Emmanuel Jungclaussen

Die Fülle erfahren

In zehn elementaren Übungen führt P. Jungclaussen auf den Erfahrungsweg des inneren Lebens. Als Meister dieses Weges erscheint der heilige Franz von Assisi. Hier liegt eine Art Exerzitienbuch für den heutigen Menschen vor, mit dem man für sich selbst oder in Gemeinschaften „Tage der Stille" halten kann, und zugleich ein Geschenkbuch, das durch seine Farbtafeln auch äußerlich anspricht, vor allem aber durch seinen inneren Reichtum in der Tiefe erfüllt. Die Einladung dieses Buches heißt: Mut zur Stille. „Dem Leser wird das Buch vorkommen wie der Ölkrug der Witwe von Sarepta: soviel er daraus schöpfen mag, niemals kommt er auf den Grund, wohl aber wird er in zunehmendem Maß die Fülle erfahren."

P. Vinzenz Stebler in: Theodosia

3. Auflage, 128 Seiten mit 8 Farbtafeln, geb.
ISBN 3-451-18267-X

Verlag Herder Freiburg · Basel · Wien